学好《弟子规》教出好孩子

鲁鹏程 著

广西师范大学出版社
GUANGXI NORMAL UNIVERSITY PRESS
·桂林·

图书在版编目（CIP）数据

学好《弟子规》 教出好孩子 / 鲁鹏程著. —桂林：
广西师范大学出版社，2016.10
ISBN 978-7-5495-8838-1

Ⅰ. ①学… Ⅱ. ①鲁… Ⅲ. ①家庭教育 Ⅳ. ①G78

中国版本图书馆 CIP 数据核字（2016）第 226097 号

广西师范大学出版社出版发行
（广西桂林市中华路 22 号 邮政编码：541001
网址：http://www.bbtpress.com）
出版人：张艺兵
全国新华书店经销
山东德州新华印务有限责任公司印刷
（山东德州经济开发区晶华大道 2306 号 邮政编码：253074）
开本：720 mm × 1 020 mm 1/16
印张：23.75 字数：260 千字
2016 年 10 月第 1 版 2016 年 10 月第 1 次印刷
定价：55. 00 元

前言

十几年以来，我一直从事家庭教育的研究与实践指导工作，看到很多父母为教育子女而痛苦不堪，也看到众多的孩子由于缺少正确的家庭教育而迷失自己。所以，我一直在思考一个问题：有没有一本书能够让父母读了之后，既能把自己解放出来，又能轻松地把孩子教育好？

这些年，我研究了大量的家庭教育书籍，既有国内的，也有国外的。每本书好像讲得都有道理，但仔细一思考，发现道理和实用方法是两回事。尽管有些书也在讲教育方法，那些方法似乎也很有效，但是我却发现，那些方法的有效期并不长，有的甚至就管一个月，或者一个星期，甚至是一天。

举一个例子。今天很多孩子不勤快、不爱劳动，父母为此头疼不已。于是就有家庭教育书籍“出招”了：给孩子钱。洗碗给两元，扫地给两元，洗衣服给五元……这样，一方面可以调动孩子劳动的积极性，让他变勤快，爱劳动，另一方面，也可以从小培养孩子的理财能力，一举两得。

结果真是这样吗？一位母亲使用了这样的方法，结果孩子真的勤快了。这位母亲非常高兴，以为真的找到了治孩子懒惰的“灵丹妙药”。几天后，这位母亲洗完衣服后对孩子说：“妈妈很累了。好孩子，你把这些衣服拿到衣架上晾一下，妈妈给你两元钱。”可是，孩子却随口讲出这样一句话：“今天我也很累，这个钱我不赚了。”这位母亲顿时就愣住了。

可见，这位母亲找到的“灵丹妙药”的有效期太短，还有副作用。

有效期太短，还有副作用的教育方法，就不是彻底的、没有流弊的教育方法。实际上，用这样的方法教育孩子，是没有真实效果的，甚至还会害了孩子。当父母用这样的方法对孩子进行教育的时候，教育方法“有效”的欣喜感觉还没有享受一会儿，烦恼就会随之而来。

好几次，我跟几个教育界的朋友交流“用金钱刺激孩子劳动，并让他学理财”这样的观点，遗憾的是，他们竟然都非常赞同这样的方法。

很多教育观念看似正确，实际上却是对为人父母者的误导。用金钱、物质刺激孩子学习也一样：短期看似有效，时间稍微一长绝对有害，副作用巨大——会增强孩子的金钱、物质欲望。最终，他的欲望就会成为一个填不满的“无底洞”，他会堕入其中，难以自拔。

那么，我所希望的能彻底解决当今家庭教育问题的书在哪里呢？

2006年初，我开始研究儒家启蒙经典《弟子规》。越研究我就越发现，《弟子规》里蕴含的智慧是无穷的，适合每一个人学习、力行，也适合用来在家庭中、学校中教育孩子。我发现，真正合乎人性而又切实有效的家庭教育方法，其实就在这本小书里。

而我自己这些年也在实践这些家庭教育方法，并在各种家庭教育咨询指导及讲座中提到《弟子规》里的家庭教育理念与方法，听众反响十分热烈。所以我就想写一本书，把《弟子规》与家庭教育联系起来，完全站在家庭教育的角度，全面、系统、彻底地解读《弟子规》。现在，随着这本《学好〈弟子规〉教出好孩子》的出版，我的愿望也终于实现了。

先说说《弟子规》这本小册子吧。

《弟子规》原名《训蒙文》，是清朝康熙年间著名教育家李毓秀先生所作。李毓秀，生卒年月不详，山西绛州（今山西省新绛县）人，字子潜，一生只考中过秀才，生平主要是教书，没用更高功名。他创办了私塾“敦复斋”，毕生致力于教书、讲学、著述。他潜心研读《大学》、《中庸》等儒家典籍，并著有《四书证伪》、《四书字类释义》、《学庸发明》、《读大学偶记》等。这些书至今仍保存在北京大学图书馆以及山西省图书馆中。去世后，他的牌位被供奉在绛州先贤祠里供后人缅怀敬仰。而《训蒙文》是他根据自己的教学经验编写的一本儿童蒙学读物。后来，清朝乾隆年间的学者、大儒贾存仁先生对此作了修订改编，并将其改名为《弟子规》。

《弟子规》以《论语·学而》中的“入则孝，出则悌，谨而信，泛爱众，而亲仁。行有余力，则以学文”为中心思想，采用三字一句、两句一韵的韵文形式，具体阐述了为人子弟在家、外出、待人、接物和学习上应该恪守的规范。全书共360句、1080字，讲述了113件事，是教导孩子尽守本分、克己守礼、约束邪念、保持诚实，养成良好生活习惯并传承忠厚家风的最佳启蒙教材。

《弟子规》浅显易懂，通篇押韵，既朗朗上口，又极易记诵。特别是它的核心思想重在教导孩子的言行，注重家庭教育与生活教育，既有文采，又非常实用。因此它在清代后期成为广为流传的儿童读本和童蒙读物，几乎与《三字经》、《百家姓》、《千字文》（合称“三百千”）有同等影响。在今天，《弟子规》仍然是对孩子进行学习指导和品行修养教育的优秀启蒙读物，能帮助孩子建立良好的行为规范，并在全国各地甚至海外的幼儿园、中小学校、大学、企事业单位等广泛推广，被称为“做人的宪法”。

《弟子规》的原文我特别附在了本书的最后，以方便读者查阅。

其实，《弟子规》中最重要的内容就是“孝”——这是一个人做人处事的根本。正因为如此，《弟子规》开篇第一部分即为“入则孝”，即在家要孝敬父母。孔子在2500年前就说过：“夫孝，德之本也，教之所由生也。”也就是说，孝道是德行的根本，是一切教育的出发点。教孩子一定要从孝道教起。一个懂得孝道的孩子，他一定会好好学习、积极乐观地生活，以后也一定会有一份非常好的工作，有好的前程，更会有幸福美满的人生。那么，我们为什么不教孩子学孝呢？为什么不带头学孝呢？

孩子从父母那里继承了血脉和家训，孩子就是父母的分身。我们是父母，但我们也是我们自己父母的分身。如果一个人不孝敬父母，他就失去了做人的大根大本。也正是因为这个原因，古语才说："夫孝，天之经也，地之义也。"也就是说，孝敬父母，是天经地义的事。无论是孩子，还是我们成人，只有做到了孝，家庭才会是和谐的，事业才会是顺利的，人生才会是幸福的。

《论语·学而》后面的"出则悌，谨而信，泛爱众，而亲仁。行有余力，则以学文"其实都是"孝"的延续。这些都做好了，父母就开心了，就不用担心孩子了，就会安享晚年。那孩子做到这些，不就是在对父母尽孝吗？所以，在我看来，《弟子规》就是一部实践版的《孝经》，每个人都应该学，都应该懂，都应该把其中的教诲落实在生活中。

再说回来，这本《学好〈弟子规〉 教出好孩子》以《弟子规》的原文为纲目，加上我多年来对家庭教育的研究心得体会，一字不漏地对《弟子规》1080个字的原文进行全面的解读，向广大父母介绍改造自己、成就孩子的各种行之有效的家庭教育方法。在这里，我想强调一下：父母在读了这本书后，如果按照书中所写的方法去做，就能最大限度地改造自己，更能轻松地成就自己的孩子，从而让教育孩子这件事变得简单、轻松、有效。

有句话说："教儿教女先教自己。"在这本书中，这种说法将得到最大程度的印证。有时候真的是这样，只要父母做好了，孩子不用教自然会做好，正所谓"其身正，不令而行；其身不正，虽令不从"。

在我看来，《弟子规》完全能解决当今家庭教育中的各种难题，无论是孩子不爱学习、不合群、懒惰，太过于依赖父母，不能自理、自立，忸怩害羞、胆小怕事，还是注意力不集中、粗心大意等等。不仅仅是家庭教育问题，就是我们成人的家庭问题、工作问题，甚至是社会问题，都能用这本《弟子规》来解决。关键是要相信里面的方法，并尽全力去实践这些方法，才会看到效果。否则再好的方法，不真正去用它，也不会发挥应有的作用。

我想再次重申：在对孩子进行教育时，《弟子规》是最简单、最彻底、最有效的参考书。不过，如果不对《弟子规》进行全面的、与时俱进的分析解读和有效方法的总结，很多为人父母者是不会发现它的巨大价值的，甚至会认为

《弟子规》里满是糟粕。而经过全面解读后，为人父母者就会发现《弟子规》的无限魅力。这本《学好〈弟子规〉 教出好孩子》就是通过对《弟子规》每一个字、每一句话的解读，把最彻底、最根本、最有效、最简单的家庭教育方法总结、提炼出来，让处于水深火热之中的父母，甚至是爷爷奶奶、外公外婆都能从无章可循、摸不着北的家庭教育中解放出来。所以，我坚信，这本书一定能够经得起读者的检验——读后令人有一种豁然开朗、柳暗花明的感觉；一定能经得住时间的考验——家庭教育的核心理念与根本方法就在其中，历久弥新；一定能让更多的父母、孩子、家庭受益——让父母安心，孩子成才，家庭兴旺。

最后，衷心希望本书的出版能让更多的父母对教育孩子这件事不再迷茫、无助，让更多的孩子不再迷失自己，进而让家庭教育真的成为一件轻松、快乐、简单的事！祝福天下父母！祝福天下孩子！

由于水平有限，书中可能还有诸多不足、不当甚至错误之处，冀望高明不吝指正。谢谢你们！

鲁鹏程

2016年6月30日于北京

目 录

《弟子规》以《论语·学而》中的“入则孝，出则悌，谨而信，泛爱众，而亲仁。行有余力，则以学文”为中心思想，采用三字一句、两句一韵的韵文形式，具体阐述了为人子弟在家、外出、待人、接物和学习上应该恪守的规范，是教导孩子尽守本分、克己守礼、约束邪念、保持诚实、养成良好生活习惯并传承忠厚家风的最佳启蒙教材。

第二章 入则孝——德行是做人的根本，而孝是德行的根本

《弟子规》开篇第一部分即为“入则孝”，即在家要孝敬父母。孝道是德行的根本，是一切教育的出发点。教孩子一定要从孝道教起。一个懂得孝道的孩子，他一定会好好学习，一定会积极乐观地生活，以后也一定会有好的工作、好的前程，更会有幸福美满的人生。既然这样，我们为什么不教孩子学孝呢？我们为什么不带头学孝呢？

第三章 出则悌——教孩子学会与兄弟姐妹相处的礼节，以及和长辈在一起的规矩

孝道是善事父母，也就是父子之间的爱；悌道是善事兄长，也就是兄弟之间的爱。可以说，孝悌是爱的教育，而悌道又是孝道的延伸。而且，悌道包含了礼节的教诲。这就需要我们教孩子学会与兄弟姐妹相处的礼节。同时，教孩子对待长辈应懂得礼让，不论吃饭还是坐立行走。

第四章 谨——孩子在任何时候都要谨言慎行，懂得自重自爱

孝悌是德行的根基，但孝悌的落实离不开“谨”字。例如“亲有疾，药先尝”、“亲所恶，谨为去”、“尊长前，声要低”等，都说明了谨言慎行的重要性。除此之外，养成良好的生活习惯和严谨的处世态度对孩子也非常重要，因为习惯和态度可以决定孩子人生的成败。所以，我们要把“谨”的重要性告诉孩子，让他成为一个谨身律己、自重自爱的人。

第五章 信——孩子要言而有信，这是立业处世的基础

信，是儒家的道德规范，主要意思是诚信，言而有信。《论语》中讲道："子以四教：文、行、忠、信。"孔子以文、行、忠、信四项内容教导学生，认为信是做人的基本要求。子曰："人而无信，不知其可也。"一个人言而无信，怎么能行呢？这足以说明，对于一个人的成长而言，信是非常重要的，是立业处世的基础。

第六章 泛爱众——教孩子真诚地爱一切，创造和谐的人生

爱，绝不是一个狭义的概念。爱的繁体字是“愛”，是“受”里有一颗心，就是用心感受别人的需要。也就是说，一个有爱心的孩子往往具备感同身受的能力，他会从爱父母、爱老师、爱亲友推及爱一切人、事、物。此时，孩子收获的不仅仅是被爱，还会收获一颗博爱的心，获得一个和谐、平安、幸福的人生。

第七章 亲仁——孩子亲近仁者，一生将受益无穷

这篇虽然非常简短，但是却饱含深意。亲仁，就是亲近仁德之人。如果孩子能够时刻亲近仁德之人，他的道德学问就会逐渐提升，他将会获得无穷的益处。因此，我们一定要引导孩子亲近仁德之人，并让他主动向仁德之人学习，进而勉励自己做一个仁者。

第八章 余力学文——教孩子德才兼备，从小立志做圣贤

《弟子规》前面讲的，基本上都是做人做事的道理，是为了提升孩子的德行。当孩子能够做到孝、悌、谨、信、爱众、亲仁之后，如果还有空余的时间和精力，就需要好好学习圣贤的教诲和知识，从而提升自己的学问。这样一来，孩子就会成为一个德才兼备的人。

第一章

总叙——良好的家庭教育为孩子一生的幸福奠基

《弟子规》以《论语·学而》中的“入则孝，出则悌，谨而信，泛爱众，而亲仁。行有余力，则以学文”为中心思想，采用三字一句、两句一韵的韵文形式，具体阐述了为人子弟在家、外出、待人、接物和学习上应该恪守的规范，是教导孩子尽守本分、克己守礼、约束邪念、保持诚实、养成良好生活习惯并传承忠厚家风的最佳启蒙教材。

总叙“弟子规，圣人训；首孝悌，次谨信；泛爱众，而亲仁；有余力，则学文”正是《弟子规》的核心纲领。2000多年前，中国（也是世界上）最古老的教育经典《礼记·学记》中就提到“建国君民，教学为先”，由此可见教育的重要作用与地位。而一切的教育又是以家庭教育为基础的。

良好的家庭教育才能为孩子一生的幸福奠基。而《弟子规》则是让家庭教育变得既简单又有效的一部最彻底的书。现在，就让我们一起走近这部经典，感受它的魅力所在。

第一节

父母孩子一起走近《弟子规》，并掌握学习方法

我一直认为，一个人这一生只有两件事是最重要的：其一是孝养好父母，其二是教育好孩子。其实这两件事又是一件事，就是经营家庭。换句话说，孩子教不好，父母会难过，家庭也不会幸福。所以说，如果一个人没有教育好孩子，也没有对父母尽孝道，即使他再有钱、再有地位，也是一个失败的人。教育孩子，是每一位为人父母者的重要职责。可以这样说，父亲、母亲，不仅仅是一个称号，更是一种事业。每一位父母，都应该把这个事业做好。

弟子规，圣人训。

至要莫若教子，教育孩子是最重要的一件事。

古人曾说："至要莫若教子。"其实，无论是古代，还是现代，教育孩子这

件事，一直都是非常重要的。只有把孩子教育好，一个家庭才可能幸福、和美。家庭是社会的细胞，家庭健康了，社会才会是和谐的。可见，把孩子教育好，对社会也是一个大贡献。

今天，越来越多的父母都感觉到，教育孩子实在是太难了。果真如此吗？其实不是这样的，只是因为我们做父母的没有找到合适的教育方法。在我看来，教育孩子是一件非常简单的事，仅仅需要父母给孩子做个好样子而已。正如至圣先师孔子所说，“其身正，不令而行；其身不正，虽令不从”。教育孩子也是一样的道理，的确没有什么难的。但有一点必须说明白：父母一定要知道怎样正确地给孩子做样子。因为无论父母做得是好样子还是坏样子，孩子都会“照单全收”，所以，父母一定要提高教育的敏感度，给孩子做个好样子。

有的父母可能就要问了：好样子的标准是什么？怎样才能做这个好样子呢？我的回答还是很简单：跟《弟子规》学。《弟子规》就是非常好的教材，里面有“好样子”的标准与规范。《弟子规》既是“照妖镜”，也是“显圣镜”：我们做得不好，《弟子规》就是“照妖镜”；我们做得好，《弟子规》就是“显圣镜”。通过这面“镜子”，孩子也能把标准看得清清楚楚。

说到这里，可能又有些父母纳闷了：《弟子规》不是给小孩子看的吗？难道我们成年人也要学吗？是的。我们成人、做父母的一定要学《弟子规》，而且是非常深入、用心地去学，而不是仅仅给孩子读读，或者让孩子自己读读而已。

弟子，并不仅仅是指孩子，而是指每一个人，当然也包括成人。

《弟子规》里的“弟子”，并不仅仅是指孩子，而是指每一个人，当然也包括成人。弟子，就是学生。狭义地去理解，弟子是指小学生、中学生或者是大学生。但广义地去理解，含义就扩大了。比如，在学校、在工作环境中，我们就是老师、师父的弟子；我们都不是圣贤，有很多智慧和道理要跟圣贤去学，那我们就是圣贤的弟子。

在生活中，我们总是有需要学习的地方，所以我们怎么不是弟子呢？也就是说，弟子，是指我们每一个人。只有明白了弟子的概念，我们才能塌下心来去学习《弟子规》，才能深入地了解它，进而把《弟子规》里的教诲运用到生活中。

规，是规范、规矩。没有规矩，不成方圆。

在这个世界上，做什么事情都应该遵循一定的规矩，而不是想怎样做就怎样做。《弟子规》的“规”，是规范、规矩。没有规矩，不成方圆。那么，我们到底应该学习哪些规矩、规范呢？《弟子规》中也有明确的解答。《弟子规》中一共讲到了113件事，这113件事就是我们做人处事的规矩、规范。只有不违越规范地做事，才是合理合法的。也就是说，《弟子规》这本书，是我们每一个人做人处事的典范，是我们人生方向的指引，更是我们教育孩子的纲领。

我们要学的是圣人的教诲，要和孩子一起学。

那么，我们要学的是什么呢？是圣人训，也就是圣人的教诲。圣人，狭义地讲，就是孔子。前面我们已经提到，《弟子规》这本书就是根据《论语·学而》的“入则孝，出则悌，谨而信，泛爱众，而亲仁。行有余力，则以学文”为中心思想而详细阐述的。但是，广义地说，圣人不仅仅是指孔子，还包括一切古圣先贤、一切有好的德行的人。我们要学的是他们的训诫、他们的教诲。

我们要学这些训诫、教诲，当然，孩子也要学。更确切地说，是我们和孩子一起学。只有全家都来学，才能形成一个良好的氛围，才能都有进步、有提升。但是，对这个提升，我们千万不要急功近利，要慢慢来。只要按部就班地学，提升就会是水到渠成、自然而然的事情。

《弟子规》不是用来背的，而是用来做的，学一句做一句。

学习《弟子规》，一定要树立一个观念，就是《弟子规》不是用来背的，而是用来做的。也就是说，要把《弟子规》里的教诲都做出来，都运用到生活中，即要学以致用，要力行。说到力行，我就想起了孔子所说的那句话：“力行近乎仁。”懂得力行圣贤的教诲，这个人就离仁者不远了。所谓力行，就是学一句做一句。

《弟子规》里所讲的每一句话，都不是知识，而是力行的标准。所以，如果我们做父母的认为，学《弟子规》就是背《弟子规》，就是读《弟子规》，那就大错而特错了。学了就要去做，不去做，就永远不知道《弟子规》的魅力，就永远不知道《弟子规》的巨大价值。

所以，想教育好孩子，就要跟孩子一起学《弟子规》，就要学一句做一句，句句都要在生活中落实。当我们养成落实《弟子规》教诲的习惯时，我们在生活中的一切行为就都是自然的，都是不做作的。当孩子看到我们言行如此一致的时候，就不用我们去教了，他自然会成长为一个让我们省心的好孩子。

教育小语

我们对《弟子规》真的不必怀疑，去力行就是了。一定要去力行，去实践，正所谓“纸上得来终觉浅，绝知此事要躬行”，“实践是检验真理的唯一标准”。《弟子规》对教育孩子到底管不管用？你可以有这个疑问，但用不了多久，你就会打消它，就会真正相信《弟子规》，因为那时候，孩子变了，我们自己也变了，一切都是那么美好。

第二节

孝悌家风的传承是家庭教育的关键所在

家庭教育的根本是什么？或者说，教孩子，最重要的是教他什么？是教他学做人。做人比做事更重要。而做人的根本又在哪里？那就是具备良好的德行，正所谓“德者，本也”。而德行的根本又在哪里？就是孝道。《孝经》中说：“夫孝，德之本也，教之所由生也。”也就是说，孝道是德行的根本，是一切教育的出发点。如果不对孩子进行德行的培养和孝道的教育，孩子是很难教得好的。

一个人只有做到对父母尽孝道，对兄弟姐妹尽悌道，他的人生才是幸福的、圆满的。那么，教育孩子，也应该把握这一点。一句话：孝悌家风的传承是家庭教育的关键所在。

首孝悌。

孝，是家庭和谐、社会安定的根本。

《弟子规》开篇第一件事，就是教人学孝。孝，是首要的一件事，也是最重要的一件事。

我们看这个“孝”字，上面是个“老”字头——“耂”，下面是个“子”字，就是子在老身边，背着老一代。可见，上一代与下一代融为一体，就是孝。“孝”字还说明，上下两代人是不可分割的整体。千百年来，中国人为什么如此重视这个“孝”字？因为它是家庭和谐、社会安定的根本。

孩子从父母那里继承了血脉和家训，是父母的分身。我们是父母，但我们也是自己父母的分身。如果一个人不孝敬父母，他就失去了做人的大根大本。也正是因为这个原因，古语才说：“夫孝，天之经也，地之义也。”也就是说，孝敬父母是天经地义的事。

当然，教孩子学孝，首先要求我们做父母的要做到孝。我们要对父母尽孝，比如，经常带着孩子、爱人回家看望父母，经常与父母联络感情。

行孝，不能离开敬，我们要从内心恭敬父母。孔子曰：“至于犬马皆能有养，不敬何以别乎？”孝养父母，没有一定的形式，但皆要出自敬爱之心。如果只是给父母吃的而不敬重父母，那跟养马又有什么区别呢？所以，对父母一定要心存恭敬。

孝敬父母，还有一个关键，就是给父母一个好脸色。《论语·为政》中有这样一段话：“子夏问孝。子曰：‘色难。有事，弟子服其劳；有酒食，先生馔，曾是以为孝乎？”意思是说，子夏请教老师什么是孝。孔子说：“侍奉父母，能随时和颜悦色是最难的。有事时，由儿女出劳力为父母去做；有酒饭时，让父母享用，难道这样做就可以算‘孝’吗？”

其实，给父母吃喝，满足父母的物质生活并不难，难的是给父母一个好脸色。所以，孝敬父母并不是只给他们吃的、穿的，而是随时都给父母一个好脸色，而不是摆一张爱答不理的脸。如果对父母恶脸相向，那么，即使让他们天天吃山珍海味，他们也不会开心。

给父母一时的好脸色不难，难的是一辈子给父母好脸色。所以，我们为人子女者应该永远记得“色难”这两个字，永远给父母一个好脸色，让父母永远开心。好脸色是孝的基础，只有时刻给父母好脸色，我们才会主动去为父母做力所能及的事，真正让他们感到宽慰。

我们做到了孝，家庭就和谐了，社会就安定了。

教孩子学孝道真的那么管用吗?

我在前面提到过，孝是一切教育的起点。在家庭中，我们对孩子进行教育，也要从教孝道开始。有的父母可能会有疑问：“教孩子学孝道真的管用吗?”答案是肯定的。一个孝敬父母的孩子，不会让父母操心，无论是在学习上，还是在生活上，都会尽力让父母开心。《弟子规》后面提到“亲所好，力为具”。如果孩子掌握了这句话的精髓，那么他就懂得如何去做了。我们做父母的都希望自己的孩子学习好，但遗憾的是，今天的孩子乐意主动学习的太少了，学习变成了一件苦不堪言的事。古人提到学习时，是“学而时习之，不亦说乎”，而现在则成了“不亦苦乎”。如果我们的孩子也是“不亦苦乎”，那么基本可以断定，他的孝心还没有打开。因为一个有孝心的孩子知道父母希望他学习好，他就会主动地学习，根本不用父母在后面催逼，更不需要父母用物质、金钱奖励来诱惑。所以，孩子有孝心，他就会好好学习。

我有一个朋友，对父母非常孝敬。他从来不强迫孩子去学习，而孩子的学习却是自动自发的。这位朋友曾这样对我说：“很多时候，我都限制他学习，比如说晚上他学到很晚，都是我让他熄灯睡觉的。有时候早上我还没起床，他就已经早早起来看书了。孩子对我说，他不想让我操心他的学习，他一定会奋发努力的。”后来，这个孩子以优异的成绩考入北京一所全国重点大学。这个朋友孝敬父母，孩子从小就看在眼里，在孩子心里，他能做的就是主动地、积极地去学习，不让父母失望。在他看来，这就是对父母尽孝。当然，这个孩子在做人处事方面也比同龄的孩子优秀很多。

我想，这就是我们要教孩子学孝道的原因之一吧。看到这里，有些父母也许并不认同，没关系，在后面“入则孝”的内容中，我还将详细阐述为什么要教孩子学孝道，以及孩子学了孝道之后会有哪些改变。一个懂得孝道的孩子，绝对不会做出让父母操心的事，他做事前一定会好好掂量做这件事是否有违孝道。所以，我们的孩子如果有了孝心，那我们这一生都会安心了，孩子的人生之路也会走得非常踏实。

那么，我们在生活中又该怎样教孩子学孝道呢?

既然孝道的培养对孩子来说如此重要，那么，我们在日常生活中又该如何教孩子学孝道呢？这一点也不难，只需要我们把握以下几个原则就可以了。

第一，以身作则。这是最重要的原则，就是我们做父母的要时时刻刻给孩子做个好榜样。具体的细节，在这里就不多说了，在后面的内容中还有这方面的论述。只要我们注意一点就行了：在做事之前想一下，自己的行为是否能够给孩子带来正面的影响。

第二，知恩报恩。感受父母的恩德，知恩，感恩，报恩。有人曾总结过慈母的十大深恩：一、怀胎守护恩；二、临产受苦恩；三、生子忘忧恩；四、咽苦吐甘恩；五、回干就湿恩；六、哺乳养育恩；七、洗濯不净恩；八、远行忆念恩；九、深加体恤恩；十、究竟怜悯恩。而做父亲的也付出了很多，比如为整个家庭的经济状况拼搏付出。

第三，亲师配合。在古代，父亲第一次带孩子到私塾见老师的时候，是要给老师行三跪九叩大礼的。在孩子眼里，父亲就是天，父亲竟然给老师行如此的大礼，孩子在内心是非常震撼的，日后，他一定会非常听老师的教诲，而不会跟老师顶嘴。对老师有一分的诚敬，学生就能得到一分的利益；对老师有十分的诚敬，学生就能得到十分的利益。

父亲三跪九叩，就代表把孩子交给老师了，老师也会非常负责任，一定会教孩子做人，一定会教孩子孝敬父母。让父母对孩子说“你要孝敬我”，父母说不出口；让老师对孩子说“你要尊敬我”，老师也说不出口。所以要亲师配合，也就是，父母教孩子尊师，老师教孩子孝亲。一个人只有孝亲尊师，才能有大的作为。在历史上，这一点得到了充分的证明。

今天，我们依然需要亲师配合。但我们还要给老师行这样的大礼吗？当然不需要。我们学圣贤的教诲，学的是实质，而不是形式。但是，我们做父母的依然需要对孩子的老师恭敬，更不能在孩子面前说老师的坏话。这样，孩子看到父母如此尊敬老师，自然也会对老师生起恭敬心，自然会认真学老师教的课程。因为有些老师并不会在课堂上教孩子孝敬父母，所以父母还应该跟老师沟通，请老师适当地点一下孩子，提醒或引导他孝敬父母。

第四，夫妻配合。这也就是，父亲要把母亲的恩德告诉孩子，母亲要把父亲的恩德告诉孩子。比如，父亲可以跟孩子说：“妈妈怀胎十月，非常辛苦，还经常呕吐，吃不下东西；生产的时候也非常痛苦，但一看到你，所有的痛苦都化作了快乐；你出生后，妈妈一步不离地照顾你，把你养大，实在是付出了太多。你可以不孝敬我，但不可以不孝敬你的母亲。”做母亲的可以这样跟孩子说：“爸爸为这个家辛苦奔波，为了让咱们能过上好日子，拼命地工作，挣钱养家，非常辛苦。你可以不孝敬我，但不可以不孝敬你的父亲。”当我们这样跟孩子讲的时候，孩子一定会思考：原来爸爸妈妈为我付出了这么多，我一定要好好地孝敬他们，报答他们。这样，孩子的孝心就被激发出来了。

夫妻配合，但也要注意教育原则一致，不能一个说东，一个说西。古代，夫妻双方都不用讨论如何教育孩子，但今天，很多父母已经搞不清楚怎样教育孩子了。为什么会这样？因为古代的家训没有传下来。古人有家训的传承，今天的人已经没有了。怎么办？那就需要学习教育的智慧。所以，夫妻双方一定都要学习《弟子规》，这就是我们的家训纲领、原则，只要全家都学《弟子规》，孩子就一定能教得好。

现在都是独生子女，教悌道还有用吗？如何教呢？

悌，即哥哥对弟弟友爱，弟弟对哥哥恭敬，也就是兄弟姐妹之间要和睦相处，不要因为任何大事小事而伤了手足之情。在《弟子规》看来，兄弟姐妹友好相处就是孝，因为兄弟姐妹不给父母出难题，关系处得好，父母就会很开心，这其实就是在尽孝。

今天的家庭绝大部分都只有一个孩子，那悌还有用吗？当然有用。因为虽然每家只有一个孩子，但孩子是不会脱离群体而单独生活的，他会跟亲戚家的堂兄弟姐妹、表兄弟姐妹等同龄的孩子相处，也会跟社区里的同龄孩子相处，还会跟幼儿园、学校里的同龄孩子相处，等等。如果我们把悌道教给孩子，他就不会跟别的孩子闹矛盾，别的孩子就会喜欢他，他的人缘就会非常好。他长大后，还要走向社会，走上工作岗位，如果能够懂得悌，他自然会跟同事和睦相处，自然会深得同事、领导的认可……可以说，如果孩子从小学会了悌道，我们做父母的一辈子都会很省心，不会为孩子而头疼。

有些父母也许会担心：我的孩子这么好，懂得恭敬别的孩子，那不是掉价跌份儿吗？别的孩子要是觉得他好欺负怎么办？其实，这种担心大可不必。一个学传统文化的孩子不会把自己学呆了。他会非常智慧、非常聪明，对生活、学习以及未来工作中的任何问题都能处理得游刃有余。他不但不会掉价跌份儿，不但不会受人欺负，反而会迎来更多的尊重。他会从小就是众人瞩目的焦点，而且也不会傲慢，不会自负，他会一步一个脚印地踏踏实实地走自己的人生之路。真的，请父母放心，我们的孩子一定会有出息，取得好的成就。

教孩子悌道也很简单，只要我们把《弟子规》里的教诲讲给他，让他自己读《弟子规》或是跟我们一起读就可以了。在生活中，如果他跟别的孩子为争玩具或其他小事有了不愉快，我们可以提醒他“兄道友”，他自然会接“弟道恭”；我们说“兄弟睦”，他自然会接“孝在中”。这样一提醒，孩子就知道该怎么做了，因为学《弟子规》的孩子是非常有智慧的。你可以不相信，但你可以去做这个实验。当然，前提是父母和孩子已经深入学习了《弟子规》。

另外，父母还需要注意：在日常生活中，不要因为鸡毛蒜皮的小事，或者因为一点经济利益，而跟自己的兄弟姐妹计较，也不要在孩子面前说兄弟姐妹、同事朋友的坏话。相反，要经常提及兄弟姐妹、同事朋友的好，让孩子感受到父母那种非常和谐的“磁场”，这样孩子自然会懂得在生活中如何与同龄的孩子相处。

更详细具体的方法，我会在下一章中分析。

从现在开始，毫不迟疑、坚定不移地把孝悌的家风传承下去。

我们都知道“家训”这个词。家训，指的是对子孙后代立身处世、持家治业的教诲。家训是中国传统文化的重要内容，也是家谱中的重要组成部分，在历史上对古人的修身、齐家，甚至是治国、平天下发挥着重要的作用。在前面曾提到过，古人都有家训的传承，今天几乎没有了。我想，既然我们已经开始学习传统文化，既然已经开始在找最彻底、最有效的家庭教育方法，就应该有自己的家训，有家风的传承。这个家风，应该是什么呢？在我看来，最基本的也是最根本的，就是孝悌的家风。

只有我们把孝悌的家风一代代地传递下去，我们的家族才能兴旺。我在讲课的时候，经常会问听众这样一个问题：“大家有没有想过，自己的家族要绵延多久？是像孔子的家族一样，绵延 2500 多年而不衰？还是像范仲淹的家族，绵延 1000 年而不衰？”现在，我们也可以想一下这个问题。要想让自己的家族绵延不衰，孝悌是关键。

我们知道，今天很多家族都“富不过三代”，是哪里出现了问题？是缺失了孝悌。当这个富裕家族的人知道教育好自己的孩子，知道让孩子学孝悌，同时自己不违法乱纪、不做有损德行的事，以身作则给孩子做孝悌的榜样时，他的家族怎么会“富不过三代”？

所以，我们确实应该好好思考一下为什么要传承孝悌的家风。因为这是家庭教育的关键所在，是家族兴旺、民族发展、社会和谐的关键所在。

教育小语

教育孩子，没什么难的。要善于抓根本，而不是抓枝节；要善于找“道”，而不是到处寻“术”。根本在哪里？根本就是孝道，就是悌道，这就是“道”。枝节又是什么？是今天那种速效的“头痛医头，脚痛医脚”的所谓“捷径”。根本，才能解决根本的问题，才能彻底解决问题；枝节，可能一时有效，长期使用一定有副作用。这的确值得我们深思。

第三节

要想教育好孩子，必须走出现代家庭教育的误区

相信天下每一位父母都想把自己的孩子教育好，都想倾尽全力让孩子成才。愿望是好的，但还需要有行动，而且这个行动一定要正确。所以，我们要想教育好自己的孩子，就一定要走出现代家庭教育的误区。在当今这个时代，依然要教孩子谨言慎行、诚信做人处世、有仁爱心、亲近有仁德的人，这样教出来的孩子不但不会吃亏，而且还会处处遇到“贵人”。

次谨信。

前面我们讲过“首孝悌”，就是说，孝悌对孩子一生的成长与发展至关重要，是最重要的。所以，一个家庭要有孝悌的家风，才能家族兴旺。“次谨信”里的“次”字，就是第二重要的意思。第二重要的是什么？谨信。谨，就是谨

慎，谨言慎行，凡事要三思而后行，切勿冲动、头脑发热、拍脑袋作决定；信，就是诚实守信，就是“言必信”。

无论说话，还是做事，都一定要特别谨慎。

对于一个人来说，说话、做事一定要谨慎。谨慎，在任何时候，对任何人来说，都是处世的重要标准之一。对于孩子更是如此，如果一个孩子从小就谨慎，他就不会轻信他人的蛊惑，就不会交到不三不四的朋友，就不会随意地作决定，等等。

关于谨，在这里想强调几点：一方面是想让父母以此来教育孩子；另一方面是希望我们做父母的也能在“谨”字上下点功夫，好好力行“谨”这一条教诲。

第一，谨言。言语非常重要，如果孩子讲话非常随便，信口雌黄，那么别人肯定会不信任他，他也就很难有好的人际关系。俗话说：“病从口入，祸从口出。”随便说出来的一句话，可能会给彼此造成误会，甚至会惹祸上身。所以，言语一定要谨慎。作为孩子的父亲与母亲，在日常相处的时候也应该相互尊重，相互说好话，不能讲不入流的话。如果孩子从小就看到父母讲话温和，他一定会如沐春风，受到良好的影响。

第二，谨行。行为一定要谨慎。无论在家庭中，还是在社会上，人都不可能独立存在，一个人的一举一动都会与他人发生联系。如果不懂得谨慎，可能就会侵犯他人；如果自己的举动很轻浮，可能就会招来不必要的麻烦。我们成人要懂得这个道理，还应该让孩子从小也知道这个道理。这样，他的一举一动就是文雅的，就是谨慎的，他会顾及他人，不会得罪他人、伤害他人。

第三，谨身。一定要爱惜身体，保护好身体。做父母的都关心孩子的身体健康。我们是父母，但我们也是父母的孩子，所以无论是我们还是孩子，都应该珍爱身体，不可以让身体受到伤害。比如，不熬夜，不暴饮暴食，不“挥霍”身体等等。如果孩子从小就懂得谨身，那么我们做父母的就会非常省心。

第四，谨心。心是一个人的主宰，要心存善良，要“诚于中”，才能“形于外”。对于孩子来说，心一定是良善的，这样他就会从内心散发出善的气息，就会给自己带来祥和。一个懂得谨心的孩子，一定会慎独、自律，凭这一点，他就能拥有幸福的人生。

所以，我们教育孩子谨，一定要把言、行、身、心这四个方面当作重点。谨，不会让孩子吃亏，只会让孩子人生的每一步都走得更加踏实，更加坚定。

人无信不立，凡事一定要讲究诚信。对任何人来说，都是如此。

信，自古以来就是一个人安身立命的根本，正如孟子所说的，“车无辕而不行，人无信则不立”。诚信、讲信用，对一个人来说，不仅仅是一种品行，更是一种责任；不仅仅是一种准则，更是一种道义。

今天，教孩子讲诚信仍旧非常必要。有的父母也许会担心，别人都不讲诚信，我家孩子讲诚信，那他还不整天被人骗啊？其实不然。我们想一下：如果孩子在求学期间讲诚信，老师会不会喜欢他？同学会不会喜欢他？会。如果孩子走上工作岗位后讲诚信，领导会不会器重他？同事会不会欢迎他？也会。如果我们是老师，我们会不会喜欢讲信用的学生？会。如果我们是一个团体的领导，我们会不会喜欢讲信用的下属？会。如果孩子以后从事商业，主管一家企业、一个团体，一样需要诚信。

一切的一切都足以表明，诚信的孩子不但不会被人骗，还会处处遇到好的缘分，因为这么好的孩子别人怎么会忍心骗他呢？说到这里，我想起《史记·滑稽列传第六十六》中所记载的：“传曰：‘子产治郑，民不能欺；子贱治单父，民不忍欺；西门豹治邺，民不敢欺。’三子之才能谁最贤哉？辨治者当能别之。”不能欺、不忍欺与不敢欺的人，哪一个更贤能？当然是不忍欺之人。前些年，有人用“三不欺”的说法来评价李鸿章、曾国藩和左宗棠：“李公明，人不能欺；曾公仁，人不忍欺；左公威，人不敢欺。”这说的也是一样的道理。如果我们的孩子讲诚信，别人当然不会忍心欺骗他，因为人都有一颗向善好德之心，即使是坏人也有，只是暂时被蒙蔽了而已，当他遇到像我们孩子这样的人时，内心的善良也会被激发出来。再说了，即使孩子被坏人骗了，也将是仅此一回，做父母的完全不必担心。相反，如果我们不培养孩子诚信的品格，那么他就没有正确的处世观，反而可能多次被骗，甚至被骗之后心理扭曲，也去骗别人，那就麻烦了。

每一个人都应该从小就以诚信为本，都应该把讲诚信、讲信用内化为自己内心的坚定信念，外化为自己的实际行动，让诚信常驻心中，永伴自己左右。而要想让孩子做到这一点，我们做父母的就不能不重视对孩子进行诚信教育。当然，在生活中，我们自己也应该诚信做人，比如：不在孩子面前撒谎；答应别人的事一定去做，不要找借口；坚决兑现对孩子的承诺，如果有非常特殊的情形不能践诺，也要跟孩子解释原因，争取得到孩子的理解，且事后一定要弥补对孩子的承诺，不可糊弄了之。

一言可以兴邦。一定要教孩子谨言、诚言、信言。

谨和信，很大程度都表现在言语上。言语是非常重要的。孔子重视四种学问，也就是孔门四科：德行、言语、政事和文学。言语摆在德行的后面，重要程度仅次于德行。言语重不重要？重要。因为人与人互动、交往都离不开言语。“一言可以兴邦，一言也可以丧邦。”所以我们一定要教孩子谨言、诚言、信言。

泛爱众，而亲仁。

培养孩子从小有一颗博爱的心、宽容的心。

泛爱众，就是广泛地爱众人。其实，换成今天的话来说，爱众是人际关系学的重要内容之一。让孩子爱众，就是让孩子与人和睦相处，教孩子如何与人交往。这一点，与现代教育是完全一致的。

不过，《弟子规》里讲的泛爱众，应该是广义的。众，不单单是指众人，还包括一切事物，比如动植物，比如身边一切没有生命的东西。爱众，就要爱别人，这样别人也会爱我们；爱众，就要爱护动物、植物，不可随便伤害它们；爱众，还应该爱身边的一切东西，比如学习工具、生活用品、粮食、水、电等，不可随便浪费它们。

也就是说，爱众，就是培养孩子从小有一颗博爱的心、宽广的心。我们都知道一句话：心有多大，舞台就有多大。我们都想让孩子在未来过上幸福的生活，拥有人生的大舞台，那怎样才能实现呢？就是要让他有一颗博爱的心、宽容的心。

所以，教孩子爱众是非常必要的。我们不教他爱众，他就心胸狭隘，到时候连我们也不爱，到头来，痛苦的是孩子，是我们，因为他未来的路不好走，我们以后的生活也不幸福。从小教孩子爱众，并不难。如果我们不重视，孩子长大后心胸狭隘，对我们不理不睬，到那时我们再想起这件事来就已经太晚了。所以，教孩子爱众当及时。

亲仁，就是让孩子亲近有仁德的人，亲近圣贤，亲近经典。

亲仁，就是亲近有仁德的人。只有这样，才能时时提升自己的道德素养。

让孩子每天都接触一些有仁德的人，他自己就会变成有仁德的人；让孩子每天都接触一些乱七八糟、无所事事的狐朋狗友，甚至是社会小混混之类的人，孩子也一定会变坏，他的言语行为都会变粗俗，可能还会因为哥们儿义气而走上违法犯罪的道路，毁掉自己。正所谓："入芝兰之室，久而不闻其香；入鲍鱼之肆，久而不闻其臭。"我们做父母的，要让孩子做哪一类人呢？

如果孩子亲近有仁德的人，他就会在无形中增长智慧。人生有智慧，孩子才会走正确的路，才会选择阳光大道，他自己的心也会是阳光的，而不是阴郁的，他的人生也会过得非常幸福，不用我们担心，不用我们操心。那么，我们为什么不从现在开始让他亲仁呢？

有的父母可能会问：上哪儿去找有仁德的人呢？其实，我们身边一定会有好人和有德行的人，让孩子多与他们交流，就一定会受益良多。当然，如果实在没有，还可以让孩子向古代的圣贤学习。亲仁，狭隘地讲，是亲近有仁德的人；广义地讲，就是亲近一切能够提升道德学问的人、事、物。比如，我们可以让孩子读古圣先贤留下来的书，《弟子规》就是其中很好的教材，不要担心孩子读不懂，只要他有一颗希圣希贤的心，就一定会用心读。只要去读，哪怕只读懂一句、两句，那也是人生的智慧，可能是他在生活中碰几次壁都总结不出来的。

当然，作为父母，我们应该相信"仁德"的力量，从现在开始，就做一个跟以前不一样的自己，让自己向善好德，孩子自然会跟着我们学。还是那句话，教孩子真的不难，难的是给孩子做一个好榜样。

教育小语

前面我们提到，孔门四科中的第一科，也是最重要的一科，就是德行。德行对一个人来说实在太重要了。孩子从小诚信、爱众、亲仁，他就一定会有仁德，就一定是个有德行的人，别人对他一样也是“不忍欺”，我们还有什么好担心的呢？我们为什么不走出“你不仁我不义，以牙还牙”、“不择手段，赚钱就好”、“老实人吃亏”的教育误区呢？

第四节

人生一定要先作对抉择再奋斗

以前，我们没有学习《弟子规》，可能做错了很多抉择，走了很多弯路。不过，只要我们现在相信《弟子规》，按照《弟子规》说的去落实，就能作对人生的抉择，从而为之奋斗，进而提升自己的人生境界，让人生过得更有意义，更幸福。

有余力，则学文。

为什么《弟子规》告诫人们“有余力，则学文”呢？

如今是一个知识爆炸的时代，很多父母都认为，没有知识是非常可怕的，是无法在这个社会上立足的。于是，努力学习文化知识几乎成了这些父母对孩子的唯一要求。但是，《弟子规》却告诫人们：“有余力，则学文。”这是为什么呢？

宋朝著名理学家朱熹在《论语集注》中讲过这样一段话："未有余力而学文，则文灭其质；有余力而不学文，则质胜而野。"意思是说，如果一个人没有多余的时间，他的内在修养还不够，却不顾一切地学习知识，也许他的知识很丰富，但是他的本质有问题，那么，他所学的知识反而会埋没他的本质；如果一个人有多余的时间，内在修养也差不多了，却不学习知识，那么，他的外在行为就会显得有点野蛮。

可见，无论是"未有余力而学文"，还是"有余力而不学文"，对一个人的成长都是没有益处的。事实上，真正有益的做法就是"有余力，而学文"。

有空余的时间，一定要提升自己的学问。

"有余力，则学文"，就是告诫人们，有空余时间精力，就一定要提升自己的学问。那么，对于成长中的孩子而言，怎样才算是"有余力"呢？所谓"有余力"，就是在力行孝、悌、谨、信、爱众、亲仁的基础上，还有空余时间、多余精力的话，就再去学文。学文必须要以孝、悌等六件事为根本，用做这六件事之外的时间学文，而不是必须将这六件事完全做到之后才去学文。

如果孩子没有力行孝、悌、谨、信、爱众、亲仁，只是努力学习知识，那么纵使知识渊博，也不能成为一个真正有用的人。如果孩子只是力行孝、悌、谨、信、爱众、亲仁，而不努力学习知识，就容易陷入自己的主观偏见中，从而蒙蔽了真理。所以，当孩子力行了这些做人的根本之后，就要努力学习知识，从而提升自己的学问，充实自己的人生。

庄子曰："吾生也有涯，而知也无涯。"的确是这样。人的生命是有限的，但知识却是无限的。人类几千年积累下来的知识，是不可能在短时间内学完的。所以，我们每个人都应该有终身学习的态度，正所谓"活到老，学到老"。

具体的方法，将会在第八章中详细分析。

人生最难的不是奋斗，而是抉择。

在人生的道路上，我们总会遇到一个个十字路口，总要去抉择。如果我们抉择对了，就会朝着正确的方向奋斗，那么离自己的目标就会越来越近；如果我们抉择错了，就会朝着错误的方向奋斗，那么离自己的目标就会越来越远。可以说，人生最难的不是奋斗，而是抉择——抉择正确的奋斗方向。

在教育孩子这个问题上，同样需要我们去抉择：什么是教育的首要任务，什么是教育的次要任务。这个教育的先后顺序一定要抉择对，因为《大学》中讲道："物有本末，事有终始，知所先后，则近道矣。"

那么，教育的首要任务和次要任务分别是什么呢？从《弟子规》的"总叙"部分，我们可以得到确切的答案，那就是：道德修养是首要任务，学习知识是次要任务。如果问天下所有父母："教孩子做人的道理重要还是教孩子好好学习、考高分重要？"可能大部分父母都会选择前者，认为教孩子做人的道理是最重要的。

然而，在现实生活中，一些父母又是如何去做的呢？我们经常会听到有的父母对孩子说："你只要好好学习就行了，其他事情你都不用去管。"而且，很多父母每天都在抓孩子的分数。其实，当我们这样去做的时候，就已经作了一个抉择：重视孩子的学习成绩。那么，这些父母自然就会忽视孩子的道德修养，而这一抉择将会影响孩子的一生。

所以，我们应该作对抉择：既要重视孩子的学习，又要重视孩子的道德修养，而且要把道德修养放在教育的首要位置。前面提到过，孝是德行的根本，也是一切教育的出发点。所以，教育孩子，首先是德行教育，最重要的是教孩子做一个孝子。

从小给孩子扎下德行的根基。

在古代，只有当孩子的道德修养得到提升之后，才能去学习知识。如今，我们的教育体制也许不允许我们这样做，孩子到了一定的年龄，就必须入校接受教育。但是，这并不妨碍我们在家庭中对孩子进行德行教育。因为，德行教育就是生活教育，是渗透到生活的点点滴滴之中的。

那么，德行教育应该从什么时候开始呢？从孩子出生之后，甚至当他还是胎儿的时候，我们就要对他进行德行教育了。如果在孩子小的时候不教育，他长大了之后，本性会随着外界环境而改变，我们就很难再对他进行教育了。

所以，在孩子很小的时候，我们就要对他进行德行教育，教给他做人的道理，教给他处事待人的态度，滋养他的浩然正气。

那么，我们应该如何教育孩子呢？教育的核心又是什么呢？

对此，《说文解字》中有相应的解释：所谓“教”，就是“上所施下所效也”；所谓“育”，就是“养子使作善也”。其实，教育很简单，就是我们给孩子做个好榜样，让他接受良好的熏陶。所以，我们父母首先要做一个好人，时刻把善心、善行“演”给孩子看，这样，孩子自然就会学着我们的样子去做一个好人。

一旦孩子扎下了德行的根基，当他面对学习的时候，他就会认为学习是自己的一种责任。而且，为了不让父母担心，为了让父母高兴，孩子会加倍努力学习，从而提升自己的学问。可以说，德行的提升一定会带动学问的提升。反之，仅仅是学习成绩的提升，并不一定能够让他的德行变好。所以，德行教育是必需的，是第一位的，没有德行教育的教育是不完整的，也是不能让孩子真正受益的。

教育小语

《弟子规》开篇的“首孝悌，次谨信，泛爱众，而亲仁，有余力，则学文”，告诫人们教育孩子一定要遵守先后顺序，那就是孝、悌、谨、信、爱众、亲仁、学文。当我们按照《弟子规》去做，按照教育的先后顺序去教育孩子时，就一定可以让孩子拥有一个幸福圆满的人生。

本章后记

为人父母，教育孩子是最为重要的一件事情，也是一生中最重要的一份事业。其实，教育孩子并不难，只要我们对《弟子规》有坚定的信心，深入到《弟子规》中，按照《弟子规》的教育方法去做，就一定可以把孩子教育好。

家庭教育是一切教育的核心，而家庭教育的核心又是什么呢？归根结底，家庭教育的核心是孝悌。为了让自己的家族兴旺、绵延不衰，无论如何，我们都要让孝悌的家风传承下去。

要想让孩子做到“孝悌”，一方面，我们要经常让孩子诵读《弟子规》，落实《弟子规》，让他接受圣贤的熏陶；另一方面，我们更要以身作则做出表率，给孩子做个好榜样。这样，慢慢地，孩子就会做到“孝悌”了。

我们很容易走进现代家庭教育的误区，比如，有的父母担心孩子太谨慎会吃亏，有的父母担心孩子讲诚信会被骗，等等。其实，我们不必担心，因为孩子谨言慎行、诚信做人不但不会吃亏，还会有很多意想不到的收获。

当孩子懂得爱父母时，就会懂得爱周围的人。这时候，我们要让他的爱心扩展开来，让他用宽广的心胸去爱身边所有的动植物和一切物品，让他的爱心得到升华。

如果孩子能够亲近仁者，在无形中就会增长他的德行，进而促使他成为一个有德行的人。何谓仁者呢？除了有仁德的人之外，还包括圣贤留下的不朽经典。

对于孩子的教育而言，德行教育是根本，是首要任务。当孩子落实了孝、悌、谨、信、爱众、亲仁之后，如果还有空余的时间，就应该努力学习知识，提升自己的学问，丰富自己的人生，从而成为一个德才兼备的人。

第二章

入则孝——德行是做人的根本，而孝是德行的根本

《弟子规》开篇第一部分即为“入则孝”，即在家要孝敬父母。之所以把孝道放在本书的第一位，是因为做人最应该重一个“德”字，而德的最根本的体现就是孝。孔子在2500年前就说过：“夫孝，德之本也，教之所由生也。”也就是说，孝道是德行的根本，是一切教育的出发点。教孩子一定要从孝道教起。一个懂得孝道的孩子，他一定会好好学习，一定会积极乐观地生活，以后也一定会有好的工作、好的前程，更会有幸福美满的人生。既然这样，我们为什么不教孩子学孝呢？我们为什么不带头学孝呢？

第一节

培养孩子的孝心从与父母的日常应对开始

培养孩子最重要的就是培养他的德行，而德行的根本就在于孝道。所以，《弟子规》在开篇就提到“首孝悌”，而从这一节开始将详细叙述如何培养孩子的孝心。其实，培养孩子的孝心就从他与父母的日常应对开始。这一点，值得为人父母者用心体会与实践。

父母呼，应勿缓。

我们都有过招呼孩子的经历，面对呼唤，孩子是怎么回应的呢？

《弟子规》“入则孝”这一节一开始就提到“父母呼，应勿缓”，也就是说，父母呼唤孩子时，孩子应该及时答应，而不能慢慢吞吞，甚至是听到了也不答应。

做父母的千万不要认为这是小事。其实，教育孩子无小事，任何一个点用好了，都会让孩子受益无穷；相反，如果用不好，孩子可能就会因为一点小事、一个小细节而跌个大大的跟头，甚至会影响他一生的发展。

可以想一下，今天的父母和孩子是否已经“换了个儿”？也就是说，父母呼唤孩子，孩子不答应，“很正常”！或者孩子很有情绪地回应：“干吗?”好像也“很正常”。还有比这“更正常”的就是，孩子呼唤父母，父母倒是恭恭敬敬地答应：“唉，什么事?”

这样的现象几乎在每个家庭中都发生过，甚至是一再发生，而且将会一直发生下去，直到父母醒悟的那一天。如此下去，父母将不是父母，孩子将不是孩子，正如一句话所说，“孝子，孝子，孝顺儿子!”现在的父母，不正在“担当”这样的“角色”吗?

其实，每一个正常的孩子在面对父母的呼唤时，都应该这样回答：“妈妈（爸爸)，请问您有什么事?”这样的回答必须是及时的，态度必须是恭敬的。如果孩子离父母比较远，听到之后，要先回应，“未见其人，先闻其声”，回应的同时要快步走到或跑到父母的面前。

真正接受过《弟子规》训练的孩子会做得更好，他们会在回应父母的同时给父母鞠个躬。很多没有接触过《弟子规》的父母可能感到很诧异，认为这纯粹是多余的。其实不然，如果你有机会真正深入了解一下，就会发现这是事实，而非我在这里杜撰。了解的方法很简单，借助网络搜索，就会发现《弟子规》里有一个不一样的智慧世界。

“父母呼，应勿缓”，其实是孩子对父母的一种态度。

一个人的道德学问是从他的一言一行中表现出来的。所以，孩子对父母的讲话态度将对他的人生产生深远的影响。如果他对父母有真正的孝心，有恭敬心，他的道德学问的根基就能扎得很深；如果他对父母没有这份恭敬，没有这份孝心，那么他就会有傲慢心，这会毁掉他的人生。真的，这绝不是危言耸听！

儒家经典“四书”之一的《大学》说：“古之欲明明德于天下者，先治其国；欲治其国者，先齐其家；欲齐其家者，先修其身；欲修其身者，先正其心；欲正其心者，先诚其意；欲诚其意者，先致其知。致知在格物。”也就是说，一个孩子如果从小就能做到“正心”，他才能修身、齐家、治国、平天下。而“正心”需要“诚意”，“诚意”需要“致知”，“致知”需要“格物”。所谓“格物”，就是革除孩子的物欲，革除孩子的坏习气。不耐烦、傲慢就是孩子的坏习气。所以，教孩子对父母呼唤的应答就是为他“正心”。可见，要想获得大学问，必须从小处入手。

今天，还有几个孩子能恭恭敬地应对父母的呼唤？还有几个孩子能从内心深处恭恭敬敬地与人打招呼？所以，不要再认为这是个小事了，也不要再对孩子降低教育的标准了。如果还不重新认识这件事的话，孩子一代不如一代，将会是板上钉钉的事。

当然，要想让孩子做好这件事，需要父母来教。如何教？

言语方面的训练是一方面，而且这一方面的效果很有限，因为这是“说教”，孩子是不愿意听父母“说教”的。那么，怎样的方法才是最有效的呢？那就是父母的“表演”。这里的“表演”二字打上了引号，是表示强调，不是让父母随便“演”，而是从内心深处对自己的父母有孝心、有恭敬心，然后给孩子“表演”出来。所以，当家里的老人在呼唤我们的时候，我们要赶紧过去，恭恭敬敬地说：“爸爸（妈妈），请问您有什么吩咐？”即使我们现在表演得不好，但只要坚持，就一定会自然的，因为“习惯成自然”。可能有的父母会说：“我为什么要这样？”因为我们要教育孩子，因为我们也应该对老人尽孝，没别的。难道这两点还不足以让我们这样做吗？当我们真正有了这样恭敬的态度后，这种气氛就会感染孩子，良好的家风就形成了。在这样的环境熏染下，孩子还会对我们不恭敬吗？他想不恭敬都很难。

当然，对于另一半的呼唤，我们也应该做到“应勿缓”，这样，做先生的、做太太的还会因为对方不回应或回应不及时而发火吗？不会了。争吵少了，家就和了，所谓“家和万事兴”，全家人将会从中受益良多。

还有，做父母的，再面对孩子的呼唤时，不可以再像以前那样了：“儿子，你有什么事？”我们是长辈，孩子是晚辈，晚辈要恭敬长辈，这是自古以来的传统，也是应该的，不应该随着时代的变迁而改变。所以，父母要成全孩子的这份恭敬心。

如果孩子说：“妈妈，你来一下！”我们要不要过去？当然不能过去。我们要跟孩子说：“你到这边来吧！”但千万不要训斥他，要循循善诱，可以对他说：“来，儿子，今天我们一起学习《弟子规》！”要真的跟孩子一起学啊，当我们把圣贤的这些道理跟孩子讲清楚并在生活中给他做出榜样的时候，他一定会效仿。所以，教育孩子真的很简单。

“父母呼，应勿缓”这句话不是万能的，父母应该彻底“读懂”。

我们做父母的千万不要认为“父母呼，应勿缓”这 6 个字是万能的。如果没有彻底读懂这 6 个字，我们就很难应用好它，它也就不能成为教育孩子的“灵丹妙药”了。

说得再明白一些，就是父母一定要关注到“父母呼”这个“呼”的内涵，这是给我们做父母的提的要求。我们要把握这个核心：注意“呼”的语气语调和时机。比如，如果我们的“呼”明显高八度，甚至是以气势压倒、命令孩子，那他在内心是反感的，是不想配合“应勿缓”的。再如，“呼”的时机，当孩子正在埋头专注地做一件他认为很重要的事情时，而我们又没有更为重要的事非得“呼”他去做的情况下，就不应该去随意打扰他。想想看，如果我们随意打扰孩子，还要求他“应勿缓”，还有道理在吗？

当孩子暂时还没有做到“应勿缓”的时候，我们要给他适应与成长的时间，而不要试图以“父母呼，应勿缓”（包括《弟子规》后面所讲的内容）这句话去控制孩子，不要硬给他扣上一顶“不听话”的大帽子，甚至因此去否定孩子。“父母呼，应勿缓”这句话在某种程度上是对父母和孩子都有约束的，体现了父母与孩子之间的相互尊重、信任和理解，而不是父母单方面拿来去衡量孩子的，更不是让父母用这句话或整部《弟子规》跟孩子去对立的。这一点，在我们学习《弟子规》的最开始，就一定要铭记在心。

那么，践行“父母呼，应勿缓”这句教诲，给孩子还能带来哪些益处呢？

孩子对父母的呼唤“应勿缓”只是第一步。作为父母，还要教孩子力行“爷爷呼，应勿缓”、“老师呼，应勿缓”、“长辈呼，应勿缓”等，甚至是“同学呼，应勿缓”……在生活中随时随地让孩子力行这样的教诲。当这种教诲深入他的“骨髓”中后，他就会一生受用不尽。

他走向社会参加工作后，不仅会懂得“领导呼，应勿缓”，而且还有恭敬心，你说哪个领导会不喜欢这样的员工？哪个领导会不提拔这样的员工？

当孩子立业成家后，面对自己的另一半，他也同样会这么做，和谐的小家庭就诞生了。再往后，他有了孩子，他会对孩子进行很好的教育。这样，家风就得到了传承，后代子孙的幸福就有了保障。

而这一切，就是“父母呼，应勿缓”这六个字带来的。真有这么神奇吗？当然。只要我们按照圣贤的教诲去做，就一定会是这样。

其实，“父母呼，应勿缓”这句话还有很多延伸。

除了长辈、同辈这些“人”的“呼”，还有“饿了的小狗呼”、“渴了的花草呼”、“掉在地上的铅笔呼”……要让孩子学会举一反三，从内心深处改变自己，做到“知行合一”。

父母命，行勿懒。

在生活中，我们会吩咐孩子做事情，而面对我们的吩咐，孩子会是什么反应？

所谓“父母命，行勿懒”，就是当父母吩咐孩子做事的时候，孩子应该马上行动，绝不拖延。孩子能这样做，说明他没有把父母的话当耳旁风，因为他内心对父母是恭敬的，所以把父母的话当成“圣旨”一般，行动起来自然会刻不容缓。

然而，现实生活中，当孩子听到我们的吩咐时会“行勿懒”吗？大多数孩子会说：“等一下。”或者说：“我正忙呢！”甚至说：“我才不干呢！”他不但不会立刻行动，还会直接表示他不想干或不能干。此时父母的吩咐，在孩子眼里又算什么呢？

有的孩子虽然嘴上会答应，但是却迟迟不行动。比如，我们说：“赶快去洗个脚。”孩子回应道：“好的。”但根本没有执行。这只能说明，孩子只是嘴上答应了，心里根本没答应。如果他心里记住了，怎么可能不去执行？

有的父母出于心疼孩子的缘故，根本不会吩咐孩子做任何事。反而是当孩子吩咐父母做事的时候，父母真是做到了“行勿懒”。孩子喊：“妈妈，给我倒杯水。”妈妈说：“好嘞！”然后以最快的速度把水端给孩子，说不定还会给孩子喂进嘴里。孩子说：“爸爸，把那本书递给我。”爸爸就赶快执行。有的孩子甚至连爸爸妈妈都不叫，直接说：“你把东西给我！”而我们却乖乖地听话，生怕动作慢了惹“小皇帝”或“小公主”生气。

请问，到底谁是父母啊？

孩子面对父母的吩咐毫不在意，却不断使唤父母为自己做这做那，这样下去，孩子对我们不但没有恭敬心、感恩心，还会瞧不起我们，忽视我们。而当有一天，我们不愿意再继续听从他的使唤时，或者我们老到无法执行他的“命令”时，他就会埋怨我们，记恨我们，甚至辱骂我们。那时，我们和孩子都不会感觉到人生是幸福的。

其实，每个孩子面对父母的吩咐时，不但应该嘴上在第一时间真诚地答应说“好的”，还要心甘情愿地马上行动起来。如果是不需要立刻去完成的任务，孩子也应该在父母要求的时间内完成。这才是为人子女对父母应有的态度。难道我们不希望孩子如此听话和孝敬吗？

所以，我们一定要把“父母命，行勿懒”这样的教诲教给孩子，让他早日学会用行动践行。

不能力行“父母命，行勿懒”的孩子，人生之路往往是布满荆棘的。

如果孩子不把我们的吩咐放在心上，他也很难真心诚意地把别人的吩咐放在心上。他对我们没有最基本的孝心，也不会发自内心地尊重别人。即使他一时听从了其他长辈或老师的吩咐，那也不能说明他具备了“行勿懒”的好习惯或者说这种强大的执行力。

比如，同学说：“某某，请把那支铅笔递给我，好吗？”孩子可能会说：“我没空。你自己拿吧！”当老师对孩子说：“请你帮老师擦一下黑板吧！”孩子说：“我又不是今天的值日生。”面对孩子这样的回应，同学和老师会喜欢他吗？

而一个常常“命令”父母的孩子，会很习惯地对同学说：“你把那本书给我拿来！”说不定还会对老师说：“老师，把那个拖把给我。”听到“命令”的同学和老师心里会舒服吗？

如果他走上工作岗位还是如此的表现，那他会得到领导和同事的认可吗？当然不会。如果他再以同样的方式对待妻子（丈夫）和儿女，那他的家庭会和谐吗？当然不会。试想：谁愿意和这样的人交往、合作、共事、生活？他的人生之路怎么会不充满荆棘？

孩子为什么会“行动懒”呢？根本原因到底是什么？

孩子之所以会“行动懒”，基本上离不开以下三种因素，即过度娇惯、缺乏榜样、缺乏鼓励。

如果我们舍不得吩咐孩子做事，那么他连行动的机会都没有。但是，没有任何一个父母能够永远不吩咐孩子，因为父母总有一天会觉得孩子长大了，可以承担了，于是开始吩咐他做事。但是，当我们在过度娇惯他之后，第一次发出命令时，他会非常不适应，又因为从来没有行动过而无所适从，在这种心理驱使下，他自然会退缩，会找借口不去行动。

或许，我们并没有那么娇惯孩子，也总是吩咐他去做一些事情，但他总把我们的话当耳旁风，我们吩咐几遍他都不动弹。如果是这样，我们就要反思一下：我们和另一半有没有给孩子做好榜样？平时，当父母、妻子（丈夫）吩咐我们的时候，我们是马上行动，还是找借口拖延？我们的行为完全会影响孩子的行为。如果我们都没能做到“父母命，行勿懒”，怎么能要求孩子做到呢？

除了以上两种因素外，孩子还有可能因在屡次的行动中没有得到我们及时有效的鼓励，而失去了“行勿懒”的动力。比如，孩子听从我们的吩咐在扫地，可是我们觉得孩子做得不够好，于是说：“哎呀，不是这样扫的！这么简单的事情都做不好！去去去，我来做！”孩子听到我们的否定后，还会有继续做下去的动力吗？如果这种场景发生过几次，我们再吩咐他时，他当然不会积极行动起来，因为等待他的将是指责和埋怨。

所以，我们不要因过度心疼孩子而不去吩咐他做事，更不要给他做坏榜样，同时在他行动的时候要及时鼓励他，教给他做事的方法。只有这样，当他再次听到“父母命”的时候，才会“行勿懒”。

把“父母命，行勿懒”落实在生活中的每一处。

《弟子规》中的这句教诲，不仅体现了孩子对父母的孝心，而且也是培养孩子强大行动力、执行力的基础。在生活中，我们会发现很多孩子在完成学习任务或其他事务时都拖拖拉拉，毫无效率可言，能拖就拖，实在拖不过去了，才敷衍地去做，草草了事。

孩子为什么会这样？仔细观察，会发现也许我们自己就是这样的人。比如，家里的门把手坏了，我们听不到它说“请及时修理一下我”，于是一天推一天，直到实在推不下去了，才去修；又如，吃完饭了，我们听不到碗筷说“请及时把我洗干净”，于是我们把碗筷泡在水池里，直到要做下一顿饭或下几顿饭而没有碗用的时候，才开始洗……在生活中我们都如此，孩子做事时，怎么可能会不拖拉、不懒惰呢？

所以，如果我们能把这句教诲落实在生活、工作的每一处，孩子的行动力、执行力自然就会被培养出来，从而在生活中的每一处落实“行勿懒”。

父母教，须敬听。

教导孩子是我们的职责。而面对我们的教导，孩子会不会恭敬地聆听呢？

孩子对父母的恭敬之心，不仅仅体现在当父母呼唤或嘱咐他做事时能立即应答，还体现在父母教导他的时候心存恭敬地聆听。“父母教，须敬听”这句教诲是说，父母教导孩子时，孩子应该恭敬、虚心地聆听。

然而，事实上，面对我们的教诲，年龄偏小的孩子还能够聆听，但是孩子越大，似乎就越听不进去，他要么表现出一副不屑的样子，要么心不在焉地随便听听，要么干脆直接顶撞我们，我们说一句，他能回顶几句，甚至“一言九顶”。类似这样的情景，在生活中已经不是个例了。面对孩子的顶撞，我们的内心做何感想呢？会舒服吗？

而有的父母过于疼爱孩子，即使孩子犯了错误，也不会及时上前纠正，甚至会极力袒护。渐渐地，孩子就会养成唯我独尊、傲慢无礼、飞扬跋扈的性格。到那时，我们再教导他，他一定不会听从。不仅如此，当我们对他的照顾令他不满意了，他或许会反过来“教导”我们，说不定我们还会“乖乖地”听从、听取他的意见，下次“改进”照顾他的方法。这样一来，我们和孩子完全换了位置，他成了我们孝敬的对象。这简直是颠倒了伦常，孩子不像孩子，父母不像父母。如果是这样，不但孩子的未来不会辉煌，我们整个家庭也不可能兴旺。

当然，不是所有的孩子都是如此。有的孩子出身于有良好家教的家庭，或学习过《弟子规》。当父母教导他的时候，他会恭恭敬敬地听从，虚心地接受，并把父母的教导落实在实践中。由此，他自己的过失不但得到了纠正，道德学问也得到了提高。而且，他会把对父母的这份恭敬延伸至周围任何人那里，人们在与他的相处中感受到的是被尊重、被恭敬，如此一来，人们怎么会不喜欢他、不愿意帮助他呢？这样，他的人生路就会因处处遇贵人而更加顺畅。这难道不是我们希望的结果吗？唯有我们和孩子共同学习《弟子规》，才能实现这一点。

如何帮助孩子落实“父母教，须敬听”这句教诲呢？

在我们帮助孩子学习之前一定要思考：孩子为什么不恭敬地听从我们的教诲？

有这样一个男孩儿，他在10岁之前都是乖巧听话的孩子，妈妈说什么他都会认真听。不知道什么原因，上了初中之后，他渐渐地学会跟妈妈顶嘴了，一开始妈妈也没在意，可是他却越来越不像话，对父母顶撞得越来越厉害。另外，他在学校还常常与同学争辩，而且竟然开始顶撞老师。他的人缘越来越差，情绪也因此越来越低落，人生似乎走入了低谷。

仔细观察他的家庭会发现，他的妈妈在家务方面非常在行，而爸爸就略显笨拙。而每当妈妈指导爸爸做家务或者指出爸爸的问题时，爸爸从来不会虚心地说：“好的，我知道了，我下次注意。”而是说出种种借口，不接受妈妈的意见，有时甚至还会因此跟妈妈生气。

爸爸不仅对妈妈是这个态度，对父母、亲人、朋友都是如此。总结起来，就是爸爸根本听不进别人的劝导，也从来不会虚心接受别人的意见，总是自以为是，固执己见。在爸爸潜移默化的影响下，儿子也渐渐学会了爸爸的说话方式，慢慢地就变得爱顶撞父母了。

可见，我们的言语行为是影响孩子最直接的因素。如果我们能够听取父母、亲人、朋友的劝导并虚心接受的话，孩子也会受到影响，并用同样的态度面对我们对他的教导。反之，如果我们都不懂得“须敬听”，孩子也不会恭恭敬敬地听我们的话。也就是说，教育孩子是一个“种瓜得瓜，种豆得豆”的过程。孩子教育好了，我们就自得其乐；教育不好，我们就自食其果。正所谓“自己酿的酒，自己去品，其味自知”。

话说回来，我们都希望能种好种子结好果，所以我们千万不能忽视自己的行为。我们希望孩子孝敬听话、前途似锦，那么我们就必须努力做到“父母教，须敬听”。只有这样，我们对孩子的期望才不会变成失望。

除此之外，我们也应该注意教导孩子的方式，如果我们总是用埋怨的方式来教导他，他肯定会产生抵触情绪，而且也无法恭敬地聆听我们的教诲。当然，作为孩子，无论如何，他都不应该无礼地对待我们。但是，如果我们自己不能无条件地恭敬自己的父母的话，那么就不要要求孩子，因为，我们的要求不但是苍白的，也是令他反感的。

所以，我们一定要俯下身来落实《弟子规》的这句教诲。这样，孩子就一定会有所改观。

鼓励孩子践行“父母教，须敬听”的教诲，使他成为能受谏的有福之人。

俗话说“福在受谏”，一个人有没有福气，就看他能不能听取谏言。对孩子来说，也是如此。一个孩子的道德学问能不能不断提升，个人的发展空间会不会越来越大，人生之路走得顺畅不顺畅，很大程度上就取决于他愿不愿意听劝、受谏。

孩子都有缺点，而他自己很难看到自己的问题，如果他要想发现缺点，改正缺点，不断成长，就必须有一个愿意听从他人劝导的态度。如果孩子面对父母、老师、长辈的教导或面对朋友、同学提出的建议，总是表现出一副傲慢不屑、不愿意接受的样子，那么久而久之，就没有人愿意劝导他了，他就会因此而止步不前。

相反，如果孩子用恭敬心认真听取他人的劝导，并抱有“有则改之，无则加勉”的态度，他就会不断进步。而对方也会因他的恭敬而愿意不断地帮助他，不断地给他提出有价值的、有效的意见，对孩子而言，这样的人不就是他人生中的贵人吗?

所以，我们与其天天祈祷孩子遇到能帮助他、提携他的贵人，不如培养孩子具备接受他人建议的心量和谦虚、恭敬的态度。而这种素质很大程度上需要通过践行“父母教，须敬听”这句教诲才能实现，让我们和孩子共同努力吧!

父母责，须顺承。

每个孩子都不可避免地会遭受父母的责备，而面对责备，孩子会乖乖“顺承”吗？

孩子在成长过程中会犯各种各样的错误，我们也许会因此生气，接着会责备他，批评他，甚至呵斥他。其根本目的，无疑是希望他能够有所改变，不断进步。所以，对于我们而言，出于为孩子好的目的而责备孩子，是非常正常的、无可厚非的行为。而面对我们的责备，孩子应该如何反应呢？这句“父母责，须顺承”告诉我们，当父母责备孩子或者管教孩子的时候，孩子应该表现出顺从的态度并虚心地接受。

然而，现今社会的大多数孩子并不是这样的。有的孩子听到父母的责备声，虽然嘴上不说，但是表情相当难看。他内心在说：“你别指责我，我不爱听。”有的孩子则是找一大堆理由，以表示父母说得不对；有的孩子则是直接和父母对抗，不但反过去责备父母，还会做出一些过激的行为让父母伤心……所以，很多父母经常叹息道：“如今的孩子，怎么这么难管教啊！”

有一个小男孩儿自从知道有虐待儿童的举报电话之后，只要父母一责备他，批评他，他便打电话举报，或是对着窗外的路人哭喊道：“我父母虐待我，请你们帮忙打举报电话。”几次之后，小男孩儿的父母都不知道该用什么方式管教他了。说轻了，他不听；说重了，他又要举报。面对这种情况，父母真是无可奈何。

当然，也有少数孩子面对父母的责备和批评会毕恭毕敬地表示顺从，并接受父母的教导。为了让父母尽快消气，他还会说：“爸爸妈妈，我知道错了！我下次一定改！您别生气了！”这样的孩子在当今社会是不是太少见了？有些父母甚至会怀疑，有这样懂事听话的孩子吗？当然有，力行《弟子规》的孩子就是如此听话懂事，这不是杜撰，而是事实，只是你没有见过、接触过而已。

如果我们希望孩子听话孝敬，那么，我们完全可以和孩子一起把这句教诲落实在生活中。只要落实，我们就会发现，听话懂事的孩子原来就在我们自己家中。

当然，我们也不是完人，也会犯错误，也就是说，有时候责备孩子责备得不当，甚至会误解孩子。这时，孩子是否也应该顺从呢？应该顺从。但我们也要教孩子：当你认为我们做得不对的时候，要在事后以恰当的方式提出自己的意见来。《弟子规》中的另一句“亲有过，谏使更，怡吾色，柔吾声”，就是教孩子给父母提意见的，具体的内容将在后面详细讲述。

如果孩子不践行“父母责，须顺承”，对个人、家庭有什么影响吗？

有个男孩儿从上初中开始，对父母的责备就常常表现出强烈的不满，后来慢慢演变到根本不让父母开口。在学校里，如果老师批评他，他就用眼睛瞪着老师，嘴里还嘟囔着。老师批评得厉害了，他就和老师对着干。搞得父母不敢惹他，老师也管教不了他。

后来，他高中还没上完就开始到处打工，一年之内换了好几个工作。每次都是领导说他几句，他就撂挑子不干，有时还会辱骂领导。

一次，他过马路时没有遵守交通规则，差点儿被一辆车撞上。司机气愤地说：“你怎么不遵守交规呢？不要命了？”一听这话，他就不依不饶地开始骂司机。司机听不下去，便下车和他理论。没说两句，两个人就动起手来。后来，他被打成重伤送进了医院。

这个男孩儿就是因为听不得他人的责备，才养成了一身的坏毛病，脾气还异常暴躁，工作和生活都不顺利。如果他能做到“父母责，须顺承”，在面对老师、领导、他人的责备时恭敬地接受，那么他的学业就不会半途中止，工作也不会屡遭不顺，更不会遭遇横祸。一切都是自作自受啊！而源头就是因为他没有在父母那里养成“顺承”的习惯。可见，一个不懂得孝敬父母的孩子，未来的路一定不会顺畅。

这个男孩儿的例子并不极端。有的孩子因各种原因被父母责备后，居然起了杀死父母的念头。可怕的是，个别孩子居然真的害死了自己的父母。仅仅因为被责备，就完全不顾父母对自己的大恩大德，简直是天理难容啊！可是，我们能简单地怪罪这些孩子吗？

这种现象的发生完全是因为家庭教育的严重缺失造成的，而这种缺失已经不是一年、两年或者五年、十年了，而是大半个世纪，所以呈现出的社会现状往往让人惊愕和惋惜。如果我们做父母的还意识不到家庭教育的重要性，那么，孩子的个人生活不但没有顺利可言，严重的话，甚至还会导致家破人亡。

所以，我们不要小看《弟子规》的力量，它可以让每个孩子都过上平安幸福的生活，也可以让每个家庭更加美满，让社会更加和谐。

我们如何跟孩子一起践行“父母责，须顺承”这句教诲呢？

身教永远是最有力量的教育。我们希望孩子能落实《弟子规》，那么，我们就要问问自己，当我们的父母、领导、长辈、妻子（丈夫）责备我们的时候，我们是什么态度？有没有恭敬地顺从并虚心地接受？我们的一举一动，孩子都会看在眼里，我们怎么做，他就会怎么学。

所以，当父母、亲人、领导、同事责备我们的时候，我们最好主动表示歉意，诚恳地接受对方的指责，而且要从内心深处真正认识到自己的错误，并说：“对不起！这件事是我做得不妥，我下次一定注意！”此言一出，对方肯定不会继续喋喋不休地指责下去。

如果一开始我们说不出口，那么至少要做到不生气、不顶撞。而要做到这两点，就不能总认为自己是对的，而是要从对方的训导和指责中发现自己的问题，了解对方对自己的不满，这样才能心平气和地听对方说。即使对方说得不太对，我们也不能“奋起反抗”，因为结果只会是两败俱伤。我们要么耐心地给对方解释，要么等到对方完全消气之后再从长计议。如果对方已经气得失去理智了，那么我们就要灵活应对，千万不能硬碰硬。

说到这里，我想起了“曾子受杖”的故事。

曾子是孔子的学生。一次，与父亲在瓜地里劳作时，曾子不小心斩断了瓜苗，父亲看他不爱惜植物，做事不谨慎，于是很生气，便举起手上的大棍子向曾子的背部打去。曾子知道“父母责，须顺承”的道理，就一动不动地让父亲打。没想到，父亲用力过猛，曾子的身体承受不了，结果晕过去了。

曾子醒过来后，不但没怪父亲，反而问父亲费了这么大力气教育自己身体有没有不适，还到房间拿出琴开始弹奏起来，以表示自己的身体无恙。

故事讲到这里，我们也许会觉得曾子太孝顺了，甚至觉得曾子简直愚蠢，这样做是愚孝的行为。我曾看过有的教育专著里也讲到过这个故事，但讲到这里就截止了。之后，就此批判儒家文化，说古人愚孝，不尊重人格，宁肯被父母打死，也要顺从父母，云云，进而上纲上线，大肆批判古代教育的不是。

可事实上，故事并不是到这里为止的，这仅仅讲了一半。接下来的另一半是这样的：当这件事被孔子知道后，孔子责怪曾子不孝，并告诉弟子们“小杖则受，大杖则走”的道理。也就是说，如果父母拿小棍子打你，你就要受着；如果拿大棍子打你，你就要赶快跑。为什么？因为父母生气的时候情绪难以控制，假如拿大棍子打失手了，把孩子打伤了，甚至打死了，那伤心的还是父母。所以，真正有孝心的孩子是不会把父母陷于不义的。

由此我们知道，如果责备我们的人情绪异常激动，甚至要打我们，那么我们还是先走为妙。所以，《弟子规》中的教导并不是死板的，而是灵活的。只要我们存着一颗孝敬父母、恭敬父母的心，并把这种态度延伸到生活中的每一处，那么我们和孩子必将获得幸福美满的人生。

教育小语

“父母呼，应勿缓”，“父母责，须顺承”，阐述了为人子女对待父母应有的态度。这个态度就是无条件地恭敬。父母无条件地养育子女，子女如果轻视父母、对父母无礼的话，真是有愧为人。道理如此，但现实状况却不容乐观。我们不能责怪孩子。父母是孩子的镜子，孩子是父母的影子。看看我们自己是如何对待父母的，答案一目了然。

第二节

教孩子从小懂得冬温夏凊、晨昏定省，让父母心安

培养孩子的孝心，的确应该从培养他对父母的恭敬心开始，但是，这还远远不够。孩子在恭敬父母的同时，也应该懂得如何照顾好父母的饮食起居。孩子对父母的关怀往往是从衣、食、住、行等方面体现出来的。那么，为人子女者应该如何学习、落实侍奉父母的具体事项呢？希望我们和孩子能够共同用行动去表达各自的至孝之心。

冬则温，夏则凊。

虽然帮孩子打理衣食起居是我们的责任，但这不影响孩子学习照顾父母。

尚未长大的孩子无疑需要我们的关怀与照顾，当冬天天气寒冷时，我们会

督促他穿上厚衣服，为他准备好棉被，生怕他冻感冒；当夏天天气炎热时，我们会给他准备好电扇、空调，铺上凉席，煮好绿豆粥，生怕他中暑。我们对孩子的关爱哪里只是在这冬夏两季，可以说是日日时时、每时每刻！这就是父母对孩子的爱，自然而又心甘情愿。

我们如此细腻地付出没有错，孩子也会倍感温暖。然而，孩子会不会在我们需要的时候如此体贴地照顾我们呢？有的孩子虽然看到了父母的需求，但觉得父母是成年人，自己会照顾自己，不需要小孩子照顾，于是就没有做出任何反应；有的孩子根本不知道父母的冷暖需求，也就不可能表示关怀和照顾；也有的孩子会在口头上表达一下问候和提醒，但却没有接下来的实际行动；还有少部分孩子不但会说关心父母的话，还会照顾父母的饮食起居。

孩子的哪种表现会让父母感到更欣慰呢？当然是最后一种。如果说父母对孩子的爱是自然的、合乎伦常的，那么，孩子对父母的孝敬也是自然的、理所应当的。这句“冬则温，夏则凊”就是提醒为人子女者，当冬天来临时，别让父母挨冷受冻，要带给父母温暖；当夏天到来时，要让父母感到清凉。延伸开来，就是当气候或外界环境变化时，当父母有各种需求时，我们要及时关心父母，照顾父母，满足父母的需要，让父母身心轻安。

所以，我们照顾孩子的同时，也应该让孩子学会照顾我们，这是他应该会的。而且，当他真心实意地关心、体贴我们时，我们的内心同样会无比温暖和幸福。那么，我们就要想办法激发孩子孝敬父母的心念，并把他孝敬父母的权利还给他。

通过故事来激发孩子的孝心，帮助孩子理解“冬则温，夏则凊”的道理。

作为父母，我们很难对孩子说：“你应该对我怎么样，如果你没有那样做，就是不孝顺。”所以，讲故事是一种很不错的教育途径。

《三字经》中有一句：“香九龄，能温席。”它说的就是黄香温席的故事。

汉朝时，江夏（今湖北省境内）有一个叫黄香的孩子，9岁时母亲不幸去世，但他小小年纪就懂得孝敬父亲。在寒冷的冬天，家里没有御寒工具。每天晚上，黄香都先钻进被窝，把被窝捂暖和了，再请父亲睡觉。而在烈日炎炎的夏季，每天睡觉前，黄香都会拿扇子对着父亲的床和蚊帐扇风，尽量让席子和枕头的温度不太高，让蚊子远离床边，以便让父亲睡个安心觉。他的一片孝心感动了邻里乡亲。人们称赞道："江夏黄香，天下无双。"他的故事也流传至今。

这样的故事一定会对孩子有所启发。孩子的心灵纯洁而敏感，他会知道自己该如何向黄香学习。除此之外，我们还可以搜集其他古今中外孝子照顾父母的故事，并常常讲给孩子听，或者让他看类似的动画片，时间一长，他的孝心就会被开启。

除了讲故事之外，榜样的力量是最强大的，所以我们不能忽视自己的言语行为。

如果我们只会给孩子讲故事，但却不懂得去体贴、关心、照顾自己的父母和家人，那么孩子听过故事之后，即使效仿故事中的主人公也是一时兴起，而无法内化于心。他从我们的行为中知道，故事和实际生活是两回事。所以，我们千万不能忽视自己的行为。孩子能不能通过落实"冬则温，夏则凊"这句教诲表达对我们的孝敬，完全看我们有没有把这句教诲的思想和精神落实在与父母和亲人的相处中。

有的人可能会说："现在哪还需要暖被窝、扇席子啊？"

没错，《弟子规》中的很多文字看似不符合当今时代的需求，但是这并不妨碍我们通过学习《弟子规》来提升自己的道德学问。我们不能把对《弟子规》的理解仅仅局限于文字上，更不能因为其中的事项不符合时代就说它是糟粕。

就以这句"冬则温，夏则凊"为例来说吧。今天，随着科技的飞速发展，我们的确不需要再暖被窝、扇席子了，完全可以借助暖气、电热毯、暖水袋等设备取暖，借助电风扇、空调来降温。取暖降温设备的确比古人先进了不少，但我们对父母的一颗孝心有没有比古人更强呢？

所以，这句教诲不是让我们放着暖气、空调不用，而去效仿古人为父母暖被窝、扇席子。如果这样，我们真的是学愚了。我们要做的应该是提前为父母打开这些取暖、降温设备，并告诉父母一些注意事项，让父母感受到温暖或清凉。

有一个女孩儿出生在非常富裕的家庭，别人都以为这个女孩儿娇生惯养。但是，她不但不娇气，还每天都对父母嘘寒问暖。每次爸爸回家，她都会主动为爸爸拿出拖鞋，还给爸爸端上热茶。每次爸爸出门前，她都会说："爸爸，路上注意安全！"原来，妈妈平时就是这样对待爸爸的。她看在眼里，记在心里。

不仅如此，每到冬天，她都会在临睡前半小时为父母打开电热毯，好让父母睡得舒服，睡觉时还会嘱咐说："爸爸妈妈，睡觉的时候就把电热毯关掉，辐射对身体不好。"而夏天的晚上，她会像小大人儿一样告诉父母说："爸爸妈妈，别让电扇直接吹着身体，会感冒的，对着天花板吹就行了。"每隔几天，她还会拿抹布擦拭凉席，并说："要把螨虫和皮屑都擦掉。"她能这样做，是因为和爷爷奶奶一起居住的日子里，妈妈就是这样侍奉爷爷奶奶的。

由此看来，只有我们懂得孝敬父母、关爱家人，才能培养出一个懂得孝敬我们的好孩子。也就是说，我们是否能够享受人生的幸福，完全看我们愿不愿意落实《弟子规》的教诲。我们做出什么样的选择，决定着我们拥有什么样的人生。而更重要的是，我们的选择和行为还将决定孩子是否会拥有幸福的人生，因为他会把从我们这里"继承"的家风、德风"遗传"给他的后世子孙。

如果孩子没有照顾自己的能力，怎么会有能力照顾我们呢？

自古至今，没有哪个能照顾父母的孩子照顾不了自己。也就是说，孩子能关心、体贴、照顾父母的前提一定是有照顾自己的能力。

因此，孝敬不仅仅需要有一颗孝心，也需要具备很多能力。

比如，父母特别想吃蛋炒饭，孩子却不会做，那怎么办？去外面订餐？可是外面的食物既不卫生，又不合父母的口味。怎么办？真正有孝心的孩子，平时就会学着做饭、洗衣、打理家务，待到父母需要时，便不会因自己无能而为难了。所以，我们只有先培养孩子的自理能力，孩子才有能力把“冬则温，夏则清”所代表的精神落实在日常生活中。

另外，当孩子学着打理日常事务的时候，他才能亲身体会到父母的辛劳，才会懂得感恩父母。同时，他的观察能力和行动力也会随之增强。这样一来，当我们有需要的时候，他自然能够体察到，并迅速地提供帮助和关照。

反之，如果他没有做惯各种家事，突然需要他去做的时候，他不但会力不从心，也会因无能为力而焦躁不安、生气、发脾气，进而带着怨气照顾父母，这样父母怎么能高兴和心安呢？所以，培养孩子的自理能力是非常必要的。

当然，孩子不是天生就能自理的，我们要教他做一些力所能及的事情。我们除了教给孩子刷牙、洗脸、洗澡、如厕的方法之外，随着他年龄的增大，也要让他学会扫地、擦桌子、洗碗、收拾房间等家务。慢慢地，我们还可以让他学着买菜、切菜、做饭。如果孩子愿意，还可以让他学习如何持家。

一开始，我们要手把手地教。渐渐地，我们就要放手让孩子去练习，让孩子真正把学到的自理方法变成自理能力。如此一来，无论孩子走到哪里，我们不但不用为他无法照顾自己而担忧，反过来，他还会在我们需要的时候照顾我们。因此，我们一定要通过培养孩子的自理能力培养出一个有能力孝敬父母的好孩子。

晨则省，昏则定。

早上起床后和晚上睡觉前，子女都要恭敬地向父母请安，这样做有必要吗?

“晨则省，昏则定”的意思是：早上起来，孩子要向父母问安；天黑的时候，孩子也要到父母面前问候，服侍父母就寝。当我们看到这句教诲时，可能不禁要问：“孩子和我们住在一起，每天抬头不见低头见，用得着早、晚专门来问候我们吗?”答案是肯定的。

孩子早上起来向我们问安，哪怕只说一句：“爸爸妈妈，早!”我们都能通过他的声音和气色判断他的睡眠质量，我们听他声音洪亮，看他气色不错，说明他晚上睡得很好，我们自然会很安心。同时，听到孩子的问候，我们的心情也会很好，带着这份好心情去工作，一天都会好运连连。这是早上问安的好处。

晚上临睡前，孩子若能对我们说：“爸爸妈妈，我睡觉了，晚安。”我们知道孩子要睡觉了，就不会总惦记：孩子怎么还不睡觉？是不是作业有难度？还是有什么其他事情？知道孩子入睡了，我们也就能安心睡觉了。

所以，孩子早、晚问安，不仅是对我们的礼貌和关照，更是通过这种方式让我们做父母的安心、放心。而且，通过孩子的问候，我们与孩子之间也会呈现出一种自然的互动，这会让每个人都感到温暖。因此，即便孩子和我们共住在一个屋檐下，他也非常有必要在早、晚问候我们。

如今的孩子，在睡觉这件事上，似乎没有让我们这样省心。

在当今社会的大多数家庭中，早晨都是父母叫孩子起床，而且是三催四请，一遍又一遍地叫。孩子好不容易起来之后，我们会关切地问：“昨晚睡得怎么样啊？有没有踢被子啊？有没有做噩梦？”很多孩子听了不但不领情，还会说：“烦死了。”

晚上临睡前，我们一遍遍地催孩子：“早点儿睡觉，不要再看电视了，早睡早起。”终于，孩子睡觉了，我们还不放心，一次又一次地过去看孩子的被子盖好了没有，甚至半夜还要去看两三次。而孩子却呼呼大睡，一无所知，真是可怜天下父母心啊！

面对这种情况，我们要告诉孩子：“会睡觉，就是孝敬父母。”尽管孩子年龄小需要我们的呵护与照顾，但我们别忘了，他也可以自己照顾自己，即便不会，我们也要让他学会。

有一位老师在军训期间和孩子们一起吃住。晚上睡觉前，老师对孩子们说：“大家晚上睡觉的时候，一定要把自己的腹部盖好，以免感冒。而且，大家不能想怎么睡就怎么睡。睡觉也要有规矩，睡觉姿势要显得有气质，特别是女孩儿更要注意睡姿。老师晚上会看谁睡觉的姿势最优美。”

半夜，老师会起来查看孩子们有没有把被子盖好。第二天，她会特意表扬几个睡姿优美的学生，希望其他孩子也能够再接再厉。一周军训下来，大部分孩子都不会乱踢被子了，也都知道把自己的腹部盖好，以免感冒。

我们做父母的只知道半夜起来两三次给孩子盖被子，为什么不把“睡觉姿势要优美”、“睡觉要盖好身体”等概念传递给孩子？如果我们再能表扬孩子两三次，那么，他很快就会养成有规矩睡觉的习惯。那时，我们就不用半夜起来好几遍，早晨也不用问几遍：“你睡得怎么样啊？有没有感冒啊？”所以，我们与其早晚向孩子问安，不如把照顾自己的方法教给他，这样不但他能自立，我们也不用太费心。

根据现今的居住环境，我们该如何通过身教使孩子学会晨昏定省呢？

在古代，人们大都和父母住在一起，有的大家庭更是以家族的方式共同居住。到了早晨和晚上，父母就会带着孩子去向老人请安。每天早晚如此，孩子自然就学会了向祖父母和父母请安。

而当今社会的很多家庭都是由爸爸、妈妈、孩子组成的三口之家。那么，是不是不和老人住在一起，就无法通过身教向孩子传授“晨则省，昏则定”的教诲呢？当然不是，晨昏定省在形式上是早、晚向父母请安，事实上是让父母别为我们操心。我们的生活起居和言语行为都要使父母放心、安心。

如果一个孩子虽然每天早、晚都能向父母问安，但是既不按时完成作业，又不听父母的教诲，还动不动就闯祸，那么这种晨昏定省又有什么意义呢？所以，无论我们是否与父母同住在一起，只要我们老实做人、谨慎做事，不让父母为我们担心，那我们就算抓住了晨昏定省的精髓所在。

当然，形式也不能被忽略。如果我们和父母住在同一个城市，就要常常去探望父母，帮父母打理一下家务，向父母汇报一下自己的生活工作情况，好让父母安心；如果我们和父母距离比较远，就要定期定时给父母打电话，问候父母的身体状况，同时把我们这边的情况告诉父母。如果没有什么重大事件，我们要报喜不报忧，免得让父母为我们担心。

如果有机会，我们也要和父母共同居住几天，一来可以增进彼此的感情，二来也可以弥补我们平时不能给予的关心和照顾。只要我们把父母放在心上，无论身在何处，我们挂念父母的这颗心一定要使孩子感觉到。这样，如果孩子有一天独自生活了，便会学着我们问候父母的样子来问候我们。

如果我们和老人一同居住，那就更好不过了。我们一定要把握好这个“教学机会”。当然，我们不是故意做样子给孩子看，而是要发自内心地落实晨昏定省，给孩子做好榜样。

早晨，我们可以鞠个躬对父母说：“爸爸妈妈，早上好！昨晚睡得怎么样？”当然，也可以不鞠躬，但一定要真诚地跟父母打招呼。可以对父母说：“爸爸妈妈，你们起来了？”如果发现父母气色不佳或者精神不好，就要关切地询问缘由，看看是不是父母晚上没睡好，还是有其他什么原因。

晚上，如果父母比我们睡得早，他们临睡前，我们就要主动看看他们有没有什么需要，以及时提供帮助。如果我们先睡，就要到父母房间说：“爸爸妈妈，我睡觉了，你们也早点休息。”不要小看这短短的几句话，它代表了我们对父母的体贴和尊重。如果我们能做到“晨则省，昏则定”，不但父母高兴，孩子也会从我们身上学会如何孝敬父母，真是一举两得。

除此之外，我们还要教孩子广泛而灵活地应用“晨则省，昏则定”这句教诲。

有一个孩子自从学了《弟子规》后，每天早、晚都会主动向父母问安。暑假期间，孩子准备到外地的爷爷奶奶家居住一段时间。临行前，他问妈妈：“妈妈，您和爸爸不在我身边，我是不是要每天早、晚打电话问候你们啊?”

妈妈说：“你能这样牵挂我们，我们很欣慰，但不用每天打电话过来。你只要你听爷爷奶奶的话，对爷爷奶奶做到晨昏定省，然后在固定的时间打电话给我们，让我们知道你安然无恙、玩得开心，就可以了。”

这位妈妈教导得对，落实这句教诲的根本目的就是让父母少操心，让父母安心。如果孩子一时不在我们身边，只要定期打电话来，比如隔三五天打一次，让我们知道他很好就行了。另外，如果孩子暂时住在亲戚朋友家，我们也要引导孩子对主人做到晨昏定省，让主人放心。

如果孩子能如此广泛而灵活地应用这句教诲，他走到哪里，我们都不用为他太操心，那么他就真正抓住了这句教诲的精华。

出必告，反必面。

“出必告，反必面”虽然是一个很小的举动，但却是孝敬父母的体现。

指望年龄还小的孩子给我们的生活、工作提供什么实质性的支持，几乎是不太可能的，他对我们的孝心往往体现在让我们少操心上。

其实，做到“出必告，反必面”就是让我们放心、少操心的表现。

这句教诲的意思是，孩子在出门或外出之前，应该主动告诉我们他的去向。反，同“返”，即回来。也就是说，他回来之后，也应该走到我们面前说：“爸爸妈妈，我回来了。”这样，我们不会因不知道孩子去了哪里而担忧，看到孩子平安归来后，我们悬而未定的心也就会安定下来。

另外，当孩子回来跟我们打招呼时，我们能从他的声音和神色中推测出他在外边顺不顺利。如果他兴高采烈地对我们打招呼，说明他今天在学校或外边很愉快，应该没有和同学发生矛盾，没有被老师批评，也没有遇到什么棘手的事情。如果他虽然跟我们打了招呼，但情绪不高涨，我们自然要追问，以便了解孩子心情不好的原因。

然而，当今社会的很多孩子，似乎不知道父母总是为他操心，更不知道落实“出必告，反必面”的重要性。

一个小学生放学回家后，没有和父母家人打招呼就跑进自己的房间玩电子游戏。一个多小时之后，母亲以为他没有回家，就打电话给老师，看看是不是老师把他留下了。当得知老师没有留下孩子后，母亲很紧张，问老师要不要报警。老师让母亲在家里仔细找一找，再作决定。最后，母亲才发现孩子早已回家，正躲在自己房间里玩电子游戏，真是虚惊一场。

其实，这个例子还不算特殊。

当今社会，很多孩子出门不跟父母打招呼，父母不知道孩子的去向，急得像热锅上的蚂蚁。

一个 4 岁的小女孩儿一边看妈妈炒菜，一边和妈妈说话。妈妈给她讲上学的好处，她越听越心动，转身跑开了。妈妈以为她去找奶奶了，也没在意，没想到小女孩儿自己背着小书包出了家门，准备去上学。十几分钟之后，妈妈和奶奶才发现小女孩儿不在家，两人疯了一样在小区里寻找，也没找到。幸好，小女孩儿走到半路正好遇到了下班回家的爸爸，才幸免走失。

可见，让孩子懂得“出必告，反必面”是多么重要啊！小孩子如此，大孩子亦如此。有的青少年在网上认识了一些朋友之后，就计划去见网友，如果他在出门之前能告诉我们去向，我们就能针对性地做出正确的引导，以防孩子发生意外。

因此，一个好习惯的养成不但可以保护孩子的生命安全，更能让我们放心。如果孩子能体谅到我们对他的牵挂而落实这句教诲，那么他就是孝敬父母。

另外，让孩子体会到我们的心，学会“未反，必告”。

如果孩子没有按时回家，我们做父母的肯定会着急，等的时间越久，心就越急，而且还会胡思乱想。一旦孩子回来，我们的反应要么是关切地说：“哎呀，我的心肝，你去哪里了？妈妈快急死了！”要么是大发雷霆，并吼道：“干什么去了？这么晚才回来？你看几点了？以后再这样，就别出去玩！”

这两种方式都无法让孩子真正体会到我们牵挂他的心。我们首先应该心平气和地问他晚归的原因，然后如实地描述我们担忧的心情，让他知道：他无论身在何处，我们都牵挂着他，所以让他务必按时回家；如果遇到特殊情况未能按时返回，就要想办法通知我们，好让我们放心。我们这样理智地告诉孩子，孩子就完全领悟我们的教诲，下次一定会注意。而且，现在很多青少年都有手机，我们要提醒他充好电，以便互相联系，避免因长时间关机而令我们担忧。如果孩子这一条落实得很好的话，那么如果有一天他没有回来，也没有及时通知我们，则可能就是真的遇到了麻烦。这样，我们就会心中有数，知道如何去做。

我们希望孩子养成“出告、反面”的习惯，但我们自己做得怎么样呢？

一位父亲出门前从来不对妻子说：“我上班去了。”他回来也不说：“我回来了。”当然，妻子知道他去上班，也知道他下班回来，但是没有问候，总显得冷冰冰的。

周末，他有时会下楼买报纸，有时会出去买香烟，有时会出门约见朋友，不管去哪儿，去多长时间，都不跟妻子打招呼。妻子看到他穿外衣，才知道他要外出，赶忙询问。但是，时间一长，妻子也懒得问了，所以家庭气氛总是不够温暖。

另外，他如果不回来吃饭，也不知道打电话通知妻子，总是妻子做好了饭菜，等他不来，再打电话问他。所以，家里总会出现没给他做饭他却回来吃、给他做了饭他却不回来吃的情况。说到底，就是他没有通过落实“出必告，反必面”做好与妻子的沟通工作。

他自己不懂得“出必告，反必面”，自然不会引导儿子去做。儿子看他这样，也不告诉他自己的去处，回来也不说：“爸爸，我回来了。”他对儿子的做法也没什么意见。

但是，儿子对妈妈却截然不同。因为儿子每次出门前妈妈都要关心地问他去哪里，和谁去，去多长时间，他都一五一十地告诉妈妈，慢慢就养成了主动汇报的习惯。而妈妈出门前也会告诉儿子，回来也会高兴地喊：“我回来了。”所以，儿子回到家，总是第一时间找到妈妈，说：“妈妈，我回来了。”

如此一来，儿子和妈妈的关系很好，而和爸爸就很疏远。

可见，一句“出必告，反必面”，不但能帮助孩子养成良好的习惯，更是维系亲子之间感情的纽带，有了这声汇报和问候，家庭氛围就温暖多了。

不要小看这句教诲，它完全可以体现一个孩子的素养。

这句教诲应用范围很广，绝不限于孩子外出之前和回来之后。在学校里，准备离开老师办公室时，不能悄无声息地走，而是要说：“老师，如果没有其他事情，我先回教室了。”如果要提前离开学校，更要向老师请假，好让老师知道自己的去向。

等上了大学，离开宿舍要跟室友说一声，让大家知道自己的去向，以保持联络。等到了工作岗位上，如果需要离开办公室一会儿，就要告诉其他人，以免领导或同事找不到自己而着急，耽误工作的进程。

另外，当出席朋友聚会、亲人婚礼等场合时，如果需要提前离开，一定要礼貌地向主人打招呼，不能不声不响地就走。在与人聊天期间，如果需要喝水或上洗手间，也不能突然转身走开，而要跟对方说："对不起，我去拿杯水。"或者说："对不起，我去一下洗手间。"

当然，还有更多细节有待于我们在生活中发现，只要我们和孩子都掌握了"出必告，反必面"这句教诲的精髓，就不会做出让父母、亲人、老师、朋友、领导、同事为我们担心的事情，我们和孩子也会因此成为受欢迎的人。

居有常，业无变。

孩子从小若能养成有规律的作息习惯，他这一生都会受益无穷。

大自然中的万物都有自己生长、运行的规律。我们人类是大自然的一部分，每天的生活也应该是有规律的。俗语说："日升而作，日落而息。"太阳升起来，预示着人们该起床劳作了；太阳落山，则预示着人们也该回家休息了。这句"居有常，业无变"正阐述了类似的道理。

"居"就是生活起居，"常"就是固定的、长久的、规律的，意思就是说生活起居要有规律。而"业"是指学业、事业和家业。对于孩子而言，在上学的阶段，不要随便中止学业，也不要什么都学，而什么都没学好；孩子走向社会、选定职业后，也要一直做下去，不要经常改变；而择偶也要慎重，成家后，千万不能轻易离婚。这样，父母才不会因孩子没有良好的作息习惯和稳定的学业、事业、家业而担忧。

然而，良好的作息习惯是从小养成的。如果孩子每天都能按时起床，按时上学，按时写作业，按时洗漱，按时睡觉，一日三餐都有规律、很少出现饥一顿饱一顿或不按时吃饭的情况，平时还能够定期参加体育锻炼的话，这样十几年下来，他就会习惯这种有规律的生活，即便以后独自居住也不会随意打破这种规律，他的身体健康就有了保障，无论他身在何处，我们都能放心、安心。

另外，如果孩子在学业上或兴趣爱好方面能够专注地坚持学下去，时间一长，肯定会有所成就。而且，在这个过程中，孩子的意志力也得到了锻炼，以后做任何事都不会轻言放弃，成功的把握就更大了。我们看到孩子这样，怎么能不放心和开心呢？因此，孩子若能做到“居有常，业无变”，不但对自己有好处，也是孝敬父母的体现。

当然，有些孩子在学习的初期，因寻找适合自己的兴趣爱好频频接触不同的学习项目，此时，我们就不能用“业无变”来限制他，而应该给他时间和机会，等到他找到了、确定了，再让他专注于一门科目，好好深入学习。

现今的孩子有没有做到“居有常，业无变”呢？如果没有，问题出在哪儿呢？

一个上初中的男孩儿，每天睡觉都很晚，不是看电视就是玩电脑，早晨自然无法按时起床，所以总是迟到，上课也无精打采，学习成绩也不是很好。更严重的是，他常常把父母给他用来买早餐的钱“节省”下来，有机会就去网吧上网。父母看他身体越来越差，学习也越来越差，却还不知道问题出在哪里。

原来，他的父母就不能做到“居有常，业无变”。因为他们一起做生意，每天晚上都不会在固定的时间回家，有时会在晚饭前回家，有时过了午夜才回家。所以，男孩儿的一日三餐大都是在外面买着吃，偶尔去爷爷奶奶家吃饭。即便父母晚上早回家了，也很少早早休息，妈妈要看电视，爸爸要浏览网页或者玩电脑游戏。男孩儿在这种氛围的影响下，也无法做到早睡早起。而早晨，男孩准备去上学了，父母还在呼呼大睡，哪里知道男孩儿有没有吃早饭、吃得怎么样。

由此可见，孩子无法养成良好作息习惯的根本原因，要么是我们的作息习惯不好，要么是我们疏于对孩子的照顾与关爱，导致他无法按时吃饭，按时睡觉。

当然，当今社会的生存压力比较大，父母若不努力为生计奔波，恐怕连孩子的教育费用都支付不了。我们如此辛苦，不就是为了孩子吗？但是，我们是不是忽略了孩子成长中最根本的需求——父母的爱、陪伴与关怀？

其实，只要我们有心关注孩子的成长，就一定能从百忙之中抽空照顾孩子，并尽量做到“居有常”。我们能不能改变，愿不愿意改变，关键是看我们有没有这颗心，是不是真的重视孩子的成长问题。想想看，孩子在长身体、培养习惯的时候，若没有打好基础，以后的身体状况和行为习惯也会不容乐观，这将影响孩子的一生。而孩子的身体不好，事业不顺，人生不幸福，谁最担忧？还是我们啊！所以，知道孰轻孰重，我们还会忽视自己的行为习惯吗？

想要让孩子有稳定的人生，我们就必须让自己的人生变得稳定。

身为父母，我们肯定希望孩子的一生是稳定而顺利的，如果他长大后三天两头换工作，今天结婚，明天离婚，我们怎么能安心？想到这儿，我们更理解了我们的父母对我们的期望，他们也希望子孙事业顺利、家庭和美。

而对于他们的期望，我们做得如何？现在很多人动不动就跳槽，工作中稍有不如意就辞职，再找新的岗位。这个过程中，他自己心力有多交瘁，只有他自己知道；而父母也跟着担心，父母会想：“唉，怎么又失业了，这孩子怎么这么不顺啊！”这样担心几次，父母的白发会多长几根，寿命也会缩短几年。这是一个有孝心的孩子对父母的回报吗？

而动不动换工作，也会导致家庭不稳定。如果经济再不景气，夫妻难免会生气吵架，搞不好还会分居或离婚，我们的父母知道了，岂不是更加担心？所以，作为成年人，无论是选职业，还是选对象，都要认真、谨慎，不能随随便便地选择，更不能随随便便地放弃。既然通过认真思考选择了，那么遇到困难，就要想着如何解决困难，而不是用放弃的态度选择逃避。只要自己摆正心态，坚持下去，用心经营，工作自然会顺顺利利，家庭也会美满幸福。如此一来，父母也会无忧无虑、高高兴兴地过好晚年的生活。

更重要的是，孩子看到我们的好样子，今后遇到同样的人生选择时，也定会努力做到“业无变”，我们也就不会因孩子的人生过于动荡而担忧了。

教育小语

无论是冬温夏凊、晨昏定省，还是出告反面，其核心都是别让父母为孩子担心。孩子能不能做到，关键在于我们能不能做到。如果我们每天总是让老人为我们操心、担心，那么我们拿什么教育孩子？因此，以身作则永远是教育孩子的根本法则，要让孩子感受到学习《弟子规》的好处，我们自己首先要通过落实亲身感受到学习的乐趣。让我们赶快行动起来吧！

第三节

再小的事也要让孩子谨慎，不能有辱父母

一个孩子对父母孝不孝敬，能不能让父母安心，也表现在他做人做事是否谨慎上。谨慎的孩子往往不容易遇到意外灾祸，而那些想干什么就干什么的孩子因思想中缺乏约束，往往离危险很近，也容易做出有损于道德的事情。所以，让孩子从小事中学会守规矩，是非常必要的。孩子做到了谨言慎行，我们也就放心了。

事虽小，勿擅为。苟擅为，子道亏。

孩子的成长是由无数件小事拼接而成的，但这些小事却决定了孩子的命运。

我们的日常生活不是由多少件大事组成的，而恰恰是那些琐事充当着主要

元素。我们的生活如此，孩子的生活更是如此。作为父母，我们千万不能忽视与孩子有关的任何一件小事，因为那些小事可能会给孩子或他人的人身安全造成隐患。我们更不能忽视孩子的任何一个小动作，因为那个小动作也许就为孩子养成坏习惯埋下了伏笔。

孩子的生命安全一旦遭到威胁，或一旦养成了坏毛病，最担忧和痛心的，还是我们做父母的。这句“事虽小，勿擅为；苟擅为，子道亏”就是告诉孩子：不要因事情小就任意去做，一旦随便做了，往往会造成不可弥补的损失，导致父母伤心、难过，那就太不应该了。

一个男孩儿从小就喜欢搞恶作剧，对此，父母也没有太在意。一次，他想和一位同学开个玩笑，就趁同学要入座时把同学的凳子移开了。没想到，同学一下子就坐在地上起不来了。送到医院后，医生诊断为脊椎严重受损，被“宣判”为终身瘫痪。

就这样一个小小的动作毁了一个孩子的一生，他的父母多么痛心啊！一个刚刚还活蹦乱跳的孩子却只能永远躺在床上了，而且父母还要照顾他到终老。想想看，这个男孩儿的小动作给一个家庭带来了怎样的不幸啊！而他自己也会终生受到良心的谴责。如果父母能时常叮嘱他不要搞恶作剧，并把一些恶作剧引发的事故讲给他听，也许就能避免一场灾祸。可惜，事已至此，后悔晚矣。那么，我们是不是能从这个真实的故事中吸取一些经验教训呢？

这个男孩儿以同学终身残疾的代价告诉我们每个人，小动作背后隐藏着大的安全隐患。由此，我们可以想到，孩子闯红灯、玩火柴、放鞭炮、开启电器、去溪边捞鱼等都是不能被忽略的事情，更是孩子不能私自随意去做的事。这关乎孩子的生命安全。为此，我们做父母的必须提起高度警觉。

如何才能让孩子重视“事虽小，勿擅为”这句教诲呢？

既然孩子不能私自随意去做一些小事，说明孩子在行动之前一定要征求父母的同意，或在父母的监管下尝试、玩耍。因此，孩子必须有“出必告，反必面”的习惯，否则，父母都不知道他去做什么了。就像有的孩子在父母不知情的情况下，与同学去河边玩耍，不小心掉入河中，由于不会游泳而最终丧失生命。如果他去之前能告诉父母一声，父母就会告诉他一些相关的安全注意事项，那么就可以避免悲剧的发生。

因此，我们平时就要告诉孩子：“当你进行新的尝试之前，一定要经过我们同意。如果我们不在身边，就不要私自尝试，以免发生危险。”而且，我们可以多把那些因“擅为”发生的不幸事件讲给孩子听，让他懂得落实“事虽小，勿擅为”的重要性。

当然，我们最好平时就把各种安全常识灌输给孩子，比如，家用电器、煤气等设备如何使用，当陌生人敲门时如何应对，发生火灾、水灾、地震等灾害时如何防患，放鞭炮时应该注意哪些事项等等。孩子一旦有了安全意识，就知道哪些事情该做、哪些事情不该做，哪些事情有把握做、哪些事情没把握做。有了防范意识，孩子就不会随意做出一些危险举动。

另外，我们要让孩子学会看警示牌，并重视各个场所的规章制度，不要随便违反。因为警示牌和规章制度中都包含了对人身安全的考虑，比如，湖边立着一块“禁止游泳”的牌子，或建筑工地门口立着“非工作人员免进”的牌子，孩子看到后一定要遵守，不能任性妄为，否则后果不堪设想。当孩子明白了这些道理后，自然就会落实“事虽小，勿擅为”的教诲。

除此之外，我们也要重视孩子的行为习惯，帮助他成为素质高尚的人。

有些行为虽小，但做多了就会成为习惯，而习惯就会形成性格，性格最终会决定命运。比如，有的孩子随地乱扔纸屑，父母没有及时制止，孩子走到哪里都会成为制造垃圾的人，难免会给他人带来很多麻烦，因此不受欢迎，进而失去很多机会，事业也很难得到大发展。追及源头，原来是不讲究卫生惹的祸。想想看，我们怎么能小看孩子的行为习惯呢？它的确可以决定孩子的命运。

所以，当发现孩子第一次犯错或做出什么不雅举动的时候，我们一定要及时纠正，千万不要以为长大自然就好了。俗话说：“小树不修剪，怎能长参天。”讲的就是这个道理。

而孩子遇到小事会不会肆意妄为，很多时候要看我们对他管教的及时度和细致度如何，如果我们总是放任不管，孩子自然会随便去做，因为他觉得没有人约束他。相反，如果我们能叮嘱他一番，那么他在行动之前脑子里就会想：“这个事情能不能做？还是别做了，免得做错了，父母不高兴。”而具体该做什么，不该做什么，在后面的“谨”、“信”、“爱众”、“学文”中会有详细说明。

也许有人会问：这样教育孩子是不是太死板了，这也不让，那也不许的？其实，孩子在没有具备是非对错的判断力和对未来事物的预见能力时，我们当然要让他明确知道做人做事的标准和规矩。等到他养成良好的行为规范、具备是非对错的判断力后，我们自然就不用管教太多了，因为他可以管好自己。但是，这个“凡事不能随意去做，做之前询问父母”的过程一定不能少。

当然，所有的事情都不是一成不变的，孩子也要懂得变通。

一个 6 岁的小男孩儿在树丛里玩耍时，看见地上有一个被大风刮下来的鸟巢，里面还有一只嗷嗷待哺的小麻雀。

当他捧着鸟巢和小麻雀准备回家喂养时，忽然想起妈妈不允许他在家里养小动物。于是，他先把小麻雀放在家门口，然后进去请求妈妈。在他的不断哀求下，妈妈终于答应了。但当他高兴地跑出门时，却没有看到小麻雀，只看见一只舔着嘴巴、嘴角还粘着麻雀毛的黑猫。为此，他伤心了很久。

通过这件事情，他总结了一个教训：只要是正确的事情，绝不可优柔寡断。而这个男孩儿就是如今的华裔电脑名人——王安博士。

从中我们可以得知，“事虽小，勿擅为”这句教诲不是要把孩子培养成一个毫无主见、没有思维能力、凡事只有问过父母才去执行的人，而是说当孩子不具备善恶是非的判断力之前应该多请教父母，当他已经知道什么是正确的、什么是错误的后，他自然会做该做的事情。

所以，我们别让孩子学成书呆子，而是要让他懂得变通，学以致用。

物虽小，勿私藏。苟私藏，亲心伤。

孩子的世界不大，拥有的也不是什么大物件，但他每天与这些小物件接触时养成了什么样的行为习惯，却会影响他未来的人生方向。

俗话说："小时偷针，大时偷金。"在我们眼里，针，实在是太小了，但孩子不这样认为。根据他的年龄和阅历判断，他不会接触多么贵重的物品，那么他小小年龄有偷针的胆量，长大了自然敢去偷金。

所以，我们作为父母，千万不能小看孩子接触的小物品。我们的忽视往往会使孩子养成极其不良的行为习惯，即占便宜和偷盗。而当孩子被称为"贼"的时候，我们不但伤心，而且脸面何存？

这句"物虽小，勿私藏，苟私藏，亲心伤"的教诲，就是告诉孩子，物品虽然小，但不能因要满足私欲而偷藏起来，如果这样做了，父母会很伤心，那就是不孝了。

很多孩子小时候不知道私拿别人的铅笔、橡皮是不对的，拿过来玩玩，看着挺好，就放进自己书包里了。有的孩子在地上捡到了漂亮的尺子，因为喜欢就藏了起来，一旦被发现，还理直气壮地说："我捡到的就是我的。"又有的孩子，不是故意藏别人的东西，而是马虎邋遢，借了同学的东西忘了归还，失主不追究就成了自己的了……以上种种情况，在小孩子身上很容易出现，我们既不能把这看作是道德败坏的表现，也不能坐视不管，一定要进行正确引导。

有的大孩子私藏书籍和游戏机，但这些书籍和游戏机里充斥着色情和暴力，他们害怕父母发现，就偷偷藏起来看或玩，时间一长，不但纯洁的心灵受到严重污染，还会荒废学业，说不定还会走上犯罪的道路。到了那一天，我们做父母的会多么伤心啊！我们不能眼睁睁地看着孩子堕落，所以，我们就要帮助他落实这句教诲，让他做一个坦坦荡荡、光明磊落的人。

如何防止孩子私藏物品？如果他已经“私藏”了，我们该怎么办？

防止孩子做出私藏行为的最好办法，就是提前把“物虽小，勿私藏，苟私藏，亲心伤”的道理讲给他，告诉他：“不是自己的东西一定不能拿。捡到的东西一定要交给老师或父母，不能据为己有。每天放学前，检查自己的铅笔盒和书包，看有没有借后尚未归还的物品，如果有，及时还给同学，不能带回家里。”我们不要小看这几句话，孩子不知道该如何做，是因为没有人告诉他，一旦我们把这些道理告诉他，他一定会接受，并按着我们说的去做。

一个小女孩儿错拿了同学的水彩笔，同学找了几天都没有找到，终于在她那里找到之后，就说她是小偷。小女孩儿眼泪汪汪地说：“我不是小偷。”幸亏老师干预得及时，才还了小女孩儿一个清白。从此，小女孩儿每天都会很谨慎地检查自己有没有错拿别人的东西，以免背上“小偷”的骂名。

我们完全可以把这个小女孩儿的遭遇讲给孩子听，让他知道有意无意地占有他人的东西，最后就有可能会背上恶名，导致失去朋友，失去信誉。

另外，我们做父母的，一定要常常查看孩子拿的文具、玩具和书本，看看是不是我们买的，如果不是，就要及时询问出处，不能睁一只眼闭一只眼地假装没看见，否则，就会失去引导孩子的最佳时机。同时，我们要注意观察孩子有没有偷偷摸摸看书或玩东西的情况，必要的时候，可以当着孩子的面检查他的书包和房间，以防他遭受不良刊物的污染。

如果我们发现孩子私藏了别人的物品，一定要让他及时归还给对方，并表示歉意。如果孩子没有勇气这样做，我们就要陪同孩子这样做。

一位母亲发现孩子的书包里多了一个苹果。经询问得知，是孩子路过水果摊的时候，随手拿了一个。于是，母亲立刻带着孩子去水果摊归还，母亲把钱付给老板，并要求孩子道歉。孩子不肯，母亲就说："老板，对不起，孩子我没教育好，给您添麻烦了。"孩子看母亲道歉，也跟着说："对不起，我以后不随便拿水果了。"

这位母亲做得很对。一旦发现孩子有私藏的举动，一定要及时更正。无论孩子私藏的东西多么不值钱，都要这么做，因为问题的关键是他的行为出现了偏颇，与物品本身的价值没有关系。因此，我们一定要有教育敏感度，帮助孩子及时改错，让他成为道德高尚的人。这样，孩子守住了做人的规范，我们就不会为他道德有问题而伤心了。

通过这句教诲，培养孩子不贪、不悭，慷慨、廉洁的好品质。

当孩子做出"私藏"的举动时，他内心的声音一定是"我很喜欢，我想拥有"，这表现出了孩子的私欲和贪心。贪心和想满足私欲的心是一个人偷盗和占便宜的思想源头，没有这个念头，怎么会有私藏的行为？

我们作为父母，一定要做好榜样，不能今天把单位的报纸拿回来看，明天把单位的环保袋拿回来用。这看似小事，往往却表现出我们爱占便宜的心念。职权范围一旦扩大，岂不是要走上挪用公款、行贿受贿的犯罪道路？而且，一个人如果总是想着满足自己的私欲，就能为达到这个目的做出不择手段的事情，还怎么成为廉洁奉公、忠于职守的人？

孩子也是一样，年龄小，贪心小，但如果他习惯了用私藏的方式来满足自己的贪心，长大后，太贪心又用什么样的方式满足呢？等到他因犯罪而锒铛入狱的时候，我们还怎么安心地度过余生？只有教育出好孩子，我们才能好好地生活。

所以，我们千万不要忽略对孩子进行"物虽小，勿私藏，苟私藏，亲心伤"的教育，在我们自己做好榜样的同时，应该引导孩子做到不贪、不悭，为他具备廉洁自律、慷慨大方的品质打下坚实基础。

教育小语

孩子做事做人是否谨慎，关乎他的道德品质和人身安全，《弟子规》中的这两句教诲就说明了这个问题。因此，我们要引导孩子懂得“事虽小，勿擅为”、“物虽小，勿私藏”的道理，并把这个教诲无条件地落实在生活中。孩子养成习惯后，不但他能够坦荡做人，我们做父母的也会身心轻安，这样大家都能获得幸福人生。

第四节

善于体察父母的需要，对父母竭尽全力孝养

孝养父母是每个孩子的本分，但对于这分内的事，孩子往往不知道从哪里做起。其实，不做令父母不高兴的事，知道父母的喜好并竭力满足，保护好自己的身体，不做有损德行的事情等等，都是孝养父母的体现。我们要让孩子明白这些道理，并引导他去落实，这样一来，我们和孩子都会获得精神的愉悦和身心的安宁。

亲所好，力为具；亲所恶，谨为去。

孩子了解我们的“好恶”吗？面对我们的“好恶”，他都有什么反应？

我们做父母的都希望孩子听话、懂事、有礼貌、爱学习，不希望他忤逆、

乖张、不上进、调皮捣蛋。然而，我们是否如愿以偿了呢？

当今社会的很多孩子，到了一定年龄就会叛逆。什么是叛逆？就是孩子总是朝着我们希望的反方向发展。比如，我们希望他见到客人能打招呼，但是他却说："我就是不打。"我们希望他少玩游戏，多看书，他就是和我们对着干；我们希望他能够做些家务，他就是懒得动弹；我们希望他静静听我们说话，但他却频频顶撞我们……

我们不禁感叹，现今的孩子都怎么了？

如果孩子从小学习《弟子规》，我们就不用这样发愁了。从现在开始学也不晚，学总比不学强。

"亲所好，力为具；亲所恶，谨为去"这句教诲就是告诉孩子，对于父母想要的、喜欢的事物，做子女的一定要尽力满足；父母不喜欢的、讨厌的、厌恶的事情，孩子就要提起警觉，尽量不要去做，以免父母伤心难过。

按着这个标准，孩子会以叛逆为耻，因为叛逆会让父母伤心，是不孝的表现。

另外，孩子身上可能会有一些令我们讨厌的坏习惯、坏毛病，比如，不勤洗澡、爱抠鼻屎、不爱刷牙，随手乱扔垃圾、随便摆放衣物，站没站相、坐没坐姿，等等。如果孩子知道"亲所恶，谨为去"的话，他就会尽力把这些坏毛病、坏习惯去除，而不用我们再催促。

一个小女孩儿每天放学回家都会抓紧时间写作业，功课完成得很好。亲戚问小女孩儿："你怎么这么听话啊？"小女孩儿说："因为《弟子规》说：'亲所好，力为具。'父母希望我听话、懂事、好好学习，我就要努力做到。"

瞧，学过《弟子规》的孩子就是不一样！懂事的孩子是培养出来的，只要我们对《弟子规》充满信心，并参照其中的教诲培养孩子，我们的孩子也会如此乖巧。

也就是说，今天很多父母都头疼的问题——孩子不爱学习，在这句"亲所好，力为具"的教诲中会得到完全的解决。懂得这一点之后，孩子不用我们催促，就会自动自发地学习。

另外，我们都希望自己的孩子好好做人、拥有幸福美满的人生，孩子会因懂得“亲所好，力为具”的道理而努力朝我们希望的方向发展。如此一来，他自己的人生就会幸福，而我们也就安心了。

除了对孩子的期望，我们也有自己的喜好，那就让孩子多了解一些吧！

“亲所好”中的“好”不仅仅是指我们对孩子的期盼，也指我们自己的日常喜好，比如，我们喜欢吃什么口味的食品，喜欢穿什么颜色的衣服，有什么样的兴趣爱好等等，这都属于“好”的范围。同理，我们不喜欢的食物、颜色等，可以被狭义地归纳到“恶”的范畴。

而当今社会，80%以上的孩子不知道父母的喜好。连父母喜欢什么、不喜欢什么都不清楚，怎么能做到“力为具”、“谨为去”呢？当然，我们不能怪孩子，很多时候，这是因为我们过于关照他的喜好，却忘记告诉他我们自己的喜好。

所以，我们平时要有意无意地告诉孩子：“我喜欢吃甜食，不喜欢吃辣椒。”“我最喜欢的水果是西瓜，而不是猕猴桃。”“白色的衣服很适合我。”“我不喜欢摇滚乐，但喜欢听古筝曲。”“我很喜欢编织，唱歌倒不在行。”我们这样表达的次数多了，孩子自然就会知道我们的喜好是什么，对我们的关爱也就会更加到位。

当然，我们也要尽量创造机会，让孩子学会关心、体贴父母。比如，请孩子帮我们倒杯最喜爱的绿茶，请孩子买一些我们喜欢的水果，等等。不过，我们在与父母的相处中，也别忘记落实这句教诲。我们的榜样，加上对孩子的培养，孩子就会养成“力为具”的习惯。那时，我们便会为他的懂事而倍感欣慰。

“好”往往是指正面的喜好，要教孩子懂得灵活应用这句教导。

孩子落实这句教诲，绝不是生搬硬套的。如果父母有吸烟、酗酒、赌博等嗜好，孩子当然不能“力为具”，否则就是害父母。孩子懂得了这个道理，也就不会随意满足他人的不良需求，既保护了自己，又不会危害他人。

而我们作为父母要知道，一家之主的嗜好往往会给家庭的发展带来很大影响。比如，父母好赌或好色，孩子就会认为赌博和贪色不是什么大不了的事情，渐渐地也会把父母的嗜好当成自己的嗜好，那么整个家庭发展的方向必然是衰败了！

所以，仔细观察就会发现，那些不务正业、游手好闲、走上犯罪道路的孩子往往出自没有良好家风的家庭，也就是说其父母往往会有一些不良嗜好。因此，如果我们的喜好中有不健康的、负面的，请尽快去除，这样，我们和孩子的未来才有幸福可言。

身有伤，贻亲忧；德有伤，贻亲羞。

让孩子知道，孝道的落实要从爱护自己的身体开始。

《孝经》云：“身体发肤，受之父母，不敢毁伤，孝之始也。”意思是，一个人的身体、四肢、毛发、皮肤都是父母给的，不能随意损伤，这是落实孝道的开始。

我们做父母的人都深有体会，从怀孕起，我们就开始提心吊胆，除了希望宝宝四肢健全、身体健康之外，别无所求。当母亲承受着剧痛生下孩子的瞬间，根本顾不上自己的安危，就会急切地问医生：“宝宝是不是健康？”养育孩子的过程更是让我们费尽心力。孩子稍有感冒发烧，我们就开始着急，想方设法地给他求医寻药。他在成长的过程中，身体若有伤痛，我们便会无比担心，真是应了这句话："身有伤，贻亲忧。"孩子的身体一旦出现状况，最担忧的就是父母。

然而，孩子未必能够体会到我们的心情。我们要做的，就是把"身有伤，贻亲忧"的道理讲给他听，让他知道爱惜自己的身体就是孝敬父母。

一位老师为了开启学生们的孝心，给学生们详细描述了母亲从怀孕到生产的身心状况，特别对母亲生产的艰辛作了描述。学生们听得汗毛直竖，明白了父母生养自己的不易，而且也感受到了父母对自己身体健康的重视程度。之后，学生们都表示要爱惜身体，不让父母担忧。

是啊！如果孩子能够深入理解"身有伤，贻亲忧"这句教诲的含义，他便不会做出损伤身体的事情，还会为维护自己的健康做出努力。他知道，我们对他最基本的期盼就是健康和平安。

这句教诲不仅能鼓励孩子维护身体健康，更能引导他理智地面对逆境。

让孩子养成良好的饮食习惯是保障身体健康的基本条件，除了为他的一日三餐把关之外，我们还要让他知道一些饮食卫生和饮食健康常识，比如，少吃路边摊的食物，少吃零食，少喝饮料等，特别是不要吃学校附近小商店里出售的几毛钱一包的零食。我们要把这些食品对身体的危害告诉孩子，让他自己做出正确选择。

不仅如此，我们还要让孩子知道，人生中无论遇到什么困难都要学会坚强，并学会用合理的方式排解负面情绪，千万不要因一时想不开而做出类似跳楼、跳河、自残等行为，那完全是不为父母考虑的不孝举动。如果孩子能稍微体谅到父母的不易，便无论如何也不会干这种蠢事。所以，让孩子明白"身有伤，贻亲忧"的道理非常重要。

另外，不伤害自己的身体，是孝敬自己的父母。每个孩子都是父母所生，都是父母所养，他们的身体都应该是完好、不受损伤的。那么，我们就要引导孩子，一想到自己的父母，就要想到别人的父母。孩子体会到这一点后，就不会因各种原因而伤害别人的身体。这样，那些因恋爱不成就杀死对方，甚至一起殉情的极端事件就不会发生了。

可见，教导孩子懂得“身有伤，贻亲忧”是保障孩子身体健康、生命安全的法宝，所以我们要和孩子一起学习这句教诲，为他的幸福人生打下坚实的基础。

每当我看到那些大学生、硕士生、博士生因种种原因而跳楼自杀结束自己生命、甚至劫杀别人的报道的时候，我就非常痛心，也非常感慨。如果这些孩子能够从小接受圣贤的教育，懂得“身有伤，贻亲忧”的道理，他们便不会做出如此愚蠢的行为。我真的希望能有越来越多的孩子从小与圣贤同行，接受《弟子规》的教育。当然，我更希望有越来越多的为人父母者认识到这本小册子的神奇力量，相信它，学习它，让自己、自己的孩子、自己的家庭幸福美满。

孩子的品行、德行代表着他所受到的家教和他应当传承的家风，别让孩子的不良行径辱没了父母和祖宗。

没有哪个父母不希望孩子具备高尚的品德，如果孩子做出伤天害理的事情，我们不但会伤心，还会感到羞耻。“德有伤，贻亲羞”这句话就是说，如果孩子的德行有所缺失，就会给父母和家族蒙羞。

一位服刑的犯人学了《弟子规》之后，写出了这样的心得：“以前，我觉得父母对我不够关心，所以就故意做坏事报复他们。当我进了监狱时，我居然觉得如愿以偿了。但是，自从学了《弟子规》，特别是学到这句‘德有伤，贻亲羞’的时候，我才知道我以前的想法是多么错误，我真是太不孝了。想想看，虽然我一个人身在监狱，而我的父母也同样像生活在监狱里一般：他们不敢出门，生怕街坊邻居在背后戳他们的脊梁骨；他们也很少与亲戚往来，因为他们总觉得抬不起头来。每次想到这儿，我就特别难过。我下定决心，服刑期满出狱后，绝不再做伤天害理的事情，绝不让他们再蒙羞了。”

是啊！孩子的行为映衬了他的家教，如果他的行为有所偏颇，别人就会说：“有人养，没人教。”“没家教。”我们当然不希望听到这样的话，所以我们就要让孩子明白，他的言语行为绝不仅是他个人德行的体现，同时也代表着他的父母、家族，甚至是祖宗的道德品质。因此，人们看到坏人干坏事的时候会说：“他们家祖上没积德，出了这个败家子。”

相反，如果孩子品德高尚、学业有成、有所建树的话，不但我们感到光荣，家族也会以孩子为荣，真可谓是光宗耀祖。正如《孝经》所云：“立身行道，扬名于后世，以显父母，孝之终也。”是啊，孩子能以自己的德行显示父母的德行，就是孝的终极体现。如果孩子懂得这番道理，怎么会不努力修正自己的行为、激励自己成为品德高尚的人呢？

亲爱我，孝何难？亲恶我，孝方贤。

哪个父母不爱自己的孩子？但若孩子认为父母不爱他，会怎样呢？

天下的父母大都是爱孩子的，当然，不排除一些父母或继父母对孩子不好的现象，但毕竟是少数。作为子女，无论父母对自己怎么样，都应该孝敬父母。“亲爱我，孝何难？亲恶我，孝方贤”这句话的意思是说：当父母爱我时，做到孝敬并不难；如果父母不喜欢我、讨厌我，我还能一如既往地孝敬父母，才是贤德的表现。

而当今的孩子，面对我们的百般宠爱，都不一定能孝敬我们，如果我们讨厌他、嫌弃他，他能孝敬我们吗？几乎是不可能的。别说我们对孩子心存厌恶，就连我们偶尔用不理智的方式对待他，他都会和我们记仇，最后我们还得反过来给他赔不是。当然，也不是说父母不能向孩子道歉，而是说，现在的孩子根本不懂得“亲恶我，孝方贤”的道理，更不可能把它落实在生活中。

如果孩子觉得“父母对我好，我就对他们好；如果他们对我不好，我也不会对他们好”的话，那孝道岂不是一场交易了吗？如果是这样，孩子迟早会和父母对着干，甚至会出现打骂父母、杀父弑母的现象，那整个家庭不就因此走上了毁灭的道路吗？这句教诲就是告诉孩子：履行孝道是无条件的，是天经地义的，不是商品交易，唯有老老实实地落实，才不愧为一个顶天立地的人，才能维系整个家庭的和谐。

我们要借用故事让孩子深入理解“亲恶我，孝方贤”的含义。

周朝，有个孝子名叫闵子骞，他的母亲去世得比较早。后来，父亲娶了后妻，并给他生了两个弟弟。父亲常年在外，他和两个弟弟便由继母照料，继母对两个弟弟百般宠爱，对他却很不好，整日让他干重活粗活，但把好吃的、好用的都留给弟弟们。

冬天，继母用棉花为两个亲儿子做棉衣，却用芦花给他做“棉衣”。用芦花做的“棉衣”看起来很大、很蓬松、很保暖，但是实际上一点儿都不保暖。对此，闵子骞一点儿都没有怨言，还是尽力侍奉着继母，照顾着两个弟弟。

一次，闵子骞驾着马车，拉着父亲和两个弟弟出门办事。恰逢天气寒冷，大雪纷飞，闵子骞一边驾车一边发抖，身体都快要冻僵了，马车一颤，脱缰了。父亲生气地责备他：“穿着棉衣还这么冷的样子，别人还以为是你继母虐待你，这岂不是陷你的继母于不义吗？”说完，还拿鞭子抽打他，结果鞭子一打，他的“棉衣”破了，芦花飞了出来。这时，父亲才明白马车脱缰的原因是闵子骞真的太冷了。

父亲一气之下，回家就决定把后妻休掉。此时，闵子骞马上跪下，央求父亲不要休掉继母，他说：“母亲在的时候，只有我一个人受冷。如果母亲离去，那我跟两个弟弟都要挨饿受冻，可谓‘母在一子寒，母去三子单’啊！”

他的这一席话感动父亲，也感动了继母。从此，继母对待闵子骞如同亲生儿子一样，全家过得和乐而幸福。

可见，当孩子无条件地孝敬父母的时候，家庭最终的结局会特别好。在古代，类似这样的故事很多，比如“虞舜孝母友弟”的故事，等等，我们可以多讲给孩子听。孩子听多了，就会对“亲爱我，孝何难？亲恶我，孝方贤”这句教诲有深刻的理解，自然就不会因为我们方式欠妥当的管教而与我们产生对立了。

我们也应该告诉孩子：父母不是圣贤，也有犯错误的时候，也有误解你的时候，但我们的初衷一定是好的。如果我们做错了什么，绝不代表我们是憎恨你的，所以也希望你能理解我们的用心，不要错把我们的“爱”当成“恨”。如果孩子的确对我们产生了误解，我们就要通过有效沟通化解矛盾，别让误解挡住了我们彼此间爱的传递。

孩子若能把“亲恶我，孝方贤”推广开来应用，一生都不会遭遇人际难题。

在成长的过程中，孩子可能会遇到一些“不投缘”的人，不知什么原因，对方总是看不惯他，甚至总和他过不去。此时，如果孩子没学过“亲恶我，孝方贤”这句教诲，就很容易和对方对立起来，弄不好就会引发矛盾，惹出事端，最终导致两败俱伤。

可是，如果孩子从小读过“亲恶我，孝方贤”的话，就会懂得“无论人家对我好不好，我都不与人家计较，更不把对方的不好放在心上，还是好好跟他相处”的道理。这样，他不但不会为对方对自己不好而生气、郁闷，更不会和对方对着干，时间一长，就一定会感化对方，彼此成为朋友，这岂不是皆大欢喜？

所以，一句“亲爱我，孝何难？亲恶我，孝方贤”的教诲，暗含了一个人不计前嫌、不与人结仇的博大心胸。孩子若能做到这一点，不但能在生活中化解各种人际危机，更能因此获得更多人的尊重与拥护，最终一定会拥有顺心的学业、事业、家业，获得幸福的人生。

教育小语

我们作为父母，总是心系孩子的安危，无时无刻不期盼孩子能够往好的方向发展。然而，孩子未必知道我们的心，所以我们就要告诉孩子，让他因了解而懂得感恩，因感恩而懂得孝敬。另外，我们要把无条件孝养父母、恭敬父母的样子表现出来，使孩子通过我们的榜样懂得孝的更深层含义。

第五节

父母不是完人，有过错也应该允许孩子指出来

孩子应该孝敬父母，但这绝不是明知父母有错还顺着父母的“愚孝”。那种助长父母不良习性的所谓“顺从”，完全是害父母。就如同我们对孩子的爱，绝不应该是袒护式、包庇式的溺爱，孩子对我们的爱也应该本着这个原则。那么，当父母有错时，孩子就要学会在适当的时机、用适当的方式和态度向父母进谏。这一点，是我们做父母的要告诉孩子的。

亲有过，谏使更，怡吾色，柔吾声。

孩子应当学会劝谏父母，但如今的孩子有这个能力吗？

在《孝经·谏诤章》中有这样一段话：“父有争子，则身不陷于不义。故当不义，则子不可以不争于父……从父之令，又焉得为孝乎！”这里的“争”

通“诤”，就是直言规劝的意思。整句话的含义是：对父母而言，如果有敢于直言进谏的孩子，父母就不会陷于不义之中。因此，如果父母要做不义之事，孩子不可以不劝阻，如果只是盲目地遵从父母的命令，又怎么称得上是孝顺呢？

没错，做子女的如果明知父母有重大过失，却睁只眼闭只眼地任由父母做错事而不劝谏，那就是陷父母于不义之中。《孝经·谏诤章》的教诲与这句“亲有过，谏使更，怡吾色，柔吾声”不谋而合。它告诉我们，当父母有过错时，做子女的一定要劝谏，使父母改正。而“怡吾色，柔吾声”就强调了劝谏的态度和方法，也就是说，子女劝说父母的时候，表情要和悦，说话的语气要柔缓，不能怒气冲冲地用指责、命令的口气劝导，否则父母很难接受。

然而，在当今社会，很少听说哪个孩子会苦口婆心地劝谏父母。无论父母吵架也好，闹离婚也罢，或者和兄弟姐妹打官司，孩子似乎都不会劝谏父母。为什么会这样呢？因为现今孩子的人生观和价值观都是从父母那里“继承”下来的，父母看不到自己的问题，孩子自然也不认为父母有什么过错，看不出父母的错，还怎么劝谏？

但是，古代就有很多孩子有能力劝谏父母，比如，明朝的杨秀贞见到母亲求子心切，想要溺死刚出生的妹妹时，就赶忙跪在地上劝谏，讲出了一席感人肺腑的道理，使母亲放弃了溺死妹妹的念头。再比如，西晋时的王览看到母亲总是百般刁难同父异母的哥哥，就常常规劝母亲。后来，当他得知母亲想用毒酒毒死哥哥时，夺过毒酒准备以死劝谏，好在母亲打翻了酒杯，保全了他的性命。但从此，母亲彻底悔悟，待他的哥哥如亲生儿子一般。

这些古人，他们从小就读圣贤书，懂得了做人做事的道理。所以，他们虽然年龄不大却懂得很多道理，知道落实这些教诲才算“真读书”，看到父母的行为与书中所说的行为规范不符合时，自然就知道父母的对错，也知道为人子女应该上前劝谏，于是，就落实了“亲有过，谏使更”的教诲。

由此可见，让孩子通过读书而明理，是具备劝谏能力的基础。然而，今天的教科书教授的大都是知识和技能，很少有教做人做事的道理的。即使有，很多学校、老师也不太重视。其实，《弟子规》就是学校教育和社会教育的有效补充（可喜的是，现在很多中小学，甚至幼儿园都开展了《弟子规》课程）。唯有让孩子通过学习《弟子规》树立正确的价值观，他才能在我们走错路的时候提醒我们，帮助我们回到正途。

当然，如今的孩子也不是绝对不劝父母，只是劝说的态度不同。别小看这个态度，它往往决定了进谏的结局。

一个小女孩儿的爸爸非常爱抽烟，家人总是劝说，但效果不明显。

一次，爸爸正要抽烟，奶奶说："别抽了，身体都不好了。"

妈妈也说："别抽了，抽得乌烟瘴气的。"

但是，爸爸边点烟边往阳台走去，表示自己不在屋内抽烟。小女孩儿一看爸爸不听劝，等爸爸刚坐在阳台的椅子上，她就一把夺下爸爸的烟，严厉地说："不许抽烟！"

平时温和的爸爸见此情景，也毫不客气地说："拿过来！"

结局是小女孩儿哭着向妈妈告状，爸爸则毫无反应地继续抽着烟。

小女孩儿虽然是为爸爸好，但是劝说的方式错了。这一错，结局往往就会更糟。如果小女孩儿学过"亲有过，谏使更，怡吾色，柔吾声"的话，可能就会轻柔地对爸爸说："爸爸，您别抽烟了，抽烟不但对您身体不好，对大家的身体都不好。您的身体要是有个三长两短，我们都会很担心的，可谓'身有伤，贻亲忧'。爸爸，您少抽两根，好吗？"

相信任何一位父亲听到女儿如此懂事的劝导，都不忍点燃烟头了吧？可见，"怡吾色，柔吾声"的力量有多大！我们往往以为大声说出的话最有震慑力，殊不知，作为规劝的语言，只有柔声细语才能真正打动人心，让人心甘情愿地接受。所以，能把《弟子规》的教诲应用在生活中，是多么可喜可贺的事情啊！我们要为孩子做出榜样。

要想让孩子学会“怡吾色，柔吾声”，唯有我们做到才能实现。

作为父母长辈，我们很难接受孩子大声吼叫、傲慢无礼的劝谏方式。所以，孩子用“怡吾色，柔吾声”的方式说话，往往是对父母尊重与理解的体现。

然而，孩子能不能在劝说我们的时候保持温和的态度，取决于他平时的语言习惯。如果孩子平时说话声音很大、语速很快、我们说一句他顶三句的话，那么，当他看到我们犯错时就会更加激动。一激动，他说话的速度会更快，声音会更大，脸色会更难看，还怎么做到“怡吾色，柔吾声”啊？

而孩子形成什么样的语言习惯，往往与我们自己的语言习惯有很大关系。如果我们平时讲话温文尔雅，孩子受到这种气氛的影响，就不可能如扫射机关枪一样说话。反之亦然。

因此，我们若想让孩子好好说话，我们对父母、妻子（或丈夫）、孩子、朋友、同事等所有身边的人讲话时，都要努力做到“怡吾色，柔吾声”。而且，当父母、亲人、朋友出错的时候，我们劝谏的态度也要柔和，因为孩子正在看着我们的样子学习。我们现在所做的，往往是以后所受的，知道这个道理，我们就会时刻提醒自己用身教把这句教诲演绎出来了。

而面对孩子的进谏，我们做父母的应该是什么样的态度？如果当时不能心平气和地接受，至少事后要认真思考和积极反省。当然，最好是当时就积极做出谦虚的回应。一个愿意接受他人劝谏的人，往往能得到很多好处，具体的将会在后面的“闻誉恐，闻过欣，直谅士，渐相亲”的教诲中作详细解说。

会用柔和态度劝谏的孩子，往往更易受到长辈的青睐和同龄人的信赖。

除了我们，孩子总会与其他亲人、老师、同学等人相处，这些人都是平凡的普通人，也有犯错的时候，比如，老师会在黑板上写下错别字，同学会拿错别人的东西。面对类似的情况，孩子会怎么办呢？

如果孩子大声地严肃地说："老师，那个字你写错了。"老师可能会觉得颜面扫地，赶快掩饰说："我是故意写错的，看看你们能不能看出来。"他话虽如此说，但心里却对孩子有了一丝不好的印象。

如果孩子举手，经过老师允许后轻柔地说："老师，那个字好像不是这样写的。"那么，老师也会轻柔地回应："嗯，谢谢你，请坐。"这样，老师也不至于太尴尬。

如果孩子能考虑到劝谏的时机问题，选择在课后向老师提出建议，并做到"怡吾色，柔吾声"的话，那么，孩子的举动一定会给老师留下深刻的好印象。

以此类推，如果孩子对周围的人都用恭敬的态度进谏，他们怎么能不器重他，不喜欢他呢？当孩子具备了敏锐的判断力和适当的进谏能力时，他的威信往往会增加，也会因此成为团体的领导人物，从而发挥自己的才能，将团体带上更好的发展方向。

谏不入，悦复谏，号泣随，挞无怨。

除了简简单单地向父母提出意见，劝谏时还需要注意什么呢？

这句"谏不入，悦复谏，号泣随，挞无怨"说的就是，如果父母不接受孩子的劝谏，孩子就要等到父母喜悦、高兴的时候再劝。这里的"悦"特别强调了父母的心情。如果恰逢父母心情不好，孩子却向父母提出他们上次不能接受的建议，那父母这次能接受吗？当然很难。那么，孩子的劝说不但是徒劳的，还会惹得父母更加不高兴。为了避免这种情况的发生，孩子就要"悦复谏"。

而"号泣随，挞无怨"则显示了孩子进谏的决心。如果父母的过失很大、会造成很严重的不良后果的话，子女的确要有"号泣随，挞无怨"的精神。这里的“号”是大声哭喊，“泣”是哭泣，“挞”就是打。这句话意思是：如果父母不接受，哪怕哭喊着也要劝说父母，即便因父母的不理解而挨打，都不应该有怨言。当然，这也不是愚孝。与让父母陷于不义相比，挨点打又算得了什么呢？

所以，我们别小看了劝谏这件事，其中包含着子女对父母深深的敬意和爱戴。为什么要用柔和的态度？为什么要选择劝谏的时机和场合？当父母不接受时，为什么还要不顾一切地劝？因为孩子真心为了父母好，真诚地希望父母不要有过失。如果不是这颗真心，又何必顾及那么多呢？

孩子若能真正领会这句教诲的含义并努力落实的话，他对我们的孝敬无疑就体现在其中了。

做父母的，很难直接教导孩子劝父母的方法，那应该怎么做呢？

一个男孩儿在学校担任宣传委员的职务。一次团体活动之后，男孩儿觉得一位同学犯的错误实在不小，于是就当众指责了那位同学，并劝他以后改正。那位同学觉得很丢人，就顶撞了男孩儿，两人差点儿吵起来。

男孩儿回到家，把事情告诉了父亲。父亲说：“每个人都有面子，也就是尊严，当众被指责、被劝说的滋味不好受，这就是他顶撞你的原因。如果你能考虑到这一层，就不会当众指责他。即使你觉得他的问题值得大家警醒，也不该用劝导他个人的方式把问题说出来，而应对事不对人。所以，劝说别人一定要顾及对方的脸面，这样对方才好接受。”

男孩儿接受了父亲的建议，从此学会了选择适合的时机提出意见。

曾国藩家训中说：“扬善于公庭，规过于私室。”男孩儿的爸爸说的就是这个道理。当然，我们也要告诉孩子，如果对方真的很烦，那就不要着急劝说，暂时先放一放。等到有机会，看对方心情比较好时再劝，这样对方才容易听得进去。以免孩子好心劝说对方，结果彼此争得面红耳赤，对方没领情，孩子也生了一肚子气，最后两人还老死不相往来，那还真不如不劝呢！

另外，作为父母，我们一定要把这种劝谏的方法应用到与孩子的相处中。如果我们总是当众批评孩子，孩子的自尊被摧毁，他便很难顾及别人的自尊。如果我们因顾及他的尊严而常常单独劝导他，他也会用同样的方式对待身边的人，其中也包括我们自己。

让孩子掌握“号泣随，挞无怨”的内涵与精神，并灵活应用。

隋朝末年，李渊（唐高祖）带着军队南征北伐时，其子李世民（唐太宗）一直都追随在身边。一次，李世民发现父亲的一个军事计划存在明显错误，如果不谨慎就会导致全军覆没。于是，李世民就多次向父亲提建议，但是父亲都没有接受。

出兵前一天晚上，李世民心想，如果这次不能劝阻父亲，这些年的努力都将功亏一篑。他越想越难过，就坐在父亲的帐外放声大哭。父亲看他如此伤心，便说愿意听他细细分析战事，他慢慢地给父亲讲解作战方略。后来，父亲改变了作战计划，那次战役也赢得了胜利。

如果李世民没有如此坚定地一而再再而三地劝说父亲，历史上有没有唐朝还说不定呢！

看来，在重大事件上，若有一个有远见、善于劝说我们的孩子，那么家庭一定会很兴盛。当然，孩子的能力是一点点积累的，但如果我们不给他劝我们的机会或者不采纳他的意见，怎么知道他有远见呢？

而对于“号泣随，挞无怨”的理解，我们应该让孩子领会这种真心劝人的精神，而不是一定要“号泣随”。而且，看看李世民的例子我们就知道，在“号泣随，挞无怨”之后，一定要能讲出中肯的、切合实际的道理让父母信服。若只是说“爸爸，您不要这样做”或“妈妈，您不能那样做”的话，父母也很难接受。

因此，孩子若没有真实的智慧讲出令人信服的道理，而仅仅抓住了“号泣随”的形式，恐怕在劝说之后也毫无收获。那么，真实的智慧往往要通过读书明理来得到，由此看来，学习《弟子规》不可少，只有学会、做到的孩子才有足够的智慧在关键时刻告诉父母为什么不能这样做而要那样做。

“号泣随，挞无怨”的实质是说，在劝谏父母等至亲的人时，不要因一时失败而放弃，而要抱着坚定的态度、找准机会时时劝说，时间一长，父母自然会接纳。孩子只要领会了这个思想，就不会死板地把这句教诲随处应用，也避免了孩子被误解、被怨恨的情况。

另外，劝谏也是有前提的，前提就是彼此建立了深刻的信任，才能提出建议，所谓“君子信而后谏”。没有信任做前提，劝谏往往会被以为是挑毛病、吹毛求疵。具体的内容会在“善相劝，德皆建”中为大家详细阐述。

教育小语

孩子在一生当中要扮演很多角色，为人子（女）、为人兄（弟）、为人夫（妻）、为人父（母），还有为人友、为人领导（下属）、为人婿（媳）等等。要想扮演好任何一个角色，都不可能不对他人提出谏言。劝谏的态度、选择的时机和场合都会影响劝谏的结果，甚至会影响彼此间的情谊。我们要让孩子通过学习这句教诲，懂得如何向他人进谏。

第六节

教孩子用心应对父母生病，行好治丧的礼节

生老病死是人间常态。父母生病和离世，对孩子而言，是令人极度担忧和悲痛的事情。正如孩子生病或生命垂危时，我们做父母的会特别担忧和悲痛一样。人同此心，心同此理。所以，教孩子用心应对父母生病，行好治丧的礼节，非常有必要，因为其中尽显了子女对父母的孝敬与怀念。不要以为这些内容会给孩子带来不好的心情，也不要以为这些内容很不吉利，其实，这些都是人生的正常经历，谁都不可避免，所以又有什么好回避的呢？

亲有疾，药先尝，昼夜侍，不离床。

人生在世，总有生病受灾的时候，当父母身体欠佳时，孩子应该怎么做呢？

汉朝的汉文帝刘恒是个大孝子，他对母亲非常孝敬。一次，母亲患了重病，他非常担忧。为了让母亲尽快好起来，他每天都亲自为母亲煎药，每次煎完，自己总先尝一尝，看看汤药苦不苦、烫不烫，觉得温度差不多了，才端给母亲喝。

不仅如此，他还日夜守护在母亲床前，看到母亲入睡了，他才趴在母亲床边小憩一会儿。母亲醒了，他就赶忙问母亲有什么需要，哪里不舒服。母亲这一病就是三年，刘恒也这样服侍了三年。

当时，他孝敬母亲的事被广为流传，人们都称赞他是个仁孝之子。而后人为了颂扬他，把他列为二十四孝之第二孝。

这句“亲有疾，药先尝，昼夜侍，不离床”就出自于汉文帝孝敬母亲的故事。“疾”就是病，“药先尝”就是药煎好了要先尝一下，看看是不是太烫。因为过去只有中医，所以古人都喝中药，倘若一煎好就给父母喝，可能就会烫到父母，所以子女要先尝一下，待温度合适再给父母喝。接下来的“昼夜侍，不离床”则尽显了孩子的一片孝心，意思是无论白天还是晚上，时时刻刻都要守护在父母床边，服侍生病的父母，让父母尽快好起来。

当然，这句教诲放在今日应用，孩子要懂得适当变通。现在人们不是只喝中药，倘若我们是吃西药片，孩子要不要先尝一尝？当然不用了，但可以尝一尝服药用的水是不是太烫或太凉。而且，孩子不能拿错药，还要确定药物的名称、有效期和用量，不能出一点儿差错，这关系到父母的生命安全。所以，这句“亲有疾，药先尝”主要是说，孩子在侍奉生病的父母时，要谨慎，不要因用药不慎而让父母更加痛苦。

同理，“昼夜侍，不离床”也不是一定要不分昼夜地守在父母床边，是否要这样做，主要看父母的身体需要以及孩子的身体情况。但是，做子女的至少要尽心尽力照顾生病的父母，使父母早日康复，这才不枉为人子女。

我们无须刻意掩饰自己的病痛，应该让孩子了解我们的感受。

当今社会，很多孩子在父母生病时根本不懂得嘘寒问暖，就更别说体贴照顾了。有的孩子虽然有心照顾父母，但却不知道如何照顾。其根本原因就是孩子体会不到父母的感受，更没有学过照顾父母的方法。

要想让孩子体会到父母的感受，我们在身体不适时就不能刻意掩饰，而是把我们的感受和需要告诉孩子。

一位妈妈很疲惫地回到家，头疼得厉害，于是就在床上躺着。儿子见了，问：“妈妈，您怎么了？”

妈妈说：“我没事，你自己玩一会儿，妈妈一会儿给你做饭。”

于是，听话的儿子就去玩变形金刚了。

这样几次之后，儿子一看见妈妈非睡觉时间躺在床上，就自己去玩儿了。儿子长大之后，也不知道妈妈头痛时该如何照顾妈妈，只知道干自己的事情。

而另外一位妈妈却不是这样做的。

如果她感觉身体不舒服，就会告诉女儿说：“妈妈今天很难受，一点儿力气都没有，只想躺一会儿。”不仅如此，她还会请女儿帮她端水、拿药，并夸女儿懂事听话。后来，只要妈妈身体不舒服，女儿就会主动照顾妈妈，妈妈觉得很温暖。

所以，我们要想让孩子初步领会“亲有疾，药先尝，昼夜侍，不离床”的道理，就不要刻意掩饰自己的病痛，要把不舒服的感受描述给孩子，并把我们的需要告诉他，让他学会体会我们的心情，并慢慢学会照顾我们。

另外，我们要让孩子了解一些急救常识。因为，我们有可能会遇到类似烫伤、烧伤、崴脚或突然晕倒的情况。此时，如果孩子了解一些急救常识或紧急应对方式，就会帮我们渡过难关，比如：孩子知道药箱放在哪里，并认识简单的药物；懂得拨打120急救电话，并准确描述父母的症状和家庭住址；知道烫伤或烧伤的简单处理方式；等等。这样，我们的病情就不会因孩子帮不上忙而延误了。

通过故事，让孩子知道“久病床前无孝子”的言论是错误的。

不知从什么时候起，“久病床前无孝子”这句话开始盛行，也成为很多子女弃父母不顾的借口。其实，“久病床前无孝子”这个谬论绝对不是真正的孝子说出来的，而是那些实际不孝而又想给自己留个“孝子”之名的人为自己不孝敬父母而找的借口。

古今中外，很多人用实际行动击破了这句错误的言论，并演绎出了“久病床前出孝子”的责任，也告诉人们当父母卧床不起的时候子女应该做到“昼夜侍，不离床”。

想想看，父母含辛茹苦把孩子养大，倾注了多少心血。等父母年老体衰时，当然需要孩子的照顾，特别是父母因病不得不卧床时，更希望孩子能陪伴在身边。尽管父母会体谅孩子的难处，愿意接受保姆或护工的照料，但孩子能给父母的心理安慰是保姆和护工给不了的，这也是汉文帝不让侍从、仆人照顾母亲的原因，也是提倡“昼夜侍，不离床”的原因。

如果天下的子女都懂得这个道理，就不会认同“久病床前无孝子”，更不会对生病的父母不闻不问，而是想着如何尽心尽力服侍父母，送父母最后一程，不让“子欲养而亲不待”的遗憾在自己身上上演。

我们不但要自己落实这句教诲，也要常常把一些感人的孝子故事讲给孩子听，久而久之，孩子的孝心便会被激发出来，从而用行动表达对我们的孝敬。

丧三年，常悲咽，居处变，酒肉绝。

与其做到“丧三年，常悲咽”，不如做到“昼夜侍，不离床”。

当今社会，很多人往往对“丧三年，常悲咽”的感受深于“昼夜侍，不离床”，因为他们在父母在世时，没有尽力照顾和侍奉父母，等父母去世，自己根本没机会再尽孝了，才念及父母的恩德，才后悔当初没有好好对待父母。

一位官员在父亲在世时，认为父亲在分割财产的问题上不公平，于是对父亲心存记恨。父亲得了尿毒症，在床上躺了两年，这位官员居然一次都没探望过父亲。直到得知父亲去世的消息，他对父亲的恨意才消失，并感到深深的惭愧。于是，他动用自己的人脉、钱财、权力等所有力量为父亲操办了一场声势浩大的葬礼，以平他的惭愧之心。但是，这就对得起已经去世的父亲了吗？仅仅是让这位官员自己在心理上有一点自我安慰罢了。

另有一个家庭，两个女儿觉得母亲未把财产分给她们，就偏执地认为谁得财产谁就有孝养母亲的责任。于是，母亲住院期间，她们毫不客气地对得到财产的大姐说：“陪护本来就是你的本分，让我们分担什么？”等到母亲去世，两个女儿哭得死去活来，大姐却默默流泪。殊不知，不是谁哭得大声谁就是孝子！

类似的例子，在当今社会是不是比比皆是？在病床上期盼儿女的父母是不是也越来越多？人间悲剧啊！还有什么比这个更凄惨的？若是这些子女学过《弟子规》，就不会把分得的财产与自己尽孝的责任等同，更不会等父母去世了才后悔。

子女在父母去世后哭声再大、祭祀得再丰厚，又有什么用呢？正如欧阳修《泷冈阡表》中其父祭祀祖先所说：“祭而丰，不如养之薄也。”祭祀得再好，也不如在父母生前好好奉养。即使经济条件差一点也没什么关系，老人没有太多的奢求，只要吃平常的饭菜，穿普通的衣服，日常生活照料得周到，过得和乐幸福就足矣。所以，我们做父母的，首先要给孩子做榜样，免得孩子长大了对我们不好，还理直气壮地说：“我只是用你对待爷爷的方式对待你。”

告诉孩子，要用真诚的哀悼表达对父母的敬重与思念。

这句“丧三年，常悲咽，居处变，酒肉绝”的字面意思是，父母去世后的前三年，孩子要常常感到悲伤；在守丧期间，子女的生活起居要有所改变，不能贪图享受，整天吃大鱼大肉，好像毫无悲痛可言的样子。

的确是这样，父母去世后，孩子应该从内心表达出对父母的感怀与思念。当然，表达的方式不是统一的，但为什么古人要守孝三年，而且三年期间要常怀念父母呢?

《论语》里记载，孔子有个学生对守孝三年提出了质疑，他认为这个时间太长了。而孔子告诉他，一个孩子从出生到真正学会走路、真正离开父母到处走之前，父母要把他在怀里抱三年。在三年里，生活起居都完全靠父母照顾，父母的辛苦可想而知，这还不算母亲怀胎十月的辛苦。所以，父母过世，孩子守三年孝，是天经地义的事，也是为人子的本分。

其实，孩子对父母的思念绝不仅是三年，而是一生。但如果孩子过度悲哀，往往会影响自己的身体健康和正常的工作与生活，那也不是父母所希望的。正如《孝经·丧亲》所云：“三日而食，教民无以死伤生。”就是父母去世三天后，子女就要吃东西，不要因悲哀而损伤了身体。因此，孩子要领会“丧三年，常悲咽”的思想精髓，并不是这三年一直要哭哭啼啼，而是要时常感念父母的恩德，不忘父母的教诲，把父母留下的家风、德风传下来，才不愧对父母的养育之恩。

有一次，我面试一位应聘者。这位应聘者是一位年轻的母亲。她听别人说用《弟子规》教孩子不错，就买了一本“儿童易解版”的《弟子规》给 3 岁的孩子读。因为她自己也不知道《弟子规》在讲些什么，文言也读不太懂，于是就看“易解”，结果看到“丧三年，常悲咽”这句解释：父母去世三年，要经常伤心哭泣。这位年轻的母亲看不下去了，认为《弟子规》是糟粕，坚决不给孩子读了。从那以后，她对这本小册子排斥得不得了。

当时，我就告诉她，“丧三年，常悲咽”绝不是字面理解的这个意思，而是有深刻内涵的。在今天，我们应该学习其中的精髓，领悟其中的精神，而不是学表面的形式，更不能因为这样一个简单的“易解”而全盘否定《弟子规》。经过沟通，她明白了，原来她自己看到的、认为的，其实还是表面的东西。

这也是我为什么要把《弟子规》这本小册子跟家庭教育联系起来的原因之一。我希望能有更多的父母认识到这本小册子的真正价值，而不是被表面的字义所误导，甚至因此而排斥它。否则，将会错过一部绝佳的、真正有价值的人生智慧宝典。

好，再说回来。“居处变，酒肉绝”也是对父母哀思的表达。在古代，人们大都在遇到高兴的事情时用饮酒食肉的方式作为庆贺。所以，遇到父母离世这种令人悲哀的事情，就不再喝酒，不再吃肉。在今天，这句教诲当然可以变通，但是一个有孝心的孩子会因父母离开而悲哀，是不可能有心情整日歌舞升平、饮酒食肉、尽情享乐的。因此，“居处变，酒肉绝”不是谁规定要如此对父母表达哀思，而是一个孝子自然而然的表现。

因此，只有借助《弟子规》开启孩子的孝心，他才能自然而然地落实这句教诲。

丧尽礼，祭尽诚，事死者，如事生。

父母去世，子女应该如何办丧礼呢？

“丧尽礼，祭尽诚”就是告诉孩子：操办父母的丧事要尽力做到合乎礼节；祭祀父母或祖宗时，要用百分之百的诚心。父母去世后，孩子已无法通过照顾其衣、食、住、行来尽孝了，只能通过举办合乎礼节的葬礼来表达孝心，所以葬礼和祭祀都是子女对父母表达孝心的体现。

而葬礼中往往有各种细致而烦琐的仪式，为人子女者不可小看那些仪式，每一个仪式的举行都有深刻的含义，其中包含着子女对父母的敬重和无尽的哀思。所以，操办丧事绝不可马虎大意，要按着风俗或父母的遗愿操办，使葬礼办得妥妥当当，合乎礼节。

当然，我们要让孩子知道，葬礼不是用来炫耀权势、金钱和地位的平台，不是做出来给别人看的，更不要搞得声势浩大、铺张浪费。如果父母生前非常节俭，一定不希望自己的丧事如此奢华。所以，子女只要按着程序，尽心尽力地操办，表达出自己的一片哀思就可以了。最重要的是秉承父母之志，使父母的高尚品质因孩子的存在而发扬光大。

当然，对于办丧事，我们不可能给孩子介绍得很详细，但是我们可以带他去参加亲人、朋友的葬礼，让他从葬礼中体会生命的意义，从逝者的子女身上体会“子欲养而亲不待”的遗憾，从而更加明白“祭而丰，不如养之薄”的道理。

让孩子对祖先有所了解，以激发对祖先的感恩之心和敬仰之情。

《朱子治家格言》中说：“祖宗虽远，祭祀不可不诚。”祖宗虽然已经过世，但他们的德行还庇荫着世代子孙。为此，子孙应该对祖宗怀有一份感恩，为了表达对祖宗的感恩、敬仰和缅怀，子孙当然要用祭祀的方式表示心意。

在《论语·学而》中，曾子也说道：“慎终追远，民德归厚矣。”意思是说，人们如果谨慎地对待父母死亡，追念故去的祖先，那么人们就自然会归于忠厚老实，民风也会变得淳朴。由此可见，祭祀这件事是非常重要的。

然而，当今社会的孩子可能对“祖宗”这个概念不是很清楚，他们似乎不认为祖宗和他有什么关系，所以即使参加祭祀，也很难发自至诚之心。因此，我们要常常把已逝祖先的生平事迹（特别是善行善举）讲给孩子听，即使我们不知道关于祖先的事迹，也要告诉孩子："我们身上留着祖先一代一代传承下来的基因，我们不可以对祖先不敬。没有祖先，就没有我们。祖先赋予我们生命的恩德都报答不完啊!"

这样，孩子不但会对祖宗充满敬意，也会懂得传承祖宗的志向，不做出令祖宗蒙羞的事情。当孩子对祖宗有所了解、内心充满崇敬和感恩时，就自然会用一颗真诚的心参加祭祀。

另外，我们操办祭祀的仪式时，孩子就在学习。所以，祭祀的过程无须太复杂，但是态度要认真、诚敬，气氛要庄严肃穆，不可嘻哈打闹，否则祭祀只是一种仪式，毫无意义可言。

用心领会"事死者，如事生"的深刻含义。

一位儿子每到母亲的祭日时，都要做母亲生前最爱吃的饺子，还要陪母亲喝点儿红酒。他的母亲是否真的能吃到饺子、喝到红酒，我们不得而知。但是，他侍奉母亲的态度，与母亲生前没有丝毫差别，这就是"事死者，如事生"的含义。

当然，这句教诲不仅指的是孩子对父母在衣食上的侍奉，更是志向上的遵从。比如，父母希望孩子学会勤俭持家，父母生前，孩子做得不错，父母去世后，孩子觉得这下可没人约束了，可以过享乐奢靡的日子了，那就完全违背了父母的意愿，也就违背了"事死者，如事生"的教诲。

而一个真正领会这句教诲的孩子，在做任何事情之前，都会想想：如果父母在世，他们愿不愿意我这样做？他们希望我怎么做？想过之后，孩子就不会做出令父母难过、担心、蒙羞的事情了。如此一来，才是真正做到了"事死者，如事生"。

教育小语

对于如何认真、谨慎地照顾生病的父母，如何尽心竭力地操办父母的丧事，如何庄严肃穆地祭祀祖宗等事情，我们很难用语言去教导孩子。因此，我们做父母的就要用身教的力量让孩子懂得这些道理，并使他进一步理解孝道的深刻含义。

本章后记

德行是做人的根本，而孝又是德行的根本。由此可知，培养孩子的孝心就是为他奠定最根本的德行基础，也是为他奠定最根本的做人基础。

我们首先要从日常应对开始教起。比如，当父母呼唤他的时候，嘱咐他做事情的时候，教导他的时候，甚至责备他的时候，他都应该以恭敬的态度应对。

其次，孩子要懂得体贴父母，知道体察父母的冷暖和饥饱，并给予最真切的关怀。孩子出门前或回家后，都要主动向父母打招呼，让父母安心。而且，孩子做任何事情都要谨慎，不做有损于自己身心健康、有损于德行的事，否则父母会伤心，会让父母蒙羞。总之，做子女的不应做让父母担心、难过、焦虑的事情，要以让父母放心、安心为做事原则。

当然，父母也不是完美的人，也有出错、犯错的时候。一个有孝心的孩子不会看到父母有过失而不管。所以，他应该学会在合适的时机和场合柔声细语地劝谏父母，以养父母之德。

如果父母生病了，孩子一定要尽心尽力地照顾、服侍，不让“子欲养而亲不待”的遗憾上演。最后，孩子要懂得行好治丧的礼节，用一颗恭敬的心缅怀亲人长辈。

其实，教孩子尽孝，我们自己更要努力落实孝道，孩子会从我们的言行中学会孝敬父母，由此打好做人的道德基础。

第三章

出则悌——教孩子学会与兄弟姐妹相处的礼节，以及和长辈在一起的规矩

孝道是善事父母，也就是父子之间的爱；悌道是善事兄长，也就是兄弟之间的爱。可以说，孝悌是爱的教育，而悌道又是孝道的延伸。“悌”是形声、会意字，从心、从弟，本义为“善兄弟”。出则悌，是说要用悌道对待兄弟姐妹和长辈。

《孝经》中讲道：“教民亲爱，莫善于孝；教民礼顺，莫善于悌。”意思是说，教导人民爱他人，没有比教孝更有效的了；教导人民尊敬他人，有节有度，没有比教悌更有效的了。可见，对于一个人来说，落实悌道也是非常重要的。而且，悌道包含了礼节的教诲。这就需要我们教孩子学会与兄弟姐妹相处的礼节。同时，教孩子对待长辈应懂得礼让，不论吃饭还是坐立行走。

第一节

引导孩子有智慧地与兄弟姐妹、同学相处，轻财忍言

宋朝的一位哲人曾写过一阕词："同气连枝各自荣，些些言语莫伤情。一回相见一回老，能得几时为弟兄。弟兄同居忍便安，莫因毫末起争端。眼前生子又兄弟，留与儿孙作样看。"这首描述兄弟情谊的词值得我们细细品味。我们不仅要给孩子做出兄友弟恭的好样子，还要教导孩子与兄弟姐妹、同学和睦相处，相互敬爱，不要因财、物而伤了手足之情。

兄道友，弟道恭。

兄弟姐妹是同气连枝，是陪伴我们一生走过最长路的亲人。

在家庭中，除了我们的父母之外，兄弟姐妹就是我们最亲的人了。兄弟姐

妹就好像是同一棵大树延伸出来的树枝一样，其实都是一体的。而且，与兄弟姐妹相处的时间，往往比与父母相处的时间还要长。因为我们与父母的年龄相差一段很长的时间，但是与兄弟姐妹年龄相仿，相处的时间几乎是从小一直到老。

我们常说："在家靠父母，出外靠朋友。"其实，朋友就是兄弟姐妹。而且，我们总有一天要离开自己的孩子，而陪伴在孩子身边的只有他的兄弟姐妹。可以说，兄弟姐妹是陪伴孩子一生走过最长路的亲人，正所谓"手足之情，既长且久"。所以，我们一定要教导孩子"兄道友，弟道恭"，让他成为一个受人欢迎的人，让他有一个幸福美满的人生。

兄弟姐妹之间要长爱幼，幼敬长，要相互友爱，相互恭敬。

"兄道友，弟道恭"中，"道"即相处之道，"友"即友爱，"恭"即恭敬。这句话大概的意思是说，做哥哥（姐姐）的要友爱自己的弟弟（妹妹），这样做才符合为兄（姐）之道；做弟弟（妹妹）的要恭敬自己的哥哥（姐姐），这样做才符合为弟（妹）之道。可以说，"兄道友，弟道恭"就是爱的具体表现。

"兄道友"中的"友"是一个智慧的符号，就好比是两只手叠加在一起，意味着团结的意思。两只手合在一起，力量就大了，正如俗话说的"兄弟同心，其利断金"、"团结就是力量"。因此，我们要教导孩子，无论在哪里，都要跟自己的兄弟姐妹团结在一起，心往一处凑，劲儿往一处使。

如今，大多数孩子都是独生子女，应该如何教他们做到兄友弟恭呢？

今天，绝大部分的家庭只有一个孩子，孩子在家庭中没有兄弟姐妹，又该如何教他做到"兄友弟恭"呢？其实，无论是多么大的孩子，他都不会离开集体而独立生活，他会跟堂兄弟姐妹和表兄弟姐妹相处，也会跟学校的同学、朋友相处，还会跟小区里同龄的孩子相处，等等。所以，在生活中，我们应该多带孩子与同龄人相处，在点点滴滴中传递给他与这些同龄人的相处之道。

首先，我们要灌输给孩子这样一个观念：只要是与自己年龄相仿的人，都是自己的兄弟姐妹。因为，我看到很多这样的现象：当孩子们聚在一起玩的时候，往往没有长幼观念，都是直呼其名。这样很容易让孩子养成傲慢、目中无人的坏习惯，不利于培养他的恭敬心。

所以，当我们带孩子与小区的小朋友玩时，要先询问一下其他小朋友的年龄，再与自己的孩子比较，比他年龄大的，我们就要让他叫“哥哥”、“姐姐”；比他年龄小的，我们就要让他叫“弟弟”、“妹妹”。这样一来，我们就在孩子心中种下了“长幼有序”的种子。当孩子进入学校之后，他就会根据这样的方法，把同学的年龄与自己的年龄比较，也就有了“学长”、“学姐”、“学弟”、“学妹”之分。

然后，我们要教孩子有智慧地与兄弟姐妹相处。我们要时刻提醒孩子，作为哥哥姐姐，要懂得友爱弟弟妹妹。在生活上，要多关心和照顾弟弟妹妹的生活起居；在学习上，要多帮助和辅导弟弟妹妹的功课。作为弟弟妹妹，要懂得恭敬哥哥姐姐，由于他们的经验丰富，要多听他们的安排和指导，而不应蛮横无理地顶撞他们。

当孩子与兄弟姐妹相处的时候，我们要善于观察他的一举一动，看他有没有做到兄友弟恭。如果做到了，我们则要及时给予鼓励与肯定，让他明白自己的这种行为是对的，他就会做得更好。如果没有做到，我们则要及时提醒他，让他明白自己哪里做错了，应该如何去做，但要注意提醒的场合和态度，尽量不要在大庭广众之下批评孩子，最好是心平气和地在私底下提醒他，不要引起他的反感情绪，而是要让他从内心里接受我们的教诲。

如果孩子从小懂得了与兄弟姐妹的相处之道，也落实到了日常生活中，他的恭敬心、爱心就会油然而生。那么，无论孩子将来进入哪一个集体，我们都不用为他担心、操心，他一定能与周围人和睦相处，互敬互爱，自然也会深得周围人的欢迎和喜爱。所以，从小就教导孩子做到“兄友弟恭”是非常重要的。

另外，还有一个最重要的原则，就是我们要教孩子做到“兄友弟恭”，我们首先要做到“兄友弟恭”，正如我上面提到的那首词中讲到的“眼前生子又兄弟，留与儿孙作样看”。无论我们是与亲兄弟姐妹相处，还是与朋友、同事相处，都要做到“兄友弟恭”。这不只是为了给孩子做个好样子，更是做人的根本。

平日里，我们要多注意自己的言行举止，有没有恭敬、友爱兄弟姐妹，不要与兄弟姐妹斤斤计较，不要在孩子面前说兄弟姐妹的坏话。相反，我们要恭敬、友爱兄弟姐妹，要多说兄弟姐妹的好话。当我们真正用自己的言行做榜样时，在潜移默化的影响下，孩子自然就会懂得如何与兄弟姐妹相处了。

当然，也不要当着孩子的面说同事、朋友的不好，以免给孩子留下不好的印象。

兄弟睦，孝在中。

懂得平等相待，才能兄弟和睦。对父母的孝心也包含在其中。

兄弟姐妹之间和睦相处，父母内心就会感到宽心，自然很高兴，这就是在尽孝。试想一下，如果我们经常和兄弟姐妹吵架，总让父母在中间为难，让父母为我们操心，我们还算是孝子吗？前面已经讲到了“亲所好，力为具；亲所恶，谨为去”。父母希望我们兄弟姐妹之间和睦相处，我们就应该努力做好，让父母满意，这才是孝子应该做的事情。

《大学》中有一句话：“宜兄宜弟，而后可以教国人。”就是说，兄弟之间和睦相处，就能教化全国的人和睦相处。可见，兄弟姐妹和睦相处，家庭就能和睦，社会也就安定了。

兄弟姐妹和睦是结果，原因是什么呢？原因是平等相待，只有平等相待，才能赢得和睦。我认为，这里的平等相待包含两方面的内容：

其一是父母对子女要平等相待。如果父母偏心，喜欢这个孩子，不喜欢那个孩子，那么孩子的内心必然会不平，不平就会产生纠纷。无论是在自己的孩子之间，还是在自己的孩子与同龄的小朋友之间，我们都要尽量做到平等对待，让他们感受到公平，这样他们的内心就会平衡，自然就会和睦相处了，正所谓“心平气和”。

其二是兄弟姐妹之间要平等相待。我认为，这是和睦相处的原则之一。比如，在一个集体中，如果某一个人做不到平等相待，喜欢挑拨离间，整个集体就会出现不和谐的音符，领导就会为此担心、操心。所以，我们要提醒孩子，无论是谁，都要平等以待，不要因为他人有钱有势就巴结，更不要因为他人没钱没势就瞧不起，正如《弟子规》后面讲到的“勿谄富，勿骄贫”。这样一来，孩子就能与周围人和睦相处了。

当孩子与兄弟姐妹有摩擦的时候，我们首先要用这句“兄弟睦，孝在中”提醒孩子，并告诉孩子，与兄弟姐妹和睦相处就是在尽孝。然后，我们要教导孩子从自身找原因，让他对照《弟子规》看自己是否做到了“兄友弟恭”。但凡一个有孝心的孩子，都会马上找到自身的原因，然后请求兄弟姐妹的原谅，与兄弟姐妹和解。

“睦”，除了兄弟姐妹要和睦之外，还包含了人与人之间要和睦。

其实，父母最担忧我们的，不是我们能挣多少钱，而是我们的生活是否幸福和乐。所以，在一个家庭中，“睦”是非常重要的。夫妻和睦，才能带给双方的父母安慰，带给子女幸福；兄弟姐妹和睦，才能让父母高兴。推广开来说，我们周围所有人都应该和睦相处。

然而，我发现，如今很多夫妻都闹得不可开交。夫妻不和睦，会给双方父母带来很大的担忧。而且，夫妻两人不和睦，将会带给孩子最大的伤害，使他无法接受良好的家庭教育，又谈何教导他“兄弟睦”呢？

夫妻不和睦，对父母是不孝的表现，对子女是不负责任的表现。所以，我们做父母的，既然选择了成家，就要把这个家经营好，夫妻两人就要和睦相处，懂得彼此包容、尊重，上孝父母，下教子女。

而且，我们把家庭经营好，夫妻两人和睦相处，就会给孩子营造一种幸福和乐的家庭氛围。孩子在这样一种家庭氛围中长大，他的身心便是健康、和谐的。在我们和谐相处的影响下，孩子自然就学会了与周围人和睦相处。

财物轻，怨何生？

与钱财比起来，兄弟姐妹的情谊更重要。

我们看“财物轻，怨何生”这句话。这个“怨”从哪里来的？从“财物”上面来的。如果我们把钱财和物品看得太重，就会你争我抢，自然就会产生怨。相反，如果我们都把钱财和物品看得轻一些，不要你争我抢，哪里又会产生怨呢？

当今社会，很多兄弟姐妹在父母百年之后，不是想着和睦相处，让父母在九泉之下安心，而是想尽方法争夺家产，甚至为了家产而大打出手，导致反目成仇，上法庭，打官司，真是让人可悲可叹啊！

《朱子治家格言》说：“居家戒争讼，讼则终凶。”也就是说，一家人切忌打官司，只要打官司，最终的结果一定是不吉祥的，会败家，甚至是家破人亡。

当兄弟姐妹为了家产而争夺的时候，他们就忘记了孝敬父母，忘记了友爱兄弟姐妹。实际上，这是重财轻义的表现。所以，我们要时刻灌输给孩子这样一种思想：兄弟姐妹之间的情谊是非常重要的，千万不能因为财物而伤害了。

钱财是伴随孩子一生的资源，如何灌输给孩子正确的金钱观呢？

钱财本是身外之物，生不带来，死不带去。如果我们把一生的奋斗目标定位在钱财上，那么，我们一生将会为钱财而到处奔波，就变成了钱财的奴隶，会活得很累、很辛苦。相反，如果我们把钱财看得很轻，具有驾驭钱财的能力，就会避免因为追逐钱财而产生怨恨，就会获得快乐。

古人常把财比喻成水，因为水是流动的，而且流动的水能保持清澈、畅通。如果把财占为己有，就会变成一潭死水，将来就会发臭。那么，把财占为己有又有什么意义呢？

《大学》讲道："是故财聚则民散，财散则民聚。"当我们把钱财紧紧攥在自己的手里时，就会失去他人的支持；当我们把钱财捐给有需要的人时，我们就能凝聚力量，获得支持，因为我们赢得了人心。有人曾说："一个人最大的耻辱就是在巨富中死去。"所以，钱财要用到当处，花在该花的地方，千万别死攥在手里。

在平日里，我们要把正确的金钱观灌输给孩子：金钱不是人们唯一的追求目标；金钱不是万能的；生活在富裕的家庭中要懂得知足，要把多余的钱用到有意义的地方，帮助社会上贫困的人渡过难关。比如，我们可以带孩子参加一些慈善活动，给灾区捐款捐物，给贫困山区的孩子捐书本，等等。当我们这样做的时候，孩子的正确金钱观就形成了，他自然就不会把钱财占为己有。而且，他自然就会把钱财看得很轻，那么"怨"自然就无从生起。

孩子懂得了这些，他又有什么好计较的呢？对于自己的兄弟姐妹，谦让一些钱财，又能怎样呢？难道还不应该吗？

推广开来，我们还要引导孩子学会与人分享。

"财物轻"中的"财物"包括金钱和物品。对于孩子而言，我们更要教他学会与人分享自己的物品。《孟子》中讲道：“‘独乐乐，与人乐乐，孰乐?’曰：‘不若与人。’”大概的意思是说，一个人欣赏音乐所获得的快乐，不如和大家一起欣赏音乐快乐。简而言之，就是告诉人们要懂得分享。

然而，对于如今的独生子女而言，家里好吃的、好玩的都是他一个人的。他长期生活在这样的环境中，就会慢慢习惯于独占一切，独享的意识和自私的心理就会不断滋生。所以，我们一定要引导孩子学会与人分享。

我们要纠正孩子的一种观念：与人分享就意味着失去。我们可以这样对孩子说：“分享并不是一种失去，而是一种获得。如果你不愿意与人分享，你的快乐就没有人与你分享，你的忧愁就没有人与你分担，他人也不会主动与你分享。如果你愿意主动与人分享，你就会吸引很多的兄弟姐妹，受到他们的欢迎和喜爱，他们也愿意与你分享。”

在平日里，我们应该让孩子走出去，让他在集体中学会与人分享。当孩子与兄弟姐妹、同学、朋友相处时，我们要引导他把自己的玩具、食物、学习用品等物品分享给大家。当孩子把自己的物品分享给大家时，他就能体会到分享所带来的那份快乐。这样，他就能理解分享的意义，使自己成为一个乐于分享的人。

人最高的理想境界是提升自己的德行，而不是追求物质的享受。

我们都知道，古人非常重视家庭教育。古人有家道有家风，家业的传承是一代接着一代的。历史上有很多传承千年的家道，如前面提到的孔子的家族绵延2500多年而不衰。范仲淹的家族绵延1000年而不衰，这足以成为后人称赞的典范。我们还从没有看到过物质富有而没有德行的人可以让家族绵延几百年甚至几千年而不衰，可以成为后人称赞的典范。

孔子的家族、范仲淹的家族之所以能经久不衰，是因为他们重视德行教育，教导后代子孙做有德行的人，而不是让后代子孙去追求物质的享受，追求财产的富足。我们要想让自己的家族绵延不衰，就要重视德行的教育，把孝悌的家风一代代传承下去。同时，我们要告诉孩子：一个人最高的理想境界是提升自己的德行，而不是追求那些所谓的物质享受。

言语忍，忿自泯。

人与人最简便的交流方式是言语，说话的艺术是一门相当高的学问。

人与人之间的沟通，离不开言语，而言语也是最简便、使用频率最高的沟通方式之一。前面已经提到了，孔门四科包括——德行、言语、政事、文学，言语仅次于德行。这足以见得言语的重要性。

我们应该都有这样的体会：同样要表达一个意思，甚至同样一句话，不同的人说出来的感觉是不一样的。之所以会这样，是因为每个人的态度、语气、语调是不一样的。前面提到的“怡吾色，柔吾声”，就是在告诫人们：说话的态度要诚恳，声音要柔和，并且要和颜悦色。如果孩子“怡吾色，柔吾声”地与他人交谈，相信一定会带给他人一种很舒服的感觉，又怎么会发生不必要的矛盾和冲突呢？

忍一时风平浪静，退一步海阔天空。

“言语忍，忿自泯”中，“忿”即生气、愤怒，“泯”即消失。整句的意思是说：彼此的言语包容忍让，生气、愤怒自然就会消失了。其实，兄弟姐妹之间的纷争，很多时候都来自于一些琐碎的小事，结果争到最后变成了陌生人，甚至是仇人。相信谁也不愿意走到这样的境地，但是纠纷的事情摆在面前的时候，心中的怒火就控制不住了。

我们都知道，在沟通的过程中，人们都希望对方多说好话。那么，当我们说话时，就要特别注意：不能因为是自己的兄弟姐妹就大声呵斥。这样会使矛盾无中生有，小问题变成大问题，正如《论语》中讲到的“小不忍则乱大谋”。所以言语不可不慎。

因此，无论遇到什么事情，我们都要引导孩子多说好话，不说坏话，忍住气话。即使对方做得很过分，言语非常激烈，也要忍一忍，往后退一步。这样，彼此的怨恨就不会产生了，正所谓“忍一时风平浪静”、“退一步海阔天空”。

如何教导孩子做到“言语忍”呢？

试想一下，如果我们说话非常柔和，态度很诚恳，对方还好意思冲我们发火吗？但凡一个有修养的人，即使他有一肚子的火气，面对一个态度诚恳、语气柔和的人，也不好意思发泄自己的怒气。我想，这就是我们要教孩子做到“言语忍”的原因之一吧！那么，我们应该如何教导孩子做到“言语忍”呢？

首先，我们自己要做到“言语忍”。我们在平日里也都看到了，夫妻之间发生口角的现象非常普遍，可能很少有一辈子没有吵过架的夫妻。其实，大多数的口角都是因为言语不能容忍，结果伤了对方的心。更可怕的是，这一切都被喜欢模仿、没有是非判断能力的孩子看在眼里、记在心中。

作为父母，我们在家里的言行举止，讲话的态度、语气，都要特别注意。尽量不要在孩子面前发生口角，即使真的发生了令人无法忍受的事情，也要克制自己，先忍一忍，然后在私底下解决。这样一来，孩子就会觉得自己生活在一个和睦的家庭环境中，就会学着父母的样子与他人和睦相处，自然就不会有争执。

其次，在生活的细节中，我们也要引导孩子做到“言语忍”。比如我们要时刻提醒孩子，在与兄弟姐妹、同学、朋友交流时，不能说不礼貌的话、埋怨的话、生气的话，要多说好听的话、鼓励的话、忍让的话。如果他人的话语伤害到了孩子，我们则要劝导孩子，不要以恶言恶语回击，而是先忍一忍；不轻易指责他人，而是先反省一下自己，是不是哪里做得不好、说了不好听的话，才引起他人说出伤人的话。然后，我们要引导孩子等对方的情绪平稳之后，找机会交谈一下，请求对方的原谅。

有句话说："掌控情绪，才能掌控未来。"这是非常有道理的。我们也应该把这句话教给孩子，让他学会控制自己的情绪，从而掌控自己的未来。

教育小语

一个人如何与兄弟姐妹相处是个大问题。当然，兄弟姐妹包括所有与自己同龄的人。兄弟姐妹之间相互友爱、相互尊重，做父母的就会安心。兄弟姐妹之间能够看轻财物，就不会为了争夺财物而产生怨恨。兄弟姐妹之间懂得忍让、包容，就不会产生矛盾、冲突。这不仅需要我们以身作则，还需要我们教导孩子在生活中落实。

第二节

让孩子从小就懂得“长幼有序”，为长辈做力所能及的事

前面已经提到，要在孩子心中种下“长幼有序”的种子，培养他“长幼有序”的意识。在这一节中，我们不仅要让孩子懂得“长幼有序”，还要引导他为长辈做一些力所能及的事情，从而让孩子拥有谦虚、恭敬的人生态度，让孩子具备尊老爱幼的传统美德。

或饮食，或坐走，长者先，幼者后。

为什么一定要遵循“长幼有序”呢？

《大学》中讲道：“物有本末，事有终始。知所先后，则近道矣。”一个人必须懂得什么是本，什么是末，什么是先，什么是后，这种有条不紊的秩序就近于“道”。事实上，“道”就是大自然运行的法则。我们都要按照这个法则做

事，才不会有所偏差。

天地万物的运行都是有一定的次序、规律的，比如，木星要走木星的轨道，它不会走到火星的轨道上去。如果打乱这个次序、规律，就会导致混乱。

同样的道理，如果在今天这个社会没有遵循“长幼有序”这个“道”，那么长幼的次序就会变得混乱，父母将不是父母，孩子将不是孩子。就像前段时间某电视台播出的一档谈话节目一样，谈话的主题竟然是“我给儿子当孙子”。节目中，儿子变成了“爹”，而真正的“爹”却变成了儿子的“孙子”，这是多么可悲、可叹而又无奈的事啊！

所以，我们一定要教育孩子，在日常生活中学会遵循“长幼有序”这一礼节，不要做违背“自然法则”的事情。

“长者先，幼者后”是为了让孩子拥有谦虚、恭敬的人生态度。

很多父母都有这样的观念：孩子还小，所以优先照顾他，处处以他为中心。我们回忆一下，孩子与爷爷奶奶、爸爸妈妈一起吃饭的时候，做父母的会把第一口菜夹给谁？是父母，还是孩子？一般来说，父母都会把第一口菜夹给孩子，而爷爷奶奶也不甘示弱，争着给孙辈们夹菜。

这样的情景经常会发生在我们的生活中，这个夹菜的先后次序将决定我们教育的成败。为什么这样说呢？因为当我们把第一口菜夹给孩子时，这个先后的次序就颠倒了。

一旦颠倒了先后次序，就不符合礼仪，不符合教育的规律。因为孩子会认为，在家里，我就是最大的，我可以为所欲为，所有的人都要为我服务。这样，我们就给孩子种下了傲慢、无礼、以自我为中心的人生态度。如果我们一直这样溺爱自己的孩子，孩子就会很傲慢、没有礼貌、不能礼让他人，自然也不会拥有良好的人际关系。

良好的生活习惯要从小培养。所以，我们一定要引导孩子落实“或饮食，或坐走，长者先，幼者后”。不论是饮食，还是坐立行走，一定要遵循“长幼有序”的礼节，让年长者优先，年幼者在后。虽然这个礼节只是生活中的一个小细节，但是它却决定了孩子是否拥有谦虚、恭敬的人生态度。

如何教导孩子落实“或饮食，或坐走，长者先，幼者后”?

当我们买了好吃的东西时，首先要想到自己的父母，可以亲手拿给父母吃，也可以让孩子拿给爷爷奶奶、姥姥姥爷吃。这样一来，在吃东西的时候，孩子就会先想到长辈，会请长辈先吃，然后再自己吃。

当我们吃饭的时候，要把好吃的饭菜端到靠近父母的地方，要先请长辈入座，把第一口菜夹给长辈。这样，孩子就会效仿我们的行为，学着给长辈夹菜，而不是迫不及待地吃自己喜欢的食物。

另外，我们也要让孩子知道，主位是正对着门的位置，无论是在什么场合，都要把主位让给年高、德高、位高的人坐。因为当他们坐在主位时，就可以掌握整个场合的状况，以便招呼所有的人。

如今，我们经常在马路上看到这样的场景：孩子蹦蹦跳跳地走在前面，爷爷奶奶在后面帮孙辈们背着书包，缓慢地跟在后面。这样的行为是颠倒的，我们一定要纠正。当孩子与爷爷奶奶一起外出时，我们要引导孩子把爷爷奶奶照顾好，可以走在他们的旁边，搀扶着他们缓步而行，不可以自己走得很快，把爷爷奶奶抛在后面。

当我们和孩子一起乘坐公交车或地铁时，要引领孩子主动往里走，以免堵在门口妨碍了后面的乘客上车。在乘车的过程中，遇到老年人、孕妇、带小孩儿的特殊人群，我们要引导孩子主动让座。

孩子在落实这些行为的过程中，谦虚、恭敬的人生态度就会越来越扎实。这样，当孩子将来走上社会之后，也一定会具备彬彬有礼、谦谦君子的风范，懂得恭敬身边的每一个人。如此，他的人生、事业就一定会越来越顺利。

凡事都要懂得变通，并不是事事都要死板地遵循“长者先，幼者后”。

我曾经听一位朋友讲，他经常去各地参观访问，有时候，接待他的人会非常恭敬地说：“您先请。”但是，面对一个陌生的环境，他根本不知道前面是什么情况，应该往哪边走，应该坐在哪里。

其实，面对不同的情况，我们应该懂得变通，长者不一定在任何场合都要最先。有时候，我们也需要先做一个引导。比如，进门的时候，我们就需要先长辈一步把门打开，然后请长辈进来，如果这时候也要死板地“长者先”，就变成了长辈为晚辈开门，显然就不妥了。

所以，我们要教给孩子具体的方法。比如：当与长辈一起进出房门、车门、电梯门时，要先上前几步，帮着开门、打开车门、按住电梯开关，请长辈进入或走出；如果长辈是第一次来到一个地方，就需要走在长辈前面，给长辈带路；如果前面的路不好走或非常黑暗，就要先长辈一步，探一下路，在确定安全的情况下，再请长辈走。

另外，对于年龄较小的孩子，让他走在我们的后面可能会发生危险，那我们就应该让他走在我们的旁边；让他按着电梯的门请我们先走可能会有危险，那我们就应该让他先走。总之，我们学习《弟子规》绝对不能学呆了，要视情况的不同而灵活应对。

长呼人，即代叫，人不在，己即到。

当长辈呼唤其他人的时候，我们一定要代为传唤。

“呼”当呼唤讲，“即”当立刻讲。当长辈有事呼唤人的时候，我们应该立刻代为传唤；如果被叫人不在的话，我们要赶快向长辈报告，说此人现在不在，可以主动询问一下，看看有没有什么需要代劳的地方，能代劳就代劳，不能代劳就代为转告。这一连串的行动，体现了我们恭敬长辈、服务长辈的一种态度。

在古代，一户家宅很大，有前厅还有后院，长辈所居住的房间可能与孩子所居住的地方相距较远。如果长辈想要找人，可能要走一段路，才能找到那个人。所以，在那时候，如果有人听到长辈的呼唤，一定会立刻代长辈来传达，把被叫人找来。如果被叫人当时不在，就会马上回报长辈，看看有什么吩咐。也就是说，凡是长辈交代我们去做的，我们都要立即去做，而且要把做的情形回报给长辈。

然而，现实状况却令人担忧。我们在学习“父母呼，应勿缓”中已经讲过了，现实状况是，父母呼唤孩子，孩子不马上答应，甚至会回应“干吗”。对于这样的孩子，他又怎么会代父母去传唤其他人呢?

孩子叫不动，是我们不愿意看到的结果。原因是什么呢? 原因是我们没有及早给孩子扎下“父母呼，应勿缓”、“长呼人，即代叫”的根基。所以，从孩子小时候开始，我们就要训练孩子随叫随到、随传随到。

我们要告诉孩子：无论在家庭、学校，还是任何一个集体中，当长辈呼唤某人时，都要立刻替长辈去传唤；如果被叫人不在，或者暂时不方便回应，则要马上走到长辈面前说明情况。孩子可以这样说：“爸爸，他现在不在（或者是他现在不方便来到您身边）。请问有什么事情，我可以帮忙做吗?”能帮忙做的就要尽力去做，不能做的就要等被叫人回来或方便时，提醒他去找长辈。

有时候，孩子会接到找我们的电话，这时候，我们要引导孩子学会接听长辈的电话。比如，我们可以这样教孩子：接到电话后，要说：“您好，我是××，请问您是……您要找哪位?”如果对方说找妈妈，当妈妈在身边时，要说：“请稍等。”然后去找妈妈接听电话。当妈妈不在时，要说：“我妈妈现在不在，有什么需要转告的吗?”如果对方把转告给妈妈的话告诉了你，你就需要记下来，等到妈妈回来后，再转告给妈妈；如果对方希望等到妈妈回来再说，你就需要记下对方的电话，等妈妈回来后，提醒妈妈给对方回电话。

当孩子养成了这种恭敬长辈、服务长辈的习惯后，无论走到哪里，便都能常常恭敬他人，常常为他人服务，自然能得到他人的欢迎和喜爱。

除了等待长辈的呼唤之外，还需要主动体察长辈的需要。

在落实这句经典的过程中，除了等待长辈的呼唤之外，我们要多一份关怀，主动体察长辈的需要，进而替他们解决问题。平日里，我们要时常询问长辈的生活需求，看看有没有需要买的东西，有没有需要做的事情。如果与长辈生活在一起，我们要经常察言观色，如果长辈显得郁郁寡欢，或者显得没有精神，我们就要主动去询问一下，看看长辈是不是哪里不舒服，或者有什么心事，然后再根据长辈的具体情况，及时给予帮助。

当我们能做到时时关怀长辈，时时体察长辈的需要时，在无形中，孩子也会向我们学习，懂得关怀长辈，询问长辈的需要。当然，我们也可以把这些关照长辈的细节教给孩子，让他懂得如何去做。这样，当我们身体不舒服时，不用我们跟孩子说，孩子也会主动问我们哪里不舒服，并尽心尽力地照顾我们。

教育小语

在日常生活中，我们要遵循“长幼有序”的礼节，不做任何越礼的事情。无论遇到什么事情，都要根据具体情况，看看是否先礼让长辈，千万不要把《弟子规》里的教诲学死了，一定要应对自如。我们要长存恭敬长辈、服务长辈的心，当长辈需要我们帮忙的时候，一定要尽全力去做，让长辈满意。

第三节

对待长辈的礼节是一门学问，教孩子自如地应对

礼是发于人性之自然、合于人生之需的行为规范。很多经典都讲到了礼对一个人的重要性。比如《论语》说：“不学礼，无以立。”这六个字虽然简单，但是意义深刻。一个人不学礼仪、礼节，就难以有立身之地。这正是告诫我们要懂礼、学礼、行礼，做一个有礼的人。对于没有太多处世经验的孩子而言，我们要教给他如何与长辈有礼有节地相处。

称尊长，勿呼名。

让孩子对他人多一份礼敬，真的对他有益吗？

从称呼长辈这样一个细节中，就可以看出一个人是否尊敬长辈。“称尊长，勿呼名”中，“称”即称呼，“勿”即不可以，称呼长辈的时候，不可以直呼其

名。有的人可能会疑惑：孩子对他人多一份礼敬，会不会有失尊严？会不会受人欺负啊？

其实不然，孩子对他人多一份尊重，多一份礼敬，可以增加孩子的恭敬心，对他有无限的益处。因为当孩子懂得礼敬他人时，他人同样也会礼敬他，正如《孟子》讲的："爱人者，人恒爱之；敬人者，人恒敬之。"而且，如果孩子处处与人为善，就不会有人与他作对。那么，孩子就多了一个帮手，少了一个对手，他就可以借助周围人的力量成就自己的事业。

如何引导孩子在生活中落实"称尊长，勿呼名"？

平日里，我们是如何称呼周围人的呢？是不是彼此直呼其名，不懂得相互尊重呢？我知道，有很多夫妻在称呼对方的时候都是连名带姓，这样叫久了，家庭气氛就会变得冷淡。而且，孩子也会跟着学习，他可能也会在背地里偷偷地叫爸爸妈妈的名字。

有的夫妻在称呼对方的父母时，都是"你爸"、"你妈"，这也是不尊重长辈的一种表现，应该称呼"咱爸"、"咱妈"。

我们在与周围人相处的时候要特别注意，如果有孩子在旁边，我们更要注意自己的言行举止是否合礼。如果我们对他人的称谓很重视礼节，孩子就会跟着我们学习，重视他人的称谓，懂得尊重他人。

我们要让孩子知道，应按照自己的年龄和辈分来称呼长辈。一开始，我们需要引导孩子去做。比如，见到了叔叔、阿姨，就要让孩子叫"叔叔好"、"阿姨好"或"刘叔叔好"、"孙阿姨好"。慢慢地，孩子就知道如何去做了，即使不知道应该如何称呼，他也会主动询问："您好，请问，我应该怎么称呼您呢？"

在称呼老师方面，我们也要引导孩子自如应对。比如，一定要让孩子叫"张老师"、"王老师"等等。有时候，教孩子的老师有两个是同一个姓。对于这种情况，有的孩子就会直呼老师的全名然后加上"老师"两字。这同样也是不礼貌的行为。我们可以引导孩子，当出现这种情况时，不可以直呼老师的名字，而是用其他方式区分，比如“教数学的李老师”、“教英语的李老师”。

那么，孩子对父母的名字，又该如何称呼呢？

我曾经看到一个报道，一个六七岁的女孩子与父母走失后，因为不知道父母的名字和电话，令找寻工作一度搁浅。从这个报道中，我们得到启示，我们需要让孩子知道父母的名字，以备不时之需。同时，我们也需要提醒孩子：不能随便直呼父母的名字。直呼父母名字是不尊重父母的表现。只有在必要的时候或者是特殊情况下，才可以直呼父母的名字。

对尊长，勿见能。

“见能”会助长孩子傲慢的习气。要知道，“满招损，谦受益”。

《尚书》中讲道：“满招损，谦受益。”大意是说，傲慢会给人招来损失，谦虚会使人受到益处。可见，谦虚对一个人的一生是至关重要的。

然而，我们经常会看到这样的场景：孩子得意地站在长辈的面前，将最近学习的“手艺”一一亮相。表演得好，当然会得到满堂的喝彩。有的父母可能会说：“这不很好吗？”真的是这样吗？

有下面一个真实的故事。

奶奶让孙女在长辈面前表演背英语单词。奶奶问她苹果、桌子、雨伞用英语怎么讲，孙女都对答如流。周围的长辈都鼓掌，说小女孩“厉害”。小女孩儿当然很是得意。最后，她反问了奶奶一句：“书本用英语怎么讲？”这给了奶奶一个措手不及。奶奶说：“我哪知道啊！”小女孩儿当即就说：“你怎么那么白痴啊！”

为什么会这样呢？是因为我们经常让孩子在长辈面前炫耀他的才华，助长了他的傲慢心。当孩子拥有的才华越来越多时，他就会越来越瞧不起长辈，认为自己什么都懂、都会，而长辈什么都不懂、都不会。

而且，当孩子非常傲慢时，就会认为自己很厉害，不愿意付出努力来提升自己的才华了。可以说，孩子一旦产生傲慢的心理，便会阻碍他人格的形成和学问的提升。

不鼓励孩子在长辈面前炫耀自己的才能，而是要引导孩子立志。

中国有句俗话："小时了了，大未必佳。"我们应该都知道王安石所写的《伤仲永》。它是关于方仲永的故事：他天生才华出众，但是因为被父亲当作造钱的工具到处"表演"自己的才能，再加上他自己后天不努力学习，最终沦落成了一个普通人。

在这个真实的故事中，我们应该受到启发：其一是不要让孩子随意炫耀自己的才能，因为这会助长他的傲慢心，不利于他学问的提升，而且，当孩子习惯了赞美声和掌声后，就无法接受失败和挫折，不利于他的成长；其二是要注重后天的教育和培养，引导孩子立志，让他注重后天的努力，因为光有先天的聪明而不注重后天的努力，往往会一事无成。

事实上，长辈们拥有很多人生智慧和经验。所以，我们要教育孩子，在长辈面前，不要随意炫耀自己的才华，不要夸夸其谈，更不能表现出傲慢无礼的样子，而是要主动向长辈请教，虚心向长辈学习。

另外，我们要引导孩子根据自己的兴趣和爱好，立定自己的人生志向，一旦孩子立定了志向，他就会坚持不懈地朝着自己的志向努力奋斗，自然就不会出现"小时了了，大未必佳"的状况。

路遇长，疾趋揖，长无言，退恭立。

在路上遇到长辈时，我们应该主动上前问候。

“路遇长，疾趋揖”中，“疾”即迅速，“趋”即奔向、快步向前走，“揖”是作揖，在今天来讲，就是恭敬地问候。这句话的意思是说，如果在路上遇到长辈，我们应该赶快上前行礼问候。之所以用“疾趋”两个字，是因为这种快步走上前的动作表现了对长辈的恭敬。如果看到长辈后，走路还是慢吞吞的，就会让长辈觉得此人傲慢无礼。

因此，我们需要教导孩子，在路上遇到长辈，要快速走到长辈面前问候长辈。无论将来走到哪里，恭敬有礼的孩子都会受到大家的欢迎和喜爱。

如果长辈没有与我们说话的意思，我们就要让长辈先过去。

当我们问候了长辈之后，如果长辈没有与我们说话的意思，我们就要退后一点，并恭敬地站在一旁，让长辈先过去。然而，现在很多孩子和长辈在一起时，长辈还没有准备离开，他就提前跑开了。这是一种不礼貌的做法。所以，我们要纠正孩子的错误做法，告诉他正确的做法，培养他的恭敬心。

另外，我们要让孩子学会察言观色，如果看到长辈脸色比较疲倦或心情比较沉闷，就不要用很多话来影响长辈，而是要保持沉默，恭敬地站在一旁，等待长辈的吩咐。如果长辈没有什么事情吩咐我们，我们就要让长辈先过去，等长辈走远了，自己再离开。

这样的教诲，我们一定要及时教给孩子，并教孩子灵活运用。

骑下马，乘下车，过犹待，百步余。

“骑下马，乘下车，过犹待，百步余”的礼节会不会太烦琐呢？

在古代，不论是骑马还是乘车，只要在路上遇到长辈，都要下马或下车问候，而且要等长辈离去大约百步之后，才能上马或上车离开。这是古代人的做法。今天很多人也许会发出疑问：这样的礼节会不会太烦琐了呢？

其实不会，因为礼节是用来规范人与人之间的行为的，只有遵循礼节，人与人之间才能和谐相处。如果觉得这个礼节太烦琐而把它废除，可能就会发生一些不愉快或产生一些误会。一个真正懂礼、学礼、用礼的人，是不会认为这样的礼节烦琐的，而是会用这些生活中的细节来培养自己的恭敬心。

今天，我们又该如何把这句话的精髓运用到日常生活中呢？

在过去，马和马车是非常普遍的交通工具。然而，如今的交通工具不一样了，那“骑下马，乘下车，过犹待，百步余”的做法还有什么用吗？还学它干吗呢？其实，这还是一个灵活变通的问题。形式是与时俱进的，但形式背后的实质、本质却是不变的。

所以，我们需要参照当今的现实状况，把这句经典所传递的精髓运用到日常生活中。

其实，“骑下马，乘下车”就是在告诉人们，遇到长辈要主动问候。我们可以这样对孩子说：在路上行走或骑车时遇到行走或骑车的长辈，在保证自身和长辈安全的情况下，要主动问候长辈；但如果乘坐在公交车上，即使见到了迎面而来的长辈，也不可以把头探出窗口问候长辈，因为这样做是非常危险的。

另外，我们也要教给孩子送长辈的细节：如果是把长辈送到电梯口，就要给长辈按住开关，让长辈安全进入电梯，等电梯门关闭之后再离开；如果是把长辈送到楼下，就要等长辈走出我们的视线之后再离开；如果是把长辈送到车站，就要等长辈上了车且车行驶了一段距离之后再离开。也就是说，一定不能离开得太早，否则是很没有礼貌的。

当然，要求孩子做到这些，父母在生活中要首先做到。

长者立，幼勿坐；长者坐，命乃坐。

时刻注意自己的言行举止是否符合礼节。

如今，很多孩子和长辈在一起时，长辈还没有坐下，他们就已经“大大方方”地坐下来了。这样的行为显得他们很没有教养，而长辈也会觉得他们没有家教。孩子之所以没有教养、没有家教，是因为我们做父母的没有教给他与长辈相处的礼节。

在平日里，我们要时刻注意自己的言行举止是否符合礼节：当长辈站着的时候，我们也应该陪长辈站着；长辈坐下后，吩咐我们坐下，我们再坐下。这样，在无形中孩子就会受到良好的熏陶，自然会学着我们的样子与长辈相处。

引导孩子灵活运用这句经典的教诲。

有的孩子非常听话，学习了这句经典之后，就老老实实地按照经典去做。这是非常好的。要先学会“老实”地去做，再学会“变通”。如果一开始还没有学会“老实”，就学如何“变通”，那这种“变通”也一定是不合理的。

就“长者立，幼勿坐；长者坐，命乃坐”这句话来说，当长辈不想坐而让孩子先坐下时，孩子可能还是会恭敬地站在一旁。这时候，我们首先要肯定孩子的那份恭敬心，然后再教导孩子灵活处理，那就是应该听从长辈的吩咐，正所谓“恭敬不如从命”。

另外，孩子还会遇到这样一种情况：长辈已经坐下了一段时间，但还没有吩咐孩子坐下。这时候，我们就需要引导孩子主动询问长辈：“我可以坐下吗?”之所以要这样做，是为了让长辈更轻松一些。因为如果我们一直站在长辈旁边，长辈就需要把头抬起来，甚至是仰起头来和我们说话，这会让长辈觉得不舒服，甚至感到很累。

尊长前，声要低，低不闻，却非宜。

当孩子在众人面前大吼大叫时，我们是如何做的呢?

如今，很多孩子拿捏不住什么场合下应该讲话、什么场合下不应该讲话。在公共场合，我们经常会看到有的孩子大吼大叫、上蹦下跳、到处乱跑，等等。而他们的父母还认为这是“活泼”的表现，而实际上，这恰恰会让周围的其他人认为孩子没有礼貌、没有家教，孩子的父母不懂教育，让孩子在公共场合捣乱、不守规矩。

有一次，我乘坐电梯，同行的有几位家长和几个小朋友，几个小朋友先进入电梯，然后就争着按电梯的开关，把每层的数字按钮都按了一个遍，紧接着就大吼大叫、哈哈大笑起来。这时候，一位家长非常淡然地说：“现在的孩子都这样，只要聚在一起就闹腾。”

请问，这样的教育方式对吗？当孩子听到这句话的时候，他会怎么想？他可能会认为这样的行为是很正常的，下次还会这样大吼大叫。

其实，正确的做法是：适时地制止孩子，纠正他的错误行为。一旦发现孩子说话很大声，就要马上提醒他：在公共场合，说话一定要小点声音。另外，争着按电梯开关，也是很危险的一件事，务必要注意，以后不可以这么做。

孩子说话时应落落大方、声音适中。

在生活中，我们要注意训练孩子与长辈说话的礼节。首先，我们要适时地带孩子参加一些聚会，在这个过程中，让孩子有机会学习如何与长辈说话。孩子见识多了，自信心增强了，在长辈面前也就显得落落大方了。

另外，我们要注意引导孩子，告诉他说话的声音要适中。如果声音太大，会让长辈觉得刺耳，也会影响到周围的人；如果声音太小，就会让长辈听起来费劲。如果孩子说话的语速适中、声音适中、语句清晰，就会让长辈觉得比较舒服。

当然，当我们进入公共场合时，一定要注意自己说话的音量，也要及时提醒孩子注意音量，不能因为说话声音太大而影响到周围的人，破坏公共秩序。

如果孩子能做到这一点，那么他上课回答老师的问题的时候，也能够声音适中、自信地回答，让老师、同学清晰地听到，从而更好地表达自己的观点。这样，他的学习效率会很高，学习就是愉悦的，也有助于学习成绩的提升。

进必趋，退必迟，问起对，视勿移。

我们的言行举止会给长辈带来怎样的感受呢？

当我们与长辈相处的时候，一定要注意自己的言行举止，处处留意长辈的感受。

当我们见到长辈时，如果我们慢吞吞地走上前，长辈就会觉得我们很傲慢、没有礼貌；当我们准备离开的时候，如果我们一溜烟就跑开了，长辈可能会认为，我们不愿意跟他在一起，恨不得马上离开；当长辈问我们事情的时候，如果我们讲话的时候左顾右盼，长辈就会觉得我们心不在焉或者很不耐烦。

我们的这些行为没有带给长辈舒服、欢喜的感受，是不符合礼节的。

孩子跟长辈相处，也是一样的道理。所以，我们一定要好好引导孩子去恰当地做这件事。

如何引导孩子落实“进必趋，退必迟”呢？

我们要让孩子明白：当他有事要到长辈面前时，要快步走上前，不能磨磨蹭蹭，以免让长辈等待的时间过长；当他要离开长辈的时候，行动要缓慢一些。

对于这些进退应对的礼节，我们可以在家中训练孩子。比如，我们可以时常呼唤他的名字，然后吩咐给他需要做的事情。在这个过程中，孩子就会慢慢养成“进必趋，退必迟”的好习惯。这样，当孩子与其他长辈相处的时候，自然就会让长辈舒服、高兴。

如何引导孩子落实“问起对，视勿移”呢？

我们要告诉孩子：当长辈走到你身边询问事情的时候，你不能坐着回答，而是要站起来；你不能害羞，而是要把头抬起来；眼神不能游移不定，而是要目视长辈。

同样，我们也可以像引导孩子落实“进必趋，退必迟”一样，来帮助孩子落实“问起对，视勿移”。这样，当孩子恭敬地聆听长辈的话语时，不仅会带给长辈舒服、欢欣的感受，而且孩子自己也能从长辈的话语中受益。

教育小语

与长辈相处，确实需要一些礼节。这些礼节，可以表现出一个人对长辈是否有恭敬之心。如果孩子能够用与长辈相处的这些细节来磨炼自己，就会滋养出自己的恭敬之心。一旦孩子拥有恭敬之心，自然就会流露在与长辈相处的行为举止中，正所谓“诚于中，形于外”。

第四节

帮助孩子拓宽心胸，教他做好孝悌在社会上的延伸

当孩子用侍奉父母的那颗孝心、恭敬心来对待身边的其他长辈时，当孩子用对待兄弟姐妹的那颗敬爱之心来对待身边的其他兄弟姐妹及同学朋友时，他的整个心胸就会非常开阔，做事就会非常顺心。当然，他也会获得来自身边人的教诲和帮助，从而增进他的德行，提升他的学问。如此，他自然就能获得福气，正所谓“量大福大”。

事诸父，如事父；事诸兄，如事兄。

引导孩子拓宽心胸，把自己的恭敬心推广到对一切人上。

在古代，“诸父”是指伯伯、叔叔、舅舅、姑父、姨父这一辈的长辈；“诸兄”是指堂兄弟、堂姐妹、表兄弟、表姐妹这一辈的兄弟姐妹。用侍奉父母的

那颗孝心来对待身边的其他长辈，就是在落实“事诸父，如事父”；用对待兄弟姐妹的那颗爱心来对待身边的其他兄弟姐妹，就是在落实“事诸兄，如事兄”。

事实上，“诸父”、“诸兄”除了指有亲缘关系的人之外，还可以推广到一切人身上。正如《孟子》中讲到的一句话：“老吾老以及人之老，幼吾幼以及人之幼。”意思是说，人们应该用孝敬自己家里老人的那颗心来对待社会上的一切老人，用爱护自己孩子的那颗心来对待社会上的一切孩子。事实上，这就是孝悌在社会上的延伸。

《孟子》中还有一句话：“亲亲而仁民，仁民而爱物。”这句话解释了爱的过程，使爱得到了升华。一个人只有爱自己的亲朋好友，才有可能推己及人地爱一切人，才有可能爱惜万物。不然的话，爱就成了无源之水，是不可能维系下去的。《弟子规》中有专门的一篇“泛爱众”，我会在后面详细分析这部分的内容。

《孝经》说：“不爱其亲而爱他人者，谓之悖德。”如果一个人不爱自己的父母而去爱他人，这是违背道德的。的确是这样，一个连自己的父母都不懂得爱的人，是没有资格和能力去爱其他人的。所以，我们还是需要按照“入则孝”篇讲到的方法培养孩子的孝心，然后再让他把孝心、感恩心、恭敬心推广到一切人身上，做好“孝悌”在社会上的延伸。当孩子以这样的心胸去对待一切人的时候，他的心量就扩大了，做事就好像“如有神助”，会非常顺心、愉快，这样他的人生就一定会获得快乐和幸福。

孩子对一切人有恭敬心，自然会赢得好的人缘，也会从中受益。

《孝经》还说：“礼者，敬而已矣。故敬其父则子悦，敬其兄则弟悦，敬其君则臣悦，敬一人而千万人悦。”尊敬一个人的父亲，作为孩子他一定会很喜悦；尊敬一个人的兄长，作为弟弟他一定会很喜悦；尊敬一个人的领导，作为下属他也一定会很喜悦；尊敬一个人，因此而喜悦的又何止千万人呢？由此可见，人际关系并没有我们想象的那么复杂，只要孩子以恭敬心对待身边的人，自然就会赢得好的人缘，拥有好的人际相处能力。

长辈经历了人生的种种事情，他们有很多的人生感悟和经验，所以我们要引导孩子主动向长辈请教，向长辈学习，从而丰富他的人生。当孩子遇到困难需要周围人帮助的时候，周围人也都会乐于帮助他，而且周围人还会发动自己身边的人来帮助他。那么，孩子的人生之路就会越走越顺畅，越走越平坦。我们做父母的不就希望孩子如此吗？

教育小语

孝悌是爱的教育。对于孩子爱的教育，我们首先要让他学会爱身边的亲人，这属于小爱；然后让他学会爱周围的人，这属于大爱；最后让他学会爱世间的一切万物，这属于博爱。当孩子的爱得到升华时，他的心灵也就得到了净化，他就会有豁然开朗的感觉，就会发现更多美好的事物，就会生活得更美满幸福。

本章后记

在一个大家庭中，我们不仅要落实孝道，也要落实悌道。兄弟姐妹之间相互尊重、相互友爱，就是在尽孝道。

从我们的生活经验来看，兄弟姐妹之间发生矛盾，原因往往有两个：一个是财物，一个是言语。所以，在生活中，我们要懂得忍让、礼让，不要因为鸡毛蒜皮的小事起争执，不要因为钱财和物品而伤了兄弟之情。

我们要懂得长幼有序。所有比自己年高、德高、位高的人都是长辈。对待这些长辈，我们要心存恭敬，懂得礼让长辈，懂得服务长辈，为长辈做一些力所能及的事情。

在与长辈相处的过程中，我们一定要规范自己的行为，从而符合礼节。比如：在长辈面前的时候，一定要谦虚有礼，不可以直呼其名，不可以炫耀才华；遇到长辈的时候，要主动上前问候，等待长辈走后，才可以离开；与长辈交谈的时候，要认真聆听，态度要柔和，声音要适中，眼睛要注视着长辈；等等。总之，对待长辈，我们要长存恭敬心。

无论是自己的亲人，还是身边的人，我们都要有仁爱之心。懂得去付出，自然就会有“四海之内皆兄弟”的人生境界。

无论是落实“出则悌”中的哪一条，我们都要懂得变通。要根据实际状况灵活地应对，把“出则悌”所表达出来的精髓运用到生活中，做一个真正有礼节的人。

第四章

谨——孩子在任何时候都要谨言慎行，懂得自重自爱

孝悌是德行的根基，但孝悌的落实离不开“谨”字。例如“亲有疾，药先尝”、“亲所恶，谨为去”、“尊长前，声要低”等，都说明了谨言慎行的重要性。除此之外，养成良好的生活习惯和严谨的处世态度对孩子也非常重要，因为习惯和态度可以决定孩子人生的成败。所以，我们要把“谨”的重要性告诉孩子，让他成为一个谨身律己、自重自爱的人。

第一节

教孩子珍惜时光，培养良好的生活习惯

俗话说："珍惜时间，就是珍爱生命。"一个有良好作息习惯、能够有效利用时间的孩子，往往能够在学业和事业上有所成就，而良好生活习惯的养成不但能给自己，也会给他人带来便利。因此，我们一定要让孩子学会珍惜时光，过有规律、有礼有节的生活。

朝起早，夜眠迟，老易至，惜此时。

我们都希望孩子学业有成，这个愿望会实现吗？

晚清重臣曾国藩先生曾告诫他的子孙，一个家庭是否会兴盛，要看三个方面：第一，子女是否养成早起的习惯；第二，子女是否常常做家务；第三，子女是否接受圣贤经典的熏陶。

为什么曾国藩先生要把早起放在第一位？我想，一个孩子在学业、事业上有没有成就，就看他是否勤奋努力。而一个勤奋的孩子怎么可能常常睡到日上三竿呢？他会因珍惜光阴而早早起床，抓紧时间读书。

这句“朝起早，夜眠迟，老易至，惜此时”说的就是这个道理，其字面意思是：早晨要起得早一些，晚上要睡得迟一些，从少年到老年也就是一转眼的工夫，所以要珍惜当前的宝贵时光。

这里的“夜眠迟”并不是我们一般人理解的让人熬夜、过非常丰富的夜生活。我们都知道，古人是“日落而息”，所以，夜眠迟，是说不要天色一黑就睡觉，要稍微晚睡一些，利用这段时间读书、学习。而且，古代的子女大都非常孝敬，他们晚上要先侍奉父母睡下，再检查门窗是否锁好，然后才去睡觉，所以，自然要睡得稍微迟一点。

在今天看来，我们一定要读懂这三个字真正的内涵。这实际上是说，我们不要睡太迟，一般晚上 10 点睡最好，最迟不要超过 11 点。当然，对于我们成年人而言，如果有父母需要照顾，应该安顿父母睡下，检查门窗、煤气、电器是否关闭后再睡。但对于正在长身体的、年龄较小的孩子来说，不用等父母睡下之后再睡，大概晚上 9 点睡就可以了，最迟也不要超过 10 点。只有休息得好，才能保证第二天学习、工作的效率。

总之，“朝起早，夜眠迟”是让孩子学会珍惜时间，养成早睡早起的好习惯。

让孩子知道早睡早起的好处，他才会更好地执行。

为什么要在晚上 11 点之前睡觉、在早晨 7 点之前起床？这不是某个人规定的，而是人的作息要符合大自然以及自身身体运行的规律。

子时（23 点至凌晨 1 点）是胆经开始运行的时候。如果这个时段还没有睡着，就会大伤胆气，全身的免疫力就会下降，身体会变虚弱。而丑时（凌晨 1 点至 3 点）肝经最旺，丑时还不睡觉，肝脏的排毒功能就无法正常运行，时间一长，就容易得各类肝病。早晨5点至7点是人体大肠经运动最旺的时候，此时，人体需要把代谢的浊物排出体外。如果这个阶段不起床，大肠便无法完成排浊工作，从而使浊物停留在体内形成毒素。而早晨7点到9点人体胃经运行最旺，应该是吃早点的时候。如果7点之后还不起床，胃酸便会严重腐蚀胃黏膜，长期下来会患脾胃疾病，造成营养不良。

当孩子知道了这些道理后，就不会对这句教诲产生怀疑，会明白人只有按着天地万物运行的规律生活，身体才能保持正常运转。

如何让孩子把“朝起早，夜眠迟”落实在生活中呢？

《朱子治家格言》开篇就讲道：“黎明即起，洒扫庭除，要内外整洁；既昏便息，关锁门户，必亲自检点。”意思是，早上起来之后，要把个人卫生和家庭卫生都做好，保持内外整洁；而晚上睡觉前，要亲自检查门户是否关好。也就是说，孩子不是“朝起早”之后，无所事事地闲逛，也不是晚上要把时间熬到点儿了再去睡觉，那是形式上的落实，绝不是实质上的做到。

要想让孩子养成良好的作息习惯，我们自己必须先做到。比如，我们早晨早点儿起床后，妈妈负责准备早饭，爸爸和孩子一起读读《弟子规》。饭后，孩子帮我们把碗筷收拾到厨房。这样一来，曾国藩先生所说的令家庭兴旺的三件事，孩子通过早起、读《弟子规》和收拾碗筷就一并做到了。如果是假期，还可以让孩子和我们一起扫地、擦桌子、整理房间。

而晚上，我们可以自己检查电器，让孩子检查门窗。当然，孩子检查之后，我们还要再次落实，重点是让他养成睡前检查的习惯。除此之外，我们还要提醒孩子检查学习用具是否准备好。关于学习方面的其他事项，我会在后面的“余力学文”部分详细阐述。

只要我们和孩子一同坚持这样做，不出一两个月，孩子就会感受到落实这句教诲的好处——对于一天的生活，因为做到了善始善终而倍感充实与愉悦。

另外，落实这句教诲的意义还不仅限于此，关键时刻，还可以避免悲剧的发生。

2010年8月的一天早晨，江苏常州一个16岁的男孩儿赖床不起。父亲催促他好几遍，他也没反应。气愤之余的父亲去拉他，并打了他几下。没想到，男孩儿也生气了，突然起来，纵身从窗户跳下，结束了自己年轻的生命。

如果这个男孩儿养成了“朝起早”的习惯，就不会出现这样的悲剧。即使不懂，若知道“身有伤，贻亲忧”的道理，也不可能做出如此蠢事。由此看来，让孩子学习《弟子规》是当务之急，别等到一个个悲剧上演的时候才知道圣贤教诲的重要性。

除此之外，我们还要让孩子学会珍惜时间。

古今中外，有所成就的人往往都是会管理时间、能有效利用时间的人。比如美国的富兰克林，他每天早晨5点起床，把工作、学习和生活安排得井然有序，直到晚上9点结束。他告诫朋友说：“你热爱生命吗？那么，别浪费时间，时间是组成生命的材料。”

没错，如果孩子学会珍惜时间、利用时间，那么，他不但能把生活事务打理得妥妥当当，还能在有限的时间内高效地完成学习任务，同时，每天还能有多余的时间休息和娱乐，生活状态反而是轻松而愉悦的。

所以，我们要让孩子学会珍惜时间，不要做事拖拖拉拉、磨磨蹭蹭，肆意浪费大把的光阴；告诉孩子学习要专注，不要学一会儿、玩一会儿，不要没事和同学煲电话粥；等等。因为从少年到老年也就是一转眼的工夫，别留下“少壮不努力，老大徒伤悲”的遗憾。

晨必盥，兼漱口，便溺回，辄净手。

孩子养成良好的卫生习惯，也是孝敬父母的表现。

这句“晨必盥，兼漱口，便溺回，辄净手”强调了个人卫生的重要性。这里的“盥”是指洗手、洗脸，溺同“尿”，整句意思是：早晨起床后一定要洗脸刷牙，每次大小便之后都要洗手，要养成良好的卫生习惯。

也许孩子会问：“为什么一定要这样做？不这样做不行吗？”是啊！早晨为什么要洗漱？饭前便后为什么要洗手？一个简单和明确的理由就是为了身体健康。《论语》里有这样一句：“父母唯其疾之忧。”意思是：父母最担忧的就是孩子的身体是否健康。

所以说，孩子养成良好的卫生习惯，也是孝敬父母的表现。

另外，一个勤刷牙、勤洗手的孩子一定会比那些不爱干净的孩子容易保持身体健康，因为他最大限度地远离了细菌和病毒。如今，为什么很多孩子小小年纪会长蛀牙？除了吃糖过多之外，就是不注意口腔卫生所致。孩子如果牙齿不好，胃口就不会好，身体健康自然会受影响。

不仅如此，保持良好的个人卫生，不但是对自己的尊重，也是对他人的礼貌。试想，谁愿意和有口腔异味、满头皮屑、一身臭味的孩子交往？

所以，当孩子问我们为什么要洗手、刷牙的问题时，我们可以把这个道理讲给他听：只有身体健康，他的生活才会愉快，我们才能放心，他才能赢得别人的尊重。

如何帮助孩子养成良好的卫生习惯呢？

早晨起来洗脸、刷牙对孩子而言还不是太难的事，但晚上临睡前，孩子不一定有这个习惯，那就需要我们督促了。当然，督促的前提是，我们自己一定要有这个习惯，否则孩子也很难信服我们。

另外，刷牙、洗手看似是一件很简单的事，但未必每个人都会。就以刷牙为例，刷牙的水温、牙刷的质地、刷牙的方法、一次刷多长时间、舌头有没有必要刷等等问题，我们都有明确的答案吗？我们不懂，又如何教给孩子呢？而这些问题能否实际落实，就决定了孩子牙齿的健康程度，我们怎么能忽视呢？

关于洗手的问题，我们一定要让孩子知道，在上完厕所之后，放学回家或外出归来后，摸小动物、数钱、洗马桶、大扫除之后都要用香皂或洗手液洗手。而且，我们要把正确的洗手方法教给孩子，让孩子把手心、手背、手腕、手指、指甲都洗得干干净净，让细菌远离他。还要让孩子知道，洗完手之后，不要到处乱甩，以免给别人带来不便。

当然，对于个人卫生习惯的养成问题，这句教诲只是起了一个抛砖引玉的作用，不是仅仅做到会刷牙、勤洗手就可以了。平时，我们还要让孩子学会勤洗澡、勤换衣、勤理发、勤剪指甲，让他学会保持良好的卫生习惯。

而孩子的习惯是否能够养成，关键看我们自己的卫生习惯如何。只有我们自己保持干净整洁，才会重视孩子的个人卫生问题。我们的重视会引起孩子的重视，所以，让孩子改变之前，还是我们自己先改变吧！

教育小语

任何一个孩子，都应该对维护自己的身体健康状况持谨慎的态度。因为身体好，不仅是父母的期望，也是他“革命的本钱”。而养成良好的作息习惯和卫生习惯，则是保障身体健康的基本条件。除此之外，孩子还应该学会珍惜时间，因为一个随意挥霍时间的人必将一事无成。

第二节

孩子的修养体现在穿衣戴帽、归置衣服的细节中

从一个成人的穿戴上，我们可以大体判断出他的职业类型和文化素养。一个有良好修养的人，不会歪戴着帽子、穿着睡衣，甚至光着膀子上街。其实，孩子的修养在很大程度上也体现在穿衣戴帽、归置衣服的细节中。我们希望他成为一个有素质、有气质的人，那就不应忽视这些细节，而是要帮助孩子成为名副其实的绅士或淑女。

冠必正，纽必结，袜与履，俱紧切。

端庄的形象不但是对他人的尊重，其中也蕴含着机遇。

形象对任何人而言都是非常重要的。不同的形象会给人留下不同的印象，而印象的好坏又会影响接下来的交往。

一位老师谈到学生的穿戴时说："那些穿戴整齐、重视个人形象的孩子，综合素质不会太低。因为孩子的仪容体现着他的家教，一个重视家庭教育的父母不会允许孩子邋里邋遢地去上学，当然也不会教出太出格的孩子。"可见，孩子的穿衣打扮"显示"着父母的德行！

从这位老师的话中可以听出，他对那些穿戴整齐的孩子印象不错。是啊！谁不对仪容端庄、形象较好的人有好印象？与其说印象好，不如说孩子的穿衣打扮映衬出了对老师的尊重，这让老师心情愉悦，而老师也会因此愿意给予孩子更多的关注和教导。

由此看见，孩子穿着得体往往是对他人的尊重和恭敬，而他人也会因受到尊敬而反过来尊重他。那么，让孩子落实"冠必正，纽必结，袜与履，俱紧切"就显得非常重要了。"冠"是帽子，"纽"是纽扣，"履"是鞋子。这句话意思是帽子要戴端正，衣服的纽扣要扣好，袜子和鞋都要穿整齐，鞋带要系紧。也就是说，孩子的衣着、配饰要穿戴得端正、整齐、合体，给人精神焕发、神采奕奕的感觉。

我们千万别小看这种感觉，它往往会让孩子获得机遇。比如，孩子从上学到工作会经历大大小小的面试，若不注重个人形象，即使人品不错，才华横溢，也容易因形象不佳而在学业和事业的发展中错失良机；但如果孩子学过这句教诲，并从小养成了良好的习惯，那么，他一定会在实力相当的竞争对手中因形象得体大方而获得机会。

因此，孩子每次出门前，我们都要让他检查一下衣服纽扣是否扣好，拉链是否拉上，衣领是否翻整齐，帽子和红领巾是否戴端正，鞋带是否系紧，等等。在我们的重视和提醒下，孩子定会养成良好的穿衣习惯。

穿衣戴帽虽然是外在形象的体现，但它会影响孩子的内心状态。

一代儒学大家朱熹曾提出过"三紧"，就是帽带要紧、腰带要紧、鞋带要紧。三者都扎紧了，人的精神才会振作，才能表现出对人、对事的认真态度。

可见，虽然扎紧的是帽带、腰带和鞋带，但其实是对内心的约束，让人的内心时时都提起对他人的尊重。

这个我们不难理解，就像穿着宽松肥大的睡衣时我们的身心是放松的，言语行为可能会过于慵懒和散漫。而穿西装或制服时，衣服对我们的身体约束则使我们的内心提起警觉，说话办事就会谨慎很多。

有一位很伟大的销售员。一次，他在家里睡觉，突然想起要给客户打电话。于是，赶快起来穿好西装，打好领带，开始端坐在椅子上给客户打电话。他和客户谈完后，又马上解开领带，脱掉西装，钻进被窝里睡觉了。

太太看了，说："你疯了吗？打个电话用得着再精心打扮一番吗？人家又看不到！"

这位销售员却说："我虽然不是和客户面对面，但如果我穿着睡衣给他打电话，我的言谈难免会随便，而他也会感受到。如果我身穿西装，言语就会谨慎，态度也不会随意，说话也会得体。"

可以说，这位销售员谨慎、认真的态度完全符合这句"冠必正，纽必结，袜与履，俱紧切"的标准。而一个能落实这句教诲的孩子，与人相处时不会随意，做人做事不会随便，这份谨慎和认真往往会使他在学业、事业和人际交往中有更大的收获。

穿衣打扮谨慎，关键时刻还可以让孩子化险为夷。

赵盾是春秋时期晋国的卿大夫。当时，国君晋灵公因不满赵盾对自己的劝谏，派锄麑去行刺赵盾。

一天早晨，天还没亮，锄麑就到了赵盾家的后院，他看到赵盾已经整整齐齐地穿好朝服，端端正正地坐在椅子上，正在闭目养神，准备到时间后上早朝。

锄麑看到这样的情形，心想：一个人对待平时的生活起居都这样毕恭毕敬，说明这个人对任何事物都心存恭敬，一定是为民办事的好官，假如我杀了他，就是对不起国家、对不起人民。想到这儿，锄麑放弃了刺杀赵盾的念头，又不想失信于君王，于是就一头撞在槐树上自杀了。

若不是赵盾平时养成的好习惯，这次恐怕在劫难逃。

其实，在任何时代，穿衣打扮都不应该是随心所欲的，而是以端庄、大方、得体为标准。尤其是女孩儿，不能穿那些会引发他人邪念的衣服。

再看今日，一些父母没有教育敏感度，觉得小女孩儿穿吊带衫、超短裙等比较暴露的衣服没什么，认为她还不需要遮羞。孩子从小就这样，自然不会觉得有什么不妥，时间一长，羞耻感就会减弱。她长大后，不但不会觉得这种装束有什么问题，反而会以此为美。殊不知，这种装束不但是轻浮、不稳重的体现，还有可能给孩子招来祸患。

我们经常会看到一些女孩儿遭遇性侵犯的报道。一个曾经强奸女乘客的的士司机说："她穿着超短裙和低领的衣服，我看了一阵儿，就想……唉！干了不理智的事。"女孩儿如果懂得穿着不但是美的体现，还是对自己的保护的话，就不会晚上出门穿超短裙了。所以，一个对衣着打扮抱有谨慎态度的孩子，就会大大避免因穿着轻浮而遭遇横祸的概率。

每当我看到小区里或街上那些六七岁、十多岁的小女孩儿穿着很暴露的衣服，还若无其事地玩耍时，就很感慨，非常希望她们的父母能够真的认识到穿着对小女孩儿的重要性。所以，在这里，我还是希望能有更多的父母通过学习《弟子规》来提高教育孩子的敏感度。

总而言之，无论孩子年龄多小，我们都要为他选择得体、大方的衣服，让孩子从小就当小绅士或小淑女。除了为孩子的穿衣习惯把关之外，我们更要为他做出榜样，免得孩子说爸爸（妈妈）都能这样穿，我为什么不能。

置冠服，有定位，勿乱顿，致污秽。

孩子只有学会爱惜物品，物品才会陪伴他很长时间。

这句“置冠服，有定位，勿乱顿，致污秽”，就是教孩子如何爱惜物品、管理物品。“冠服”虽然是帽子和衣服的意思，但可以引申为所有的物品。“定”是固定的、不变的，也就是说，孩子放置物品时，要放在其固定的位置上，不要随处乱扔乱放，以免把物品弄脏弄坏。

有的孩子可能会问：“为什么要爱惜物品？随便乱放有什么不对吗？不是很省劲儿吗?”

一件衣服，不知包含着多少劳动人民的汗水。首先从种植棉花开始，农民要付出很多心力耕种。到棉花成熟后，他们又需要一个一个地采摘下来。之后，纺织厂的工人要把棉花织成布。从布变成衣服又需要很多制衣工人的付出。而从衣服变成可以出售的商品，其中免不了运输、库存等程序，而每个程序都少不了劳动人民的共同努力……所以，不爱惜物品就是不珍惜他人的劳动成果。

一个无视于他人辛勤付出的孩子，怎么能称得上品德高尚的人?

另外，如果物品被保存得好、不损坏、不弄脏的话，使用年限就会增长，就不会因频频更换而浪费钱财。所以，爱惜物品也是勤俭节约的体现，而节俭又是铸就孩子高尚品德的另一个基石。就这一点来说，孩子也应该做到“置冠服，有定位”。

当我们把这些道理告诉孩子，并激励他成为道德高尚的人时，他就不会因不知道为什么要爱惜物品而对这句教诲心存疑虑了。

当然，爱惜物品的好处还不仅限于此，孩子的管理能力往往就是从学着管理物品开始的。

一个男孩儿不懂得物有定位的道理，总是随手放置东西，所以要使用的时候常常想不起来放在哪儿了，于是到处寻找。有时，找很长时间都找不到；有时，虽然找到了，但因被其他物品长期挤压，也不能使用了。

不仅如此，因为物品没有固定的位置，所以这个男孩儿从来不用脑子记东西放在哪个位置了，结果就养成了丢三落四的习惯：上学时不是红领巾没戴，就是作业本没带，要么就是教科书忘在了家里，因此总是被老师批评。

这个男孩儿并不是特例，高考生因忘带准考证而无法进入考场的例子如今也屡见不鲜。仅仅因没有养成管理物品的好习惯，就错失了人生之中如此重要的机会，真是太令人遗憾了。而有些成年人也因在关键时刻忘带重要文件而丢掉了饭碗。

这些例子足以说明，孩子从小养成物有定位的习惯真是太重要了。

一个孩子如果从小不会管理自己的文具、书本、衣服等物品，长大了要想管理好家庭，管理好一个部门、一家企业，一定是非常困难的。如果他想改变，就必须经历改掉坏习惯、建立新习惯、养成好习惯的痛苦过程。这个过程当然不如从小培养来得容易。

管理物品最基本的落实就是把用过的物品放回原处，保存妥当，以便下次使用。有这个习惯的孩子，做事思路会特别清晰，思路清晰做事速度就快，效率也会很高。如果孩子从小就具备很强的管理物品和高效做事的能力，再加上高尚的品德，那么他怎么会不出类拔萃呢?

因此，我们要帮孩子养成物有定位的好习惯。

首先，我们要为孩子提供一些可供他放置自己物品的抽屉、储物箱、储物盒、柜子等。这些硬件就是“有定位”中的“位”，有了固定的位置，孩子才知道把东西往哪儿放。

接着，我们要和孩子共同完成一个分类的工作，把同一种类型的物品放在同一个地方，有必要的话，在箱体外边做个小标签，免得忘记。

有了这两个前提，剩下的就是我们的以身作则和不断提醒了。

按照这个方法坚持下去，孩子一定会养成珍惜物品、管理物品的好习惯，他的综合素质在这个练习的过程中也会逐渐提升。

教育小语

孩子对待穿衣打扮的态度，不但体现了他的家教，也体现了他的修养，更体现了他对自己和他人的尊重。我们千万不要让孩子因穿戴不谨慎而遭遇横祸。而对于物品的珍惜和管理，是孩子应该学会的，因为这不仅体现了他的品质，还体现了他的能力。因此，我们非常有必要让孩子通过学习《弟子规》，成为一个有修养、有学问、有能力的人！

第三节

让孩子戒除攀比，依循自己的本分穿衣

衣服最基本的作用是保暖和遮羞，除此之外，衣服也是一个人的身份、地位、经济状况、家庭背景的象征。那么，孩子选择衣服时，就要考虑到自己的身份以及家庭的经济状况，让衣着与自身的实际条件相匹配。孩子长大后，穿衣打扮也要依循自己的本分。

衣贵洁，不贵华，上循分，下称家。

现在的孩子是否偏爱名牌衣服？他在选购时，是否会考虑到自己的家庭状况？

一个上初中的女孩儿对穿衣打扮很“讲究”，除了某个知名品牌的衣服，其他衣服她都看不上眼。她常常缠着妈妈给她购买，妈妈对她说：“那个牌子的

衣服太贵了，等打折的时候再买，或者选择其他衣服，只要质地好，无所谓品牌。”

可是，女孩儿说：“我们同学都穿品牌衣服，我要是穿没牌子的，多丢人啊！他们会看不起我的，您也不想让我失去朋友对不对？”

听了女孩儿的话，妈妈在心里不禁感叹道：“如今的孩子都怎么了？非得穿名牌？怎么那么多家庭能为孩子买得起名牌衣服啊？我真是无奈啊！”

其实，不是很多家庭都能给孩子买得起名牌，而是攀比之风已在社会、学校和孩子之间蔓延。一个孩子穿名牌之后，他的炫耀激发了其他孩子的攀比心，而大部分孩子又不懂得“衣贵洁，不贵华，上循分，下称家”的道理，所以就自然会讲究起衣服的品牌来。

而这句“衣贵洁，不贵华，上循分，下称家”就是应对孩子虚荣心和攀比心的“良药”。这里的“贵”是可贵，“华”是华丽，“循”是遵循、依照，“分”是名位、职责、权利的限度，“家”是家境。整句的意思是：在穿戴方面，孩子应该重视衣服的整洁大方，而不是华丽名贵，平时的穿着不但要符合自己的身份，也要与自己的家庭条件相吻合。

是啊！如果孩子会考虑家境后再选择衣服的话，无论别人穿什么名牌，他都不会动心，因为那不符合自己的家境；同时，如果他重视衣服的干净整洁，就不会因衣服污浊、邋邋遢遢而被人看不起。只要能够遵循这两点，孩子不但不会失去尊严，还会扭转一定的攀比之风，岂不是利人又利己？

教孩子学会根据自己的身份、年龄以及场合来选择合适的衣服。

孩子的身份是学生，那无疑就要穿出学生的样子，打扮得也要像学生。类似染发、烫发、穿耳洞、化妆等装束都不符合学生的身份，平时自然就不能这样打扮。

另外，孩子的衣服要符合他的年龄，不能选过于成熟或过于幼稚。否则，衣服穿在身上既不雅观，也不得体，很容易招致周围人的评头论足。时间一长，孩子还可能因此而产生自卑心理，这对他的身心健康成长没有任何好处。

除此之外，我们还要教孩子根据不同的场合选择服饰。比如，出席一些正式场合或参加亲友的婚礼时，不要穿得过于休闲，应该穿得体面一些。这不但是对自己的尊重，也是对别人的尊重。如果要参加葬礼或者去医院看病人，衣着就不能太艳丽、太喜庆，而应穿得大方朴素。同理，如果参加户外运动，自然不能穿得太正式，最好穿运动装，以便让身体自由活动。

由此可知，穿衣打扮不是自己想穿什么就穿什么，往往要遵循一些“规矩”。只有符合规矩，孩子自己和周围的人才会感到舒服和自在。否则，在众目睽睽之下，孩子反而会难受。因此，“上循分，下称家”的教诲不但不死板，还会带给人真正的“自由”。

然而，这句教诲的含义远不止于此，其中还包含着正确的消费观。

这句教诲虽然特指对衣服的选择，但实际上，孩子在选购任何物品时都应该“上循分，下称家”。能灵活而广泛地应用这句教诲的孩子往往有着正确的消费观，即：不符合自己家庭条件和购买能力的物品，肯定不奢求；即使父母的经济收入不错，也不购买非必需品；在选购一件物品时，先问自己需要不需要，不买对生活影响大不大。如果答案是肯定的，说明这是生活必需品，那就买性价比较高的；如果答案是否定的，那就不必购买。如果自己特别喜欢，价格又不是很高，可以积攒零用钱来购买，就不去耗费父母多余的财力。这也是“下称家”的落实。

所以，我们别小看《弟子规》，只要我们不局限于它的字面意思，而弄懂每句教诲的深刻思想，就会发现它不但很符合我们当前的时代，也会把孩子带上人生的正途，更会让我们轻轻松松地做父母。

教育小语

无论我们的经济条件如何，我们都不希望培养出一个攀比心强、虚荣心强、被物欲迷惑的孩子。我们希望他能考虑自己的身份和父母的经济收入来购买衣服，而不盲目追求品牌。即使我们能为他创造优厚的物质生活条件，也希望他能建立正确的消费观念，花钱有节度，不奢靡，不浪费。而这一系列的希望无疑都要通过学习和落实这句教诲来实现。

第四节

引导孩子合理、健康饮食，不要饮酒

孩子的身体健康状况是我们每一位做父母的都非常关心的。那么，到底什么决定孩子的身体健康状况呢？其实，很大程度上是饮食决定孩子的健康状况。所以，我们应该及时把合理、科学、健康的饮食观念告诉孩子，让他一生都拥有健康的体魄。

对饮食，勿拣择，食适可，勿过则。

孩子挑食吗？暴饮暴食吗？如果是，我们要帮他纠正过来。

合理的饮食是孩子身体健康的最大保障。然而，有的孩子从小就不好好吃饭，即使爸爸妈妈、爷爷奶奶轮番上阵给他喂饭，他也“不领情”；而有的孩子特别喜欢吃某一类食品，导致营养不均衡，身体出了毛病；又有的孩子饭量很好，每次吃到肚子圆鼓鼓的，有时饭后还会肚子疼，时间一长，脾胃就会出问题。

我们有没有想过一个问题：到底是什么原因使孩子挑食、偏食、过度饮食的？不用找别人，让孩子挑食、偏食的正是我们自己。因为我们经常会对孩子说："你最爱吃哪个菜？""妈妈给你做好吃的。""多吃点儿这个，少吃点儿那个。""再吃一点儿！这个很好吃呀！吃得饱饱的，身体壮壮的。"……就这样，在不知不觉中，孩子就对食物有了偏好，并且觉得只有吃得很饱才对身体好。

由此可知，孩子的错误意识是我们灌输的，也就是说，是我们亲自教孩子学会挑食、偏食、过度饮食的。所以，凡事一定要自省。很多现象都是表面的，我们应该挖掘其背后的深层原因，这样才能真正得到纠正错误的机会。

而这句"对饮食，勿拣择，食适可，勿过则"就是说，在饮食方面，要做到不挑食、不偏食。"拣择"是挑拣、选择的意思，"适"是恰好，吃东西不应过量，要适可而止。

如果我们和孩子都懂得这个道理，身体怎么会出状况呢？能落实这句教诲的孩子，一定有自控能力和自我约束力，对自己的身体健康状况肯定抱着谨慎的态度，懂得小心翼翼地呵护自己的身体。这样，不但他的身体健康得到了保障，我们做父母的也不用为此担心了。

孩子一定要养成良好的饮食习惯，那我们应该怎样帮孩子实现呢？

前面提到，是父母帮孩子养成了一系列不利于身体健康的饮食习惯。既然如此，我们做父母的，也完全可以帮孩子再更正过来。

首先，我们不要给孩子买太多零食。零食除了对身体无益外，还会使孩子的味觉发生改变，孩子一旦吃惯了零食，就会觉得饭菜味道太淡，于是就会排斥。同时，如果零食占据了孩子的肚子，到了吃饭的时间，他自然就没有食欲。因此，杜绝零食是保障孩子好好吃饭的前提。

其次，如果孩子不想吃饭，我们不要强迫他，而是要告诉他："这顿不吃，一会儿饿了也没的吃。”我们一定要说到做到，孩子尝到挨饿的滋味后，就不敢在吃饭时间拒绝吃饭了。

另外，为了不让孩子挑食，我们自己首先不能挑食，因为我们对食物的喜好会影响孩子对食物的选择。如果孩子不爱吃某一样菜，我们可以把农民伯伯种植蔬菜的辛苦以及自己烹调蔬菜时的期待心情告诉他，使他因懂得感恩而不随便挑食。

还值得注意的是，别让孩子每餐饭吃得过饱。这句“食适可，勿过则”，用现在的话说就是“吃饭七分饱”。据现代科学家分析，饱食会加重肠胃负担，未被消化的食物会产生毒素，影响肠胃健康；而且，饱食会导致大脑代谢紊乱，损伤脑细胞；而长期饱食又会导致身体肥胖，肥胖又会引发各种疾病。所以，孩子要想保持身体健康，就一定不能吃得过饱，更不能暴饮暴食，否则，疾病就会找上门来。

除此之外，我们要让孩子知道什么是“垃圾食品”。油炸食品，罐头类食品，腌制食品，加工的肉类食品，肥肉和动物内脏类食物，奶油制品，方便面，烧烤类食品，冷冻甜点，果脯、话梅和蜜饯类食物就属于“十大垃圾食品”。这些食品中含有过高的钠盐、糖类或致癌物质，长期食用会对身体造成巨大危害。当孩子想吃这类食物的时候，我们就要把垃圾食品对人体的严重危害告诉他，引导他做出正确选择。

只有我们精心安排，孩子才能吃出健康来。

除了让孩子养成良好的饮食习惯外，食物的营养搭配同样决定着他的身体健康。那么，我们就要为他准备营养丰富的一日三餐。在一日三餐中，早餐起着最重要的作用，而早餐中不可少的不是鸡蛋和牛奶，而是谷物类食品。

谷类早在《三字经》中就有介绍：“稻粱菽，麦黍稷；此六谷，人所食。”意思就是，大米、小米、豆类、面食、玉米和高粱等谷物是人类所需的食物。所以，我们可以让孩子以米粥、汤面、豆浆、馒头等当早餐。

而午饭和晚饭也同样很重要。在这两餐中，我们特别要注意营养搭配，比如，主食不能只以细粮为主，要粗细搭配，蔬菜的种类也不要太单一，要注意“红、黄、绿、紫、白、黑”的色彩搭配，等等。

另外，我们不要让孩子吃太多肉食。如今的很多肉食都含有大量激素，吃多了对身体并没有什么好处。而大豆蛋白是最优质的植物性蛋白，我们可以用豆制品代替肉类食品，从而保障孩子的饮食健康。

年方少，勿饮酒，饮酒醉，最为丑。

酒作为一种饮品，成年人可以适量饮用，但孩子适合饮用吗?

这句“年方少，勿饮酒，饮酒醉，最为丑”的字面意思是，孩子年纪还小，不要喝酒，醉酒后会丑态百出，极其不雅。我们都知道，酒精会对人的神经中枢起到麻痹作用，导致醉酒后的人控制不了自己的言行举止，露出种种丑态，做出种种损人不利己的事情。

这个道理，对于正在长身体的孩子也不例外。酒精会严重损害孩子的肝脏，导致各种疾病的产生。而且饮酒后的孩子很可能会做出种种出格的举动，小则伤身，大则伤命。类似的例子不胜枚举。

2011 年 6 月 30 日晚，海南省万宁市的两伙青少年喝酒之后闲逛，因互相看对方不顺眼，便打起群架来，其中一名 14 岁的少年被打得不省人事。

2014 年 10 月的一天，甘肃省天水市的几名中学生相约到会所 KTV 聚会喝酒。其中一名学生在同学陪伴下先后在会所外小卖部购买了两瓶白酒，饮后在同学朋友家被发现气息微弱，送医院抢救无效死亡。

2014 年 12 月 5 日下午放学后，在云南某职业学院读书的小杨和其他 11 名同学，结伴去学校后山山顶喝酒。晚上 9 点多，5 名学生因为醉酒被送到医院抢救，醉酒后不省人事的 14 岁女孩儿小杨因抢救无效不幸身亡。

河南省义马市一位学习优秀的少年冯某，15 岁就考上大学。在大三暑假后第一天（2015 年 8 月 30 日），冯某到校报到后，和同学在校外聚会喝酒失去意识，经抢救无效死亡。

此外，一些少女酒后失身、醒后后悔不已的事情也不在少数；而酒后驾车导致重大、特大事故的例子也屡见不鲜……酒本身不会闯祸，但是喝了它的人不是身体受损，就是闯出大祸，甚至是命丧黄泉。我们当然要让孩子“勿饮酒”。同时，我们也要常常把那些酒后发生不幸事件的例子讲给孩子听，让他知道饮酒的坏处，从而远离酒精。

为了自己的身体和孩子的将来，我们也不能多喝酒。

一位父亲有酗酒的习惯，他常常清醒着出门，醉醺醺地回来。儿子见父亲经常这样，很奇怪父亲去了哪里。

一个下雪后的早晨，父亲又出门向他熟悉的小酒馆走去。一路上，他总觉得有人在后面跟着他。快到酒馆的时候，他回头一看，儿子正踩着他的脚印走过来。

此刻，他恍然大悟，明白自己正在给儿子“带路”。他带什么路，儿子就会走什么路。想到这儿，他不禁打了个寒战。他不希望儿子成为一个酒鬼。

于是，他回头牵着儿子的手，走向了家的方向。

是啊！很多孩子之所以喜好饮酒，就是因为常常看到成年人喝酒的样子，以为那是潇洒的表现，又不懂得“饮酒醉，最为丑”的道理，所以盲目效仿，最后导致大大小小的悲剧发生。因此，为了自己的身体健康，也为了孩子的未来，我们不能那么无所顾忌地喝酒。

通常学过《弟子规》的孩子会有很强的是非判断能力，不会因父母的错误举动而盲目效仿。

比如有一位父亲特别爱喝酒。一次，醉酒后的他回到家就吐了，满屋子都是臭味，一副狼狈不堪的样子。他的妻子在旁边服侍着，小女儿走到跟前，对父亲说："饮酒醉，最为丑。"

这位父亲的神志还清醒，听了女儿的话，他惭愧极了。他觉得自己的形象完全扫地，于是暗暗下决心不再喝酒。此后，他再也没有喝醉过，女儿对他的恭敬也没有减少。

瞧！学过《弟子规》的孩子真是不一样！那我们还等什么？赶快和孩子一起学习吧！

当然，"勿饮酒"不是指绝对不喝酒。

很多人都会把"勿饮酒"的教诲认为是绝对不喝酒的意思，其实不然。我们成年人在社交场合、逢年过节在家吃团圆饭时，很难做到完全不喝酒。如果我们执意不喝，也会显得失礼，可以在不驾车的情况下适当喝一点，以示礼貌。

另外，老年人和一些病人可以喝一些药酒。此时，酒发挥的作用是舒筋活血、调理身体，当然也要适量。

所以，学习《弟子规》绝不能学成书呆子。要学会变通，在适宜的时候让酒成为调节气氛、调理身体的饮品。

教育小语

一个重视身体健康的孩子，不会挑食偏食、暴饮暴食，更不会让酒精威胁健康。这种态度就是谨慎，其中包含着对自我的控制，控制自己不过度进食，不贪享喜爱的食品，不饮酒。所以，孩子落实这句教诲，既锻炼了自控能力，也能保障身体健康，真是一举两得！

第五节

让孩子从小掌握正确的坐立行走姿势

孔子曾说："君子不重则不威。"一个人如果不稳重，就没有威严。孩子也是一样，如果不稳重，就很难得到他人的尊敬与信任。其实，通过孩子的坐立行走等姿态，在很大程度上能体现出他是否稳重、大方、有威严。所以，我们应该教孩子学会正确地坐立行走。

步从容，立端正，揖深圆，拜恭敬。

从身体健康的角度考虑，孩子应该掌握正确的行走坐卧姿势。

"步从容，立端正"，就是说：走路的时候要不急不慢、从容大方；站立时，身体要直，不要东倒西歪、弯腰驼背。有人可能会问：为什么要这样坐立行走？走路很快或很慢有什么不妥吗？一定要坐得很端正吗？

先以“步从容”为例。

一个男孩儿走路很快，有一次，他走路的时候听到后面有人叫他，他就一边走一边回头看。再回过头来的时候，“咣”的一声，头撞在了前面停止的面包车上，当时脑袋就起了一个大包。

还有一个男孩儿在商店里看文具，突然发现自己准备乘坐的公交车从商店门口驶过，于是迅速跑向店门口。一声巨响之后，商店的橱窗玻璃破了，男孩儿也倒在了地上，满脸是血。原来，他把橱窗当成出口撞了上去，虽然身体没有大碍，但是两颗门牙摔掉了。

这就是走路不从容导致的结果。其实，这还是轻的。有的孩子甚至因为“步不从容”而遭遇严重的交通事故，丢掉了性命。所以，“步从容”往往可以避免很多意外的发生。一个孩子如果能从容地走路，说明他的心不急不慢，那么他就不会因急躁、慌张而招致祸患。

“立端正”也是同样的道理。正在长身体的孩子，骨骼中的软骨组织较多，骨骼的可塑性很强，当然也容易弯曲变形。大约要到 20 岁时，脊柱、骨骼才能最后定型，在此期间，如果孩子不注意坐姿、站姿，就很容易导致脊柱弯曲畸形，甚至影响内脏功能。

而我们仔细观察会发现，现今的孩子大都不懂得用正确的姿势坐立行走，这样他们的骨骼发育就必然会受到影响，身体健康也就难以保障了。如果孩子从小学过“步从容，立端正”这句教诲，并把它落实下来，就不会因无知而给身体健康埋下隐患。

孩子应该如何站立、行走呢？

常言道：“立如松，卧如弓，行如风，坐如钟。”意思就是：站立的时候要像松树一样挺拔；躺卧的时候要像一张弓一样；走路的时候要像风一样利落，不拖泥带水；坐的时候要像钟一样端正、沉稳。

正确的站立姿势应该是：抬头，挺胸，收腹，两眼正视前方，两肩呈水平状，脚与肩同宽，脚尖微向外斜，使头背、臀和脚跟在一条直线上。这样一站，就有顶天立地之感，不但脊柱不会变形，看上去也很稳重、有威严，孩子也会因此赢得他人的好感与尊重。

正确的行走姿势是在正确站姿的基础上稳步前进，身体不要前后、左右摆动。走路时，两脚脚尖应该指向前方，不要向里勾或向外撇，脚掌不要蹭地，速度不急不慢，徐徐向前。

当然，这句教诲并不仅仅指站姿和走姿，还包括坐卧的姿势。比如，睡觉的时候不要斜躺横卧，而应尽量保持右侧卧，因为心脏在人体的左边，胃肠道的开口和肝脏都处于右侧，右侧卧睡觉，可以使心脏少受压力，血液流通顺畅，肝脏供血较好，有利于新陈代谢，更有利于肠胃中食物的消化吸收。而坐姿也很重要，具体细节我们会在下面的“勿践阈，勿跛倚，勿箕踞，勿摇髀”中介绍。

让孩子学会用恭敬的态度跟人打招呼。

接下来这句“揖深圆，拜恭敬”的字面意思是：向他人拱手作揖时，要恭恭敬敬，不可敷衍，“深圆”强调姿势要到位，以表示内心的恭敬。

当然，作揖是古礼。现在的见面礼大多是握手或点头微笑。在社交场合，我们应该握手或点头微笑；而在祭祀活动中，大多行鞠躬礼或跪拜礼。无论哪种礼节，旨在表示对他人的恭敬，如果内心不真诚，即使动作做得到位，也只是流于形式。

古语说：“诚于中而形于外。”当内心充满真诚的时候，外在的动作自然做得到位，对他人的尊敬之情也会随着动作的展示自然流露出来。而常常尊重别人的人，也必然会得到对方的尊重。因此，我们要和孩子一起落实“揖深圆，拜恭敬”，做一个受人尊重的人。

勿践阈，勿跛倚，勿箕踞，勿摇髀。

在坐立行走中，有一些细节需要注意，孩子知道这些细节吗？

这句“勿践阈，勿跛倚，勿箕踞，勿摇髀”强调的是坐立行走的细节。“践”是踩踏，“阈”是门槛，“跛倚”是用一只脚支撑身体斜站着，“箕踞”就是坐着时两腿叉开得像簸箕，“髀”指大腿。整句的意思是，进出房门的时候，脚不要踩到门槛；站立的时候，要注意不以一只脚为支撑点斜着倚靠着站立；坐在椅子上时，不要把两腿叉开成簸箕状，也不要摇晃大腿。

对照这句教诲，我们不难发现，很多孩子的坐立姿势完全与其相反。虽然现在大多数门没有门槛，但是有的孩子会站在门中间，或倚靠在门框上，完全不知道这样会影响后面人的通行。而坐着时跷二郎腿的、把两腿叉开的或者不断抖动腿的孩子也屡见不鲜。他们不知道这样对骨骼发育不好，更不知道这样会显得不够稳重，让人觉得轻浮。

因此，我们要让孩子注意一些坐立行走的细节。比如，站立时不倚靠在类似墙、门框等支撑物上，也不双手插兜站着，更不要站着抖动腿；与人站着交谈时，不要双手叉腰或双手交叉放在胸前。

坐在椅子上时，应坐在椅面的前三分之一或二分之一处，双腿自然放下，尽量并拢，男孩儿可以稍分开些，但不要交叉、跷腿、伸腿或抖动腿，上身保持挺拔，双手自然放在腹前或腿面。特别要注意，整个身体不要完全倚靠在椅背上，更不要半躺在椅子上。

另外，在公共场合，无论站还是坐，都不能有诸如抠鼻子、挖耳屎、挠痒痒、抠脚趾等不雅行为。

如果孩子能注意这些细节，那么无论身处什么地方，不用与人交谈，就能给他人留下深刻印象，好机会和好运气就会自动找上门来！

教育小语

一个孩子是否稳重、有教养，会通过他的穿衣打扮和言行举止流露出来。而孩子的行走坐卧姿势无疑属于举止的范畴，正确的姿势不但不会使孩子患上各种脊椎疾病，也是他有修养的体现。谁不希望眼前的孩子举止大方、端庄、得体呢？所以，就让我们和孩子一起通过练习，成为稳重而有修养的人吧！

第六节

教孩子做事有礼有度、有条不紊、不慌不乱

我们希望孩子既会做人，又会做事。学会做人是对孩子的道德要求，学会做事是对他的能力培养。而孩子是否有做事的能力，往往体现在一个“谨”字上。“谨”代表着对细节的重视，代表着从纷繁复杂的事务中理出头绪，代表着“不求快，只求稳”的做事态度。具备了这些品质，孩子还有做不成的事吗？

缓揭帘，勿有声，宽转弯，勿触棱。

只有谨慎做事，成功的概率才会大。那孩子平时要如何练习谨慎做事呢？

孩子做事时，如果能够抱着谨慎的态度，把事情做得细致、稳妥，顺利完

成的可能性就很大；相反，如果毛毛躁躁、粗枝大叶，就会屡遇不顺，很有可能半途而废，无功而返。所以，别小看做事的细致程度，它决定着做事的效率和结果。

孩子是否能够稳妥而细致地做事，就看他平时是否养成了类似的习惯，这个习惯怎么养成？具体落实在哪些方面？这句“缓揭帘，勿有声，宽转弯，勿触棱”以及后面的“执虚器，如执盈；入虚室，如有人”起到了一定的启示作用。

我们都知道，谨慎包含着小心翼翼的意思，与鲁莽、急躁、莽撞相反。用谨慎的态度做事是需要练习的，那么就让孩子从“揭帘”、“转弯”、“执器”、“入室”开始练起吧！

这句“缓揭帘，勿有声，宽转弯，勿触棱”告诉孩子，进出房门时，要缓慢地揭开门帘，尽量不要发出声响；走路拐弯的时候，拐的角度要大一些，以防触碰到棱角上。

如果孩子能这样做，说明他很谨慎，说明他的内心很平和、不着急、不慌张，也说明他揭门帘或转弯的时候，心都专注在这件事上，并不着急要做下一件事。有了这种谨慎、专注、安定的心态，他经手的事就不可能做不好。

所以，我们平时就要提醒孩子缓慢地揭开门帘、窗帘、浴帘等。如果进出没有门帘的房门，那么关门、开门时动作也要尽量轻缓。除此之外，当孩子打开窗户、拉开抽屉、关闭柜门、拉出椅子、摆放碗筷、打开铅笔盒时，都要轻推轻拉、轻拿轻放。

如果孩子的动静太大，所接触的物品往往会受损，使用时间也会缩短，而发出的噪音也会影响他人的休息、工作和生活，这是孩子不得不注意的问题。

说到这里，我想到一件身边小事。

比如我们熟悉的住宅楼，每次有人进出的时候，楼下的单元门经常发出“哐”的一声巨响。之所以这样，就是因为进出时，人们只管把门打开，进来或出去后径直放手，而不是把门再轻轻地关上。因为我进出门时有轻开轻关的习惯，所以当看到别人如此对待门时，就感到很心疼。在我看来，没有生命的门也应该得到尊重。于是有一天，我就在一张纸上打印了“我怕疼，请轻关”这几个字，贴在了单元门上。当时是晚上贴的，贴得很结实。结果第二天一早，我再出门，发现纸已经被人撕掉了。我很无奈。被谁撕掉的？很可能是被那些随手放开门让门发出“哐”的声响的人撕掉的，因为这可能让他反感。

一个孩子如果从小就注意这些细节，珍惜物品，培养一颗“感同身受”的心，那我们还担心孩子做事不谨慎吗？当然不会。既然这样，我们为什么不教孩子注意这些细节呢？我们自己为什么不去注意这些细节呢？

再说回来。孩子路过墙角、桌角、床角、柜棱等突出的地方时，都应该提起警觉，稍微保持一些距离，免得碰上。如果孩子在户外活动，那么更要注意“宽转弯”。无论走路、骑车还是开车，遇到路段的转弯处，一定不能急于转弯，以避免与另一个从弯角出来的车辆或行人相撞。所以，一定要慢行，还要竖起耳朵听听是否有车辆开过来，必要的时候要停下等一等，在确定安全的情况下，再慢慢转弯。

可见，一句“宽转弯”的落实不但能培养孩子谨慎的态度，还可以保障孩子的生命安全。

与其提醒孩子，不如趁早给他做出榜样。

孩子是否能做到“缓揭帘，勿有声，宽转弯，勿触棱”，或者说他是否能养成谨慎、专注、细致做事的习惯，关键看我们给他提供了一个什么样的生活环境和家庭氛围。如果我们平时走路慌慌张张，不是碰这儿就是撞那儿的，说明我们的内心很急躁，那么我们揭帘、开门、收拾碗筷时动静也不会太小。这样，我们就给孩子提供了一个急躁、慌张的氛围。他长期受这种氛围的影响，加上模仿我们的言行举止，自然就学会了我们的“那一套”。反之，如果他从我们的行动中感受到的是安定、祥和、不急不躁，加上学习我们徐缓、轻柔的动作，自然就会形成与我们相似的习惯。

因此，与其提醒孩子落实这句教诲，不如给孩子做出榜样，用行动为他打造一个能够养成良好习惯的生活环境和家庭氛围。

执虚器，如执盈；入虚室，如有人。

借助“执器”“入室”等事项，培养孩子的谨慎态度。

这句“执虚器，如执盈；入虚室，如有人”的教诲是前面一句的延伸，依然强调谨慎做事的重要性。“执”是拿着，“虚”是空的，“盈”是满的，这句的意思是：当手里拿着空的器具时，要像拿着装满东西的器具一样小心；进入到没有人的房间时，要如同进到有人的房间一样谨慎。

想想看，我们拿空杯子和装满水的杯子时有什么不同？一般情况下，我们手持装满水的杯子时，因担心水洒出来而会小心翼翼地拿，这样，杯子就不会轻易掉在地上摔碎，也不会碰到硬物上而磕破。

孩子可能会问，摔破一个杯子有什么大不了吗？想一想，假如在国宴上，礼仪小姐给异国嘉宾递茶杯，不小心把杯子摔碎了，那场面是不是很尴尬？总不是为国争光的举动吧？就是在普通的宴席上，摔碎了杯子也不会增添喜庆的气氛吧？

何况，“执虚器”中的“器”不是特指玻璃器皿，而是所有物品。想想看，如果孩子急需把重要文件拷入移动硬盘，可是却不慎将硬盘摔坏了，那岂不是会耽误大事？所以，别小看“执虚器，如执盈”这个举动。至少，保护好物品一定不会给孩子带来坏处，而总是因不谨慎弄坏物品则不会给孩子带来任何好处。

那么，除了给孩子提供一个安定、祥和的家庭氛围之外，我们还要让孩子知道，手里拿着空碗、空杯、空盘等易碎容器时，不能因里面没有装东西就马虎大意，依然要小心谨慎地用双手拿稳；当移动或使用如照相机、手机、录音笔、MP4 等小型电子产品时，要稳拿稳放，别因大意使物品受损。

另外，如果孩子有机会看到或接触到价格不菲的珠宝、玉器、瓷器、翡翠、古董等物件，不要让他去触碰，以防因损坏而造成不可估量的经济损失。总之，当孩子触碰、使用、搬运每一件或大或小的物品时，动作都要柔缓，要有爱惜物品的意识。这样，不但物品会完好无损地伴随孩子更长的时间，也不会因损坏物品而耽误要紧的事。

让孩子通过对“入虚室，如有人”的理解，激励自己成为表里如一的人。

大多数人进入有人的房间时，都会约束自己的行为，所表现出的状态也与自己独自在房间时的状态不太一样。为什么会这样呢？为什么人前人后不能保持一致呢？因为大多数人都免不了走入“做样子给别人看”的误区。

而这句“入虚室，如有人”就是告诉孩子，一个有修养、有德行的人，不会因为别人看不见，就干不该干的事，做任何事情都要遵循规矩、道义和正义，而不是以有没有人看见为准。如果孩子知道这个道理，就不会趁父母不在家的时候进入父母房间乱翻，也不会乱动老师的讲桌、同学的课桌上的东西。这样，即便别人丢了东西，孩子也不会被怀疑。

一家企业招聘管理人员，前来应聘的人很多。通过层层考试，10 位应聘者一路“过五关，斩六将”，在众多的应聘者中脱颖而出。但到了最后面试阶段意外发生了：面试进行到一半时，负责人突然说有点急事要暂时离开一下，请大家等候一会儿。

过了 10 分钟，负责人还没来，原本坐在自己位子上的应聘者开始起身活动。有的看看办公桌上的照片，有的打开书柜看看里面的书籍，有的看看墙上的装饰，有的干脆用办公桌上的电话聊起天来，只有一位应聘者依然端坐在自己的位子上没有动。

又过了几分钟，负责人回来了，宣布那位没有到处乱翻乱动的人被录取了。

其实，这是最后一道面试题，就看应聘者在负责人不在的情况下能不能谨言慎行、约束自己。

《大学》中有一句：“君子必慎其独也。”意思是说：一个道德高尚的人即使独处，也会很谨慎，绝对不会因没有人看到而忘乎所以。这也告诉我们，做人要表里如一，绝不能说一套做一套。

有位老师常常告诫学生不能随地吐痰。但有一天，他看四下无人，往地上吐了一口痰。突然，远方传来一个声音：“老师，您怎么可以随地吐痰?”这位老师立刻羞愧万分。

当老师不能“慎独”的时候，学生就很难听从他的教诲；当父母不懂得约束自己的行为时，孩子也很难信服父母。所以，我们务必要懂得规范自己的行为，给孩子做出好榜样。

除此之外，我们如何教孩子落实这句教诲呢?

我们要常常提醒孩子，进入没有人的房间时，无论那个房间是父母的，还是爷爷奶奶或兄弟姐妹的，只要不是自己的，就不能因屋内没人而乱动、乱翻、乱看屋里的东西。

如果到别人家做客，在没有主人特别邀请的情况下，应只在客厅活动，不要乱跑到卧室、书房、工作室等其他房间。

在公共场所，只能在公共区域活动，不要乱闯工作人员的办公室，特别要遵守“闲人免进”的指示。否则，擅闯不但不礼貌，有时也会招来意想不到的危险。

当进入到寺院、教堂等场所时，更要小心谨慎。不管里面有没有人，都不能乱动、乱碰任何物品。

当然，我列举出的事项只是起一个抛砖引玉的作用，旨在让孩子知道，接触一切人、一切物、一切事的时候都要谨慎，即便一个人独处也要注意自己的言行举止。长期这样练习下去，孩子不但能养成做事细致、稳妥的习惯，道德品质也会进一步提升。

事勿忙，忙多错，勿畏难，勿轻略。

孩子也会遇到很多事务堆积在一起的情况，他是怎么处理的呢？

俗话说："忙中出错。""忙"意味着需要处理的事务很多，当一件事情尚且没有处理完毕其他事情又接踵而至的时候，心情难免会焦躁。心一焦躁，思路就容易混乱，那出错就是在所难免的了。可见，出错的原因不在于忙，而在于躁。如果心不焦躁、很安定，就能有条不紊地处理每一件事，出错的机会就会很少。

"事勿忙，忙多错，勿畏难，勿轻略"这句话意思是：做任何事情时，都不能慌张匆忙；如果遇到困难，不要害怕退缩，要想办法解决，而且做事情一定要认真仔细，不可以有怠慢之心，也不要轻视和忽略任何细节。

然而，如今的孩子会不会有条不紊地处理事务呢？

一个男孩儿每天晚上写完作业都不收拾书包。早上起来，他又要洗脸刷牙，又要吃早饭，又要整理书包，搞得自己很忙。遇上起得晚一点儿或者哪件学习用品找不到的情况，那就是忙上加忙。一忙一急当然就容易出错，到了学校才发现，不是这个作业本没带，就是那个文具没拿，结果不是挨老师的批评，就是给自己的学习带来不便。

这个男孩儿并不是特例。很多孩子都和他一样，做事没有计划、没有安排，等到事情堆在一起不得不做的时候，才手忙脚乱、慌里慌张地完成。这样怎能不出错？

如果想不出错，要么前一天晚上整理好书包，要么早晨早点起来，给整理书包留出足够的时间。

其实，这个小男孩儿的忙不是不得已的，而是可以预防的。同理，所有的事务如果提前做好计划、做好安排、做好准备，都会在很大程度上避免忙碌的发生，也就不会忙中出错了。

如何让孩子学会有条不紊地处理事务呢？

有一个小女孩儿每天在学校都会随时把老师布置的各科作业，以及第二天需要带来的文具、书籍等事项记录在本子上，放学回家前检查一遍，有什么不明确的，就及时问同学或老师。晚上回到家，她会及时完成记录在册的作业，之后准备好第二天要用的课本和用具，临睡前还会检查一遍，以做到万无一失。

第二天早上，她不会像那位男孩儿一样忙碌，而是轻松地洗漱、吃早饭，高高兴兴地上学，在学校的学习生活也很顺利，每天都有一个好心情。

从小女孩儿对事务的安排上我们可以理出一个顺序：准备—实施—检查。如果没有完善的准备，实施起来自然没有头绪，更不知道从哪里开始检查，这样就容易出错，而忙中出错又会导致返工，最后，做事时间和质量都难以保证。

所以，做任何事情之前的准备工作都非常重要。而准备之前，一定要有正确的态度，那就是“勿畏难，勿轻略”。如果孩子在做事之前觉得事情特别困难，就很容易退缩，处理事情的过程中也容易因过度紧张而出错；如果觉得“太简单了”，就不会重视，容易因疏忽而出错。因此，只有认真对待、谨慎处理，事情才能圆满地完成。

当然，无论孩子是“畏难”还是“轻略”，我们都要帮他列出待做事情的具体细节和顺序。比如，在写作业之前，要安排好写作业的顺序，要清楚地知道先完成哪个科目、后完成哪个科目，为什么要这样安排，每项内容需要多长时间，总共需要多长时间等，做好计划之后再开始实施。

这样一来，有“畏难”心态的孩子因清晰地看到事务的安排，并且明白只要按列出的条目一步一步地做就能完成，便会打消疑虑，积极投入其中；而有“轻略”心态的孩子，会发现事情不像他想象的那么简单，要一步步地落实才能做好，也就不会怠慢和松懈了。

因此，事前做准备、做计划，能在最大程度上避免因思维混乱而产生事务堆积的情况，出错的概率自然会下降。而且，这也是纠正孩子“畏难”和“轻略”心态的最好办法。

我们要借用日常事务，培养孩子的做事能力。

借助孩子每天频繁接触的日常事务，就可以培养他的做事能力。比如，在做清洁之前，要让他计划好扫地、擦桌子、拖地、收拾房间等事务的顺序。在这个过程中，我们要提醒他不要心急，要平心静气、按部就班地一点点完成，这样既不会浪费时间，又保证了效率。

如果孩子在学习、做事的过程中遇到困难，我们要鼓励他不要退缩，而是要想办法突破。比如，遇到不会做的题目时，可以暂时放在一边，等其他作业都做好后，回头再来思考；如果凭自己的力量无法解决，则向父母、老师或同学求助。

另外，在生活和学习中，我们要引导他用认真的态度对待每一件小事，比如削铅笔、包书皮、整理房间或读课文、查字典、听录音等，不要因为太容易就不认真做。要让孩子知道，任何一件大事都是由无数个细节组成的，所以要认认真真地去完成。

这样，时间一长，他做任何事情都会胸有成竹、有条不紊，即使遇到突发情况，也懂得如何处理。孩子的做事能力一旦增强，成功就离他不远了。

教育小语

学到这里，你是不是会对《弟子规》肃然起敬？它不是教条地教孩子死读书，而是做人、做事无所不教，只是以前没有真正理解它内在的深刻含义。它的每一句教诲都有很深、很广、很细的道理在其中。我们只有真正明白了，才会建立起对《弟子规》的信心，从而进一步引导孩子去落实。相信在不久的将来，孩子一定会收获幸福、成功的人生。

第七节

让孩子远离斗闹场所，不打探他人的邪僻事

当今社会，诸如网吧、酒吧、歌厅、迪厅等娱乐休闲场所特别多，这些场所很多都是“斗闹场”。如果孩子在没有建立正确的是非观念时就进出这些场所，打探他人的邪僻事的话，他的身心就会受到严重污染，也有可能遭遇横祸。因此，我们要让孩子远离斗闹场所，不打探他人的邪僻事，保障孩子的身心健康，使其生命安全不受威胁。

斗闹场，绝勿近。

站在斗闹场附近，孩子会不会主动选择远离？

在孩子的成长过程中，环境对他的影响是很大的。他接触良好的环境，常常与有良好行为习惯的人相处，时间长了，自己的言行举止也不会太差。相反，

如果他总是接触不良的人、事、物，迟早也会染上不良的习气。

这也就是孟母三迁的原因。

一开始，小孟子和母亲住在离墓地比较近的地方，孟子就常常学大人们大哭送葬的样子，玩一些办理丧事的游戏。母亲见状，就举家搬到了集市附近。没过几天，孟子又学起商人做生意和屠宰猪羊的事。母亲紧锁眉头，决定再次搬家。这一次，他们搬到了学校附近，孟子学起学生读书的样子。母亲一看，感叹道："这里才是适合我们居住的地方。"

这个流传已久的故事，说明孩子的模仿能力很强，在他没有建立是非观念的时候，他只会一味地模仿。模仿的次数多了，就会内化成自己的行为。因此，孩子常常身处什么样的环境，决定着他有什么样的未来。

所以，让孩子远离对他身心成长没有好处的环境是非常必要的，正如这句教诲所说，"斗闹场，绝勿近"。"斗"就是争斗的地方，"闹"就是非常热闹、非常繁华的场所，意思是：那些容易产生争斗或非常热闹，甚至是容易闹事的地方，我们都不要让孩子接近。

然而，现在很多孩子不懂得这个道理，也不知道拒绝他人的邀请，会出入类似酒吧、网吧、歌厅、舞厅等地方，不出事则罢，一出事就后悔终生。有的孩子爱凑热闹，殊不知，这些热闹场所中暗含着太多的危险！一旦发生意外状况，很可能会给自己带来身体或心灵的伤害。

如果孩子从小学过《弟子规》，他就会知道，那些场所都不该接近。只有远离这些场所才能保护自己的身心健康，保证自己的生命安全。

我们要把接近斗闹场的坏处告诉孩子。

一个女孩儿学过《弟子规》，知道斗闹场不能接近，所以从来不去那些地方。一次，在她的表哥身上发生了一件事，让她更加懂得了这句教诲的重要。

这个女孩儿的表哥一天和同学在马路上闲逛时，看见不远处有很多人聚集，他们就准备凑上去看看热闹。还没走到聚集地，突然传来一声枪响，表哥不知怎么回事就跪在地上了。

原来，表哥是被从聚集地射出来的子弹打中腿部跪倒在地的。而开枪的人是警察，是朝天开了一枪，没想到枪走火了。虽然没有生命危险，但表哥的伤受得也够冤枉的。

自从表哥出了这件事后，小女孩儿更加深信《弟子规》的教诲。一次，她和同学在路上遇到一伙人围观，同学说："走，去看看。"小女孩儿马上说："斗闹场，绝勿近。"她还把表哥的事情讲给同学听。同学觉得很有道理，以后也不再随便凑热闹了。

如果我们搜集一些类似的例子，常常讲给孩子听，他就知道斗闹场里"危机四伏"，不能随便进出，要是运气不好，说不定哪天就把自己的命搭上了。即便生命没有受到威胁，在网吧、酒吧、歌舞厅出入久了，孩子哪能不染上一些恶习？等到染上了再改，就很难了。因此，这句教诲就是让孩子做好预防工作，远离污染自己身心健康的地方，保持人性本有的纯净。

邪僻事，绝勿问。

一个有警觉心的孩子，不会因好奇心驱使而打探"邪僻事"。

这句"邪僻事，绝勿问"的教诲依然起着保护孩子身心健康的作用。这里的"邪"就是不正当的，"僻"指怪癖的、不常见的。就是说，孩子不要去询问、打听那些不正当的、怪异的事情。因为那些事情往往会污染心灵，给身心健康造成损害。

如今，很多深陷黄毒中的孩子，第一次接触黄色刊物、碟片、网络视频、故事时，都是出于好奇心。

有一个男孩儿无意中听到两个男同学讲黄色故事。他一开始没在意，但越听越好奇，便凑上去仔细听起来，听不懂的地方还不断询问。之后，他和这两个男同学经常在一起聊“邪僻事”，还常常看黄色视频。慢慢地，他学会了手淫。再后来，他的身体越来越差，学习也越来越差，满脑子都是邪僻事，深陷其中无法自拔，痛苦不堪。

说到这里，顺便多说几句。目前，市面上给孩子看的青春读物或者一些家庭教育书籍中说手淫无害健康，甚至在书上公然说“手淫是应该尊重的隐私，自慰是一种很好的宣泄性能量的方式”，这对孩子绝对是一种误导，是极不负责任的言论。作为父母，对这类所谓的“教育观点”一定要注意辨别，千万不可“尽信书”。要知道，手淫一旦开了头，孩子是没有自制力去控制的，只能是沉湎其中不能自已，最终一定会害了他自己。

如果孩子懂得“邪僻事，绝勿问”的道理，就不可能在碰到他人谈论类似色情、偷盗、暴力等话题时上前参与、询问。他内心会有一种警惕感，感觉这些话题与道义、正义不相符时就会选择远离，以防身心受污染。

我们应该怎样教孩子学会判断“邪僻事”呢？

与邪僻事相反的，是正义的、正当的事。当我们把正义的告诉孩子，那么与正义不相符的，自然就是邪僻的。因此，我们要尽可能地把正面的、高尚的东西传授给孩子，时间长了，他自己接触人、事、物的时候，就会有判断力。同时，他知道只要与平时所学的不一致的，都不能轻易接触，因为其中很有可能暗含“邪僻”的东西。

另外，我们要告诉孩子：如果无意中听到一些事情，让你的心感到七上八下或极度恐惧、忧虑、烦躁，就不要继续听下去，赶快起身远离。

一个小女孩儿晚上做噩梦，在梦中大哭大叫。妈妈叫醒她之后，她告诉妈妈，前几天听同学讲了很可怕的鬼故事，梦中就梦到那个鬼在抓她。这几天，只要天一黑，她就害怕，睡觉之后也不敢上厕所，总是会想：厕所里会不会有鬼？

一个鬼故事让孩子的心灵受到如此煎熬，真是不应该。所以，我们一定要让孩子懂得主动回避那些邪僻事，以保持心情的轻松与愉悦。

因为有了网络和有线电视，今天的孩子足不出户就身处斗闹场中了。

当今社会，不是只有酒吧、网吧、歌舞厅才是斗闹场。如果我们常常把朋友约到家中喝酒、唱歌、娱乐，这与酒吧、歌厅就没有什么区别。而随着网络通信的发达，几乎每个家庭都装有网线，孩子虽然可以通过网络了解世界，查找需要的资料，但是黄色和暴力的画面、视屏、文字也同样充斥在网络上。如果孩子常常浏览这些东西，那岂不是足不出户就听闻邪僻事了吗？还有，如今的很多电视节目都无益于孩子的身心健康发展，一些争斗、暴力、情爱的场面常常被孩子看到，那与在斗闹场中也没有什么不同。

因此，我们不能任由孩子随便上网浏览网页、看电视节目。我们一定要进行一些监管，给孩子讲清道理，让孩子有选择、有节制地上网、看电视。

另外，我们做父母的一定要注意自己的言行举止。虽然夫妻之间的房事是合乎道德的，但是也要谨慎，不要让孩子听到、看到或无意中撞到。孩子不懂得是怎么回事，要么会觉得很可耻，要么会觉得很好奇，有的甚至还会受到心灵的伤害。而有的初、高中生晚上无意中听到父母的房事，第二天居然还会和同学讨论。这对他的身心发育没有好处，也是对父母的不尊重。所以，我们务必要注意自己的一言一行。

当然，适龄的孩子接受性教育是另外一回事，但我们要尽力为孩子打造一个纯净的家庭环境，让他们健康、愉快地长大。

教育小语

《论语》中提到："非礼勿视，非礼勿听，非礼勿言，非礼勿动。"意思就是：不合乎礼的，不要看，不要听，不要说，也不要接触。这里的"礼"就是与道义、正义、规律相符合的事物。如果孩子不懂得回避那些"非礼"的人事环境，就会污染身心健康，走上不正之路。所以，在孩子的身心尚未受到污染之前，我们就要做好预防，以免使孩子误入歧途。

第八节

做访客时，要让孩子务必遵循一定的礼节

“不学礼，无以立。”孩子如果不懂得基本的礼貌礼仪，怎么能立身处世呢？而在众多的礼节中，不可忽略的就是拜访礼节，特别是准备进入他人的房子或办公室时，要懂得如何应对。如果孩子懂得应对的方法，那么一定会给人留下良好的印象。

将入门，问孰存；将上堂，声必扬。

孩子总会登门拜访亲友、老师，关于入门的礼节，孩子知道吗？

在古代，人们居住的房子不是一开门就是客厅，而是在一个大院落中按顺序有门厅、客厅、后院等等，卧室坐落在两侧，即使小户人家没有那么多厅堂、走廊，但是进了大门之后，也要走过院子，才能到达厅堂。

所以，这句“将入门，问孰存；将上堂，声必扬”说的就是准备进大门的时候，要“问孰存”，就是问有没有人在、谁在；当准备进入客厅、堂屋的时候，“声必扬”，就是把声音提高一些，以便让里面的人知道。我们从古装片中也能看到，一些大户人家接待客人时，都是管家或丫环先请客人在厅堂等候，然后禀报主人有人来访，主人可能会换件衣服，然后才到厅堂会客。由此可以看出，“问孰存”和“声必扬”不仅是为了让屋内的人知道有人来访，也为了留给主人一些准备时间。

而这句教诲放在今天使用，也是非常必要的。不过，人们大都用敲门的方式代替了“问孰存”。如果主人的家门、房门是开着的，那就直接落实“声必扬”，提高音量问：“请问，某某在吗？”

说到此，我建议孩子在拜访他人之前，提前打电话预约。古代的通信没有像今天这样发达，互相拜访无法预知，自然不能提前作准备。今天就不同了，为了不让主人感到突然，提前打电话预约是很有必要的。

还值得注意的是，不要已经在人家楼下了，才打电话问：“你有空吗？我就在楼下，方便的话，我上来坐坐。”那对方怎么能说“没空”？这种做法会让对方为难。所以，要提前一天至少半天预约。

当然，无论是否预约，到了人家家门口，都要敲门或摁门铃。关于如何敲门，如何询问，现今的孩子未必懂得。

一个小男孩儿放学回家，站在家门口就“咚咚咚”地使劲敲门，敲得又响又急。屋内的妈妈还没走到门口，就开始胡思乱想了：现在正是放学的时间，是不是孩子在外面出什么事儿了？

妈妈一开门，看见是自己的儿子，稍微松了口气，但还是急切地问：“怎么了？没出什么事儿吧？”儿子一边进屋，一边说：“没什么事儿啊，渴死我了。”原来，男孩儿是太口渴了才这样敲门的，真是让妈妈虚惊一场。

瞧！孩子不懂得如何敲门，让家人无缘无故地担心了一场。这是敲自家门，如果是拜访别人，这样敲门恐怕不会给人留下什么好印象吧！

另外，如果别人家的房门没锁，恰好孩子来拜访，孩子会怎样呢？会不会不声不响地进去吓主人一跳，或者让主人误以为孩子有什么鬼祟行为，再或者会碰到主人衣冠不整等尴尬场面？为了避免类似情况发生，做到“问孰存”和“声必扬”是非常必要的。

我们一定要让孩子通过落实这句教诲成为有礼貌的人。

我们要让孩子知道，去别人家进门之前要摁门铃或敲门，但是，门铃不能持续不断地摁，敲门也要讲究方法，如果摁门铃或敲门太急促，会让屋里的人误以为发生了什么急事或大事而不安。

敲门一般敲三下之后等待回应，没人回应时，可以再敲三下，如果第三个“当当当”敲完后还没人回应，就基本可以确定屋内没人。另外，如果孩子个子矮，无法摁到门铃的话，那么就敲门，不要跳着脚去摁门铃。

有一个小女孩儿提着小提琴去老师家学习，自己摁不到门铃就跳着摁。结果，跳一下，手没摸到门铃，但琴盒却撞了一下门，她跳了三次，琴盒也撞了三次。门打开之后，老师说：“可以敲门啊！为什么要踢门？”

如果女孩儿能够大大方方地敲门，就不会引起老师的误会了。

所以，类似的问题是孩子不得不注意的。

而孩子在学校里，进老师的办公室时，要以喊“报告”代替敲门。在家里，当准备进入我们的书房、卧室等不属于他的房间之前，也要敲门，得到允许后才能进入，以免给屋内的人造成不便。

另外，当孩子准备进入打开的房门时，无论里面有没有人，都要敲门。倘若里面有人，敲门是引起对方的注意，免得人家不知道有人进来；如果孩子看不到里面的人，就要问一声：“请问，有人在吗？”可以问两三遍，没人应，就不要随便进去，除非有人喊“请进”，方可进入。如果对方说“等一下”，就要老老实实地等着，不能因彼此很熟悉就往里走，说不定对方在上厕所或整理衣服，特别是夏天，一定要注意这一点。

如果孩子被允许进到厅内后，还是不见人影，就要高声说：“我进来了！”

并站在固定的位置等候回应，不要到处乱看、乱动、乱摸，以防人家因东西丢失而怀疑孩子，这就需要落实我们之前学过的“入虚室，如有人”的教诲了。

人问谁？对以名，吾与我，不分明。

当对方问：“谁啊？”孩子一般都是怎么回应的？

孩子敲门后，可能会听到屋内的人问：“谁啊？”大多数孩子都习惯说：“我！”这样妥当吗？“我”是谁啊？对方很可能还是不知道孩子是谁。所以，这句“人问谁，对以名，吾与我，不分明”中就说了，当他人询问是谁的时候，应该报上自己的姓名。“吾”，也是“我”的意思。

比如，孩子可以回应：“您好，我是×××。”这样，人家就知道了。但是，如果对方不认识孩子，孩子就要报出相应的身份，比如：“我是您家楼上的住户×××”；“我是×××的同学”；“我是2年级3班的学生×××”；等等，这样不仅礼貌，也可以让对方清楚自己是谁。

如果孩子能这样做，就不愧是一个大方、得体、有修养的好孩子。

让孩子学会广泛而灵活地应用这句教诲。

这句“人问谁？对以名，吾与我，不分明”的思想精髓是，让孩子学会在必要时主动介绍自己，而不是让对方无端猜测。但此之前，要确定拜访的对象准确无误。

比如，孩子第一次去某位老师的办公室。敲过门，他被允许进入之后，如果没有见到要寻找的老师，就要主动问其他老师说：“老师，请问，某某老师是在这间办公室吗？”

再如，如果拜访亲友时孩子不认识开门的人，就要大方地询问，自己要找的人是不是住在这里，而不是从门外往里看或者转身离开。

再以打电话为例，对方接通电话后，孩子首先要问："您好，请问，您是×××吗？"以确定电话没有打错。在确定没错的情况下，要主动自报家门说："我是×××。"之后再说事情。千万不可以对方一接通电话，就直接说事，这就会显得很不礼貌。

另外，如果自己换了通信地址或联系方式，以新的联络方式通知别人的时候，一定要说明自己是谁。

最后，如果孩子敲错房门或打错电话，就要赶快道歉说："对不起，是我弄错了，打扰您了。"千万不可以转身就跑或者立刻挂断电话。

教育小语

读到这里，我们是不是不禁感叹：《弟子规》居然还教如此细微的礼貌细节？关于如何敲门、如何询问、如何打电话，恐怕是我们绝大多数父母都不一定懂得的细节。而礼貌是否到位，就体现在很多细节上。如果孩子能逐步落实这些教诲，他的道德修养便会逐渐提升，人生之路也会变得越来越顺畅。

第九节

教孩子如何正确地借用他人的物品

在人与人的交往中，彼此借用物品是很常见的。然而，借用也不是随随便便的，其中含有一定的规矩和礼节。如果孩子懂得遵循相应的规矩和礼节，就不会在借用的过程中给对方带来不便，也不会使自己的人格有所降低。

用人物，须明求，倘不问，即为偷。

孩子会不会在不打招呼的情况下使用别人的物品？

一个男孩儿看到同学的尺子很好看，就在同学不知道的情况下拿过来使用，用完也忘记还给同学了。过了一会儿，同学开始四处寻找自己的尺子，越找越着急，越着急就越生气。突然，他在男孩儿的桌子上发现了自己的尺子，冲过去就说："你怎么偷我的东西！"男孩儿觉得很冤枉，大喊道："我没有偷。"

这种情形在孩子之间很容易发生，很多小学老师甚至初中老师每天都会碰到几起类似的“案件”需要处理。而不打招呼就拿别人东西使用的行为到底是不是偷呢？“偷”字在《现代汉语词典》里的解释是：私下拿走别人的东西，据为己有。

这样说来，从行为上看，那个男孩儿是不是就是偷东西了？其实不然。很多孩子不是有意瞒着对方，而是不懂得向对方打招呼，最后落了个“小偷”的骂名，真是冤枉。所以，我们要告诉孩子：为了不让自己被人称为“小偷”，就要懂得一些借用他人物品时的礼貌和规矩。

这句“用人物，须明求，倘不问，即为偷”就是告诉孩子，如果想使用别人的东西，必须当面向对方提出请求，在对方同意的情况下才能使用。这里的“须”就是必须，强调询问的无可争辩性。如果不问一声就擅自拿来使用，这种行为就如同偷盗一样。

那么，落实在生活中就是，在准备借用他人物品之前，要问一下物品的主人：“请问，我是否可以用一下你的×××？”在征得他人的同意后，用得正大光明，就不可能被误认为是小偷了。由此可见，让孩子从小落实这句教诲是多么重要啊！

告诉孩子借用他人物品的一些注意事项。

借用他人物品之前，征求主人同意是非常必要的。除此之外，我们还要让孩子知道，不是自己想用就可以随便提出借用请求。比如，较贵重的物品、别人新买的物品、主人心爱的物品等，都不要因自己想用就借用。

因为孩子在使用类似智能手机、数码相机、MP4、掌上电脑等较贵重的物品时，万一不慎损坏，那岂不是给他人添了麻烦，也使自己陷入窘境？而那些对方新买的书籍、玩具等物品，孩子的借用会影响对方使用。将心比心，一般人谁愿意把自己还没看的新书、没有玩过的新玩具借给别人？而关于心爱的物品就不必说了，孩子提出借用请求，就是在为难对方。

另外，为了避免让对方为难，孩子最好不要指定某一个物品，比如，拿起人家的某一支铅笔，说："让我用用。"而是问："能不能借我一支铅笔?"这样，对方会找出他愿意借出的那支。或者，孩子在询问的时候，可以加上"暂时不用（看）"这个定语，比如："你有没有暂时不看的课外书？请借我看看吧！""你有暂时不用的钢笔吗？借我用用吧，谢谢！"等等，特别是对方正在频繁使用该物品的时候，孩子更要考虑到主人使用时是否方便。

如果对方不方便借给孩子，孩子也不要死缠烂打地非借用不可，更不要指责对方小气，要尊重对方的意愿。当然，如果人家愿意借给孩子，孩子要心存感恩，用过之后尽快归还。

除此之外，我们还要让孩子知道，要使用父母、爷爷奶奶、哥哥姐姐等人的私人物品时，也要提出请求，不可以随便翻动亲人的包或抽屉，并拿出就用。如果遇到紧急事件，来不及向对方请求，但又必须借用的情况，使用之后要主动向对方说明情况，不可以装作没借用过。

如果孩子能注意以上这些借用细节，就不会给他人和自己带来不便了。

借人物，及时还；人借物，有勿悭。

如果孩子想把"互通有无"的良好状态长久保持下去，就要懂得"及时还"。

俗话说："好借好还，再借不难。"是啊！谁愿意把东西借给那些不及时归还或者根本不准备归还的孩子？而这样的孩子也只能借用一次他人的物品，第二次将没有人愿意把东西借给他。

一个男生常常向同学借文具，有时还向同学借钱，借完从来不还。渐渐地，很多同学都对他有了看法。一次竞选班干部，虽然这位男生是候选人，但几乎没人投他的票。老师对此很奇怪，因为老师一直认为他人缘不错，应该有很多支持者。

后来，有同学陆续向老师告状，说他借东西不还。老师问他的时候，还没有等他回应，就有约三分之二的同学七嘴八舌地说："他还借过我的东西，现在还没还。"老师这才知道问题的严重性，也知道了他选不上班干部的原因。

一个常常失信于他人的孩子，根本建立不了基本的威信，而借东西不及时还就是失信的表现。如果这个男生知道"借人物，及时还，人借物，有勿悭"的道理，就不会那样做了。

所以，我们一定要告诉孩子，借了别人的物品后，一定要在约定的时间内归还，这种诚信的态度会使下次的借用变得容易。

让孩子通过故事了解诚信做人的好处。

明朝有个名叫宋濂的人，自幼聪明好学，但因为家境贫寒买不起书。当时，有一些富贵人家有很多好书。宋濂为了学习，就常常向富贵人家借书看。每次，他都和对方讲好期限，按时还书，从不拖欠。于是，很多大户人家都愿意借书给他。

一次，宋濂借到一本书，爱不释手，决定把它抄写下来。眼看着还书的时间就要到了，他只好连夜抄书。那时候，正值寒冬腊月，天气非常寒冷。宋濂的手冻得通红，但仍然坚持抄书。母亲见状，非常心疼，说："孩子，天这么冷，而且天也黑了，等明天天亮了再抄吧！"

宋濂听了，说："请娘放心，孩儿不冷。我已经答应人家在 10 天之内将书归还，不管别人看不看，我都要如期还给人家。如果我这次失信了，恐怕下次就没有人再愿意借书给我了。"

第十天早晨，天空下起了大雪，书的主人以为宋濂不会来还书了，但宋濂却冒雪把书还回来了。主人很感动，于是告诉他，以后可以随时来借书，而且不向他限定还书的期限。

宋濂长大后，在政坛和文学上都取得了很大的成就，曾被明太祖朱元璋誉为“开国文臣之首”。

当孩子听到这样的故事时，就会真正理解“及时还，借不难”的道理，也会因受到感染而期许自己成为守信的人。关于信用和诚信的更多内容，会在下一章详细介绍。

另外，我们要嘱咐孩子，使用他人的物品时一定要爱护，不要弄脏、弄坏。否则，虽然及时归还了，恐怕下次也不容易再借了。对于个人物品如此，对公家的物品亦如此。比如，孩子借阅图书馆的书籍后，不仅要及时归还，阅读的时候也要爱惜。关于孩子应该如何爱惜书本的具体内容，在后面的“余力学文”部分会进行详细的介绍。

教育小语

我们可以让孩子想一下：他愿意把物品借给什么样的人？答案当然是懂得爱惜物品并能及时归还物品的人。既然如此，我们就应该引导孩子努力成为这样的人，当别人把财、物借给孩子时，就会安心、放心。这样，孩子便会因此与人建立良好的交往关系。

本章后记

孩子无论身处何地，无论接触何人、何事、何物，只要有一个谨慎的态度，就不但能保障自己的生命安全，还能保护自己的身心健康。当然，这更是一种高修养、高素质的体现。

首先，我们要让孩子学会珍惜时光，养成良好的生活作息习惯，不要荒废了大好青春。另外，一定要让孩子学会打理自己的个人卫生，保持干净、整洁、大方、得体的个人形象。不过，保持良好的形象并不需要名牌服装做陪衬。对于衣物等生活物品的选择，要考虑自己家庭的经济状况和自己的身份，要有正确的消费观，远离攀比和虚荣心。

其次，帮孩子养成良好的饮食习惯也是很重要的。饮食要合理、健康、有节制，千万不能养成饮酒、吸烟的坏毛病。而孩子平时也应该保持稳重的行走坐卧姿势，这不仅对他的身体健康发育有利，更能显示出他的修养和德行。

再次，必须让孩子学会整理、收拾个人物品，保持生活环境的有序和洁净。否则，没有“扫一屋”的能力，怎么有能力“扫天下”？而说到扫天下，就需要有高效的做事能力，所以孩子就要养成有条理、有计划的做事习惯。

同时，在当今这个社会，必须让孩子学会保护自己的身心健康，懂得回避那些易产生打斗或易发生不良事件的场所，也不要去打探别人的不雅的、不正的私密事，以免受污染。

最后，我们要教会孩子做访客的礼节，别因自己的失礼给他人带来不便。同时，还要让孩子懂得如何正确地借用他人的物品。如果孩子能够努力做到以上这些，他就一定会成为懂得自重自爱、谨言慎行的人。

第五章

信——孩子要言而有信，这是立业处世的基础

信，是儒家的道德规范，主要意思是诚信，言而有信。《论语》中讲道：“子以四教：文、行、忠、信。”孔子以文、行、忠、信四项内容教导学生，认为信是做人的基本要求。子曰：“人而无信，不知其可也。”一个人言而无信，怎么能行呢？这足以说明，对于一个人的成长而言，信是非常重要的，是立业处世的基础。

第一节

让孩子在言语上做到诚实守信，不欺诈他人

“信”本身就是一个智慧的符号，左边是“亻”，右边是“言”，即“人言为信”。《说文解字》中解释：“信，诚也，从人言。”也就是说，一个人说出的话，就一定要兑现，不可以说一些欺骗他人的话。因此，我们要教孩子在言语上做到诚信，不说谎。

凡出言，信为先。

诚信是一种美德，是每个人都应该具备的最基本的素质。

孟子曾说：“车无辕而不行，人无信而不立。”一个人没有信用，是无法在这个社会中立足的。可见，诚信关乎一个人的未来。所以，凡是开口说话，就要讲信用，对自己说出来的话要放在心上，答应他人的事情一定要信守承诺。

在古时候，科技、交通不发达，朋友之间居住的地方相距较远，都是提前约好下次见面的时间和地点。下次见面短则一年，长则几年甚至几十年。但是无论时间有多长，他们都会如期而至。即便是相约的某一方已经不在人世，他也会在临终前把此事托付给亲人，嘱咐亲人代自己赴约。这里所流露出的诚信的精髓，是多么值得我们学习啊！

另外，古人的诚信不只建立在言语上，甚至连一个念头都不会违背。

在春秋时代，吴国的季扎是一个有仁义的人。有一次，吴国的国君派季扎出使鲁国。当季扎一行途经徐国时，徐国的国君宴请了他。徐国国君看到季扎身上佩带的一把宝剑时，流露出了对宝剑的喜爱。季扎心里清楚，徐国国君非常喜欢自己的这把宝剑。但是，出使外国，宝剑是必要的配饰之一。所以，当时季扎的心里起了这样一个念头：我现在不能把宝剑送给徐国国君，等到办完事情再送给他。

等到季扎顺利出使鲁国，返回吴国途经徐国时，他想把这把宝剑送给徐国国君。不巧的是，徐国国君已经去世了。随后，季扎就来到了徐国国君的墓前祭拜他。祭拜完后，季扎把宝剑挂在了墓旁的树上。季扎的随从非常奇怪，就问他为什么要这样做。当时，季扎回答道："始吾心已许之，岂以死背吾心哉？"意思是说，我的心早就已经答应把宝剑送给徐国国君了，怎么可以因为他去世了而违背我的心呢？

其实，即使季扎不把宝剑送给徐君，也不会有人说他什么。因为季扎没有在口头上给徐国国君任何承诺，而且徐国国君也已经不在人世了。但是，季扎却兑现了自己念头上的承诺。这种诚信是多么难能可贵啊！

然而，在当今社会，有些人说话不讲诚信，有些企业也不讲诚信，出尔反尔，害人又害己，从而引发了严重的诚信危机。口头承诺的事情，可能会因为某些原因而无法履行。即便是白纸黑字定下的合同，也可能会故意违约。试想一下，如果人们都不讲诚信，都以欺诈为荣的话，这个社会还如何前进呢？

同样，一个民族、一个国家失去了信用，也将无法在这个世界上立足。所以，我们应该和孩子一起落实"凡出言，信为先"，共同勉励，做一个诚实守信的人。

在生活中，我们首先要在言语上做到诚信。

人与人之间的交往，使用最频繁的、最容易表达的就是言语。如果言语不能建立在诚信的基础上，人与人之间的交往就会变得非常虚伪，也就失去了交往的真正意义。而且，更可怕的是，我们的一言一行将在无形中影响孩子。

所以，我们一定要言而有信，答应他人的事情就一定要去做，不能找任何借口。尤其对于孩子的承诺，一定要履行。如果因为特殊情况而无法对孩子履行承诺，一定要跟孩子说明原因，争取得到他的谅解，并找机会弥补这次缺憾。只有这样，我们才能获得孩子最大限度的信任和敬佩。更重要的是，我们给孩子做了一个诚信的好榜样，孩子也会学着我们的样子，履行对他人的承诺。

我们要帮助孩子建立诚信的意识。

对于每个人而言，诚信都是立足社会的基石。在竞争日益激烈的当今社会，要使孩子立于不败之地，就必须让他具备诚信的品质。第一章已经讲过了，孩子讲诚信不但不会受人欺负、受人骗，反而会赢得更多人的喜爱和帮助。

然而，对于孩子而言，他的脑海中可能还没有诚信的概念，他可能很容易就答应他人要做某件事情，然后又找很多理由推脱。所以，从孩子小时候开始，我们就要帮助他建立诚信的意识。

平日里，我们可以有意识地引导孩子思考关于诚信的问题，让他知道什么是诚信；可以给孩子讲一些关于诚信的故事，将道理深入浅出地渗透给孩子，使他得到诚信品质的滋养，也可以一起分析故事中人物的对错，从而帮助他建立正确的诚信观。

另外，我们也可以在生活细节中帮助孩子建立诚信的意识，对于孩子答应我们的事情，比如回家先写作业、出去玩多长时间、看多长时间电视、几点起床、去超市买什么东西等，我们都要监督他做到，不能放任他的行为，更不能迁就他。当孩子这样去做的时候，说到做到的诚信意识就慢慢在他心中建立起来了。

我们常说："凡事三思而后行。"其实，说话也一样，也需要三思。

孔子曾说："古者言之不出，耻躬之不逮也。"就是说，古人不轻易说话，更不会随心所欲地说话，因为他们害怕自己说出的话不能做到。而且他们认为，说到做不到就会失信于人，是一件非常令人羞耻的事情。可见，古人说话非常谨慎，不轻易说话，不轻易承诺。

所以，我们不仅要重视自己的言语，还要教导孩子重视言语，每次讲话之前，一定要三思一下，想想这句话可不可以讲，该不该讲，以及讲了之后能不能做到，讲了之后，会不会给他人带来伤害。

也许有人会认为，想说什么就说什么，那才叫真实。一个人能把自己想说的话说出来，的确表明他很真实。但是他能对自己的话负责吗？他能做到诚信吗？他能保证自己的话不会伤害到他人吗？

事实上，凡事三思而后言，是一种慎重、负责的表现。当孩子养成了说话之前多思考的好习惯后，就不会随意说话，也就不会出现说了做不到的情况，更不会伤害到他人。慢慢地，孩子就能在言语上做到诚信了。

诈与妄，奚可焉！

不说欺骗、不真实的话，是修养德行的开始。

在"诈与妄，奚可焉"这句话中，"诈"即欺骗，"妄"即不真实，"奚"是文言疑问代词，即怎么。这句话的大意是说：怎么可以说欺骗他人的话和不真实的话呢？通过反问，更加深了所要表达的意思，就是不可以说欺骗他人的话，不可以说不真实的话！

一位母亲曾经跟我讲过下面一件事。有一天，她在家里接到一个找她家先生的电话，由于先生不愿意接听，她就说先生不在家。等她挂掉电话后，儿子就好奇地问她："妈妈，爸爸明明在家，您为什么说他不在家呢？"她解释道："你爸爸不想接外人的电话，我就只好骗人家了。等你长大了，你自然就会明白的。"

请问：这位母亲的言行给孩子种下了什么种子呢？种下了不诚实的种子，种下了说谎的种子。孩子会认为，说谎是正常的事情，所以他就会理所当然地说谎。孩子经常说谎话，就没有人会相信他了，他又怎么能跟别人交往呢？又怎么能立身处世呢？

还有一位朋友给我讲过另外一件事。有一位父亲在家接到电话，跟电话那边的人说："今天还有应酬，就不过去了。"儿子听到后，就问："爸爸，什么是应酬？"这位父亲回答说："应酬就是你不想去做事时的借口。"儿子若有所思地点点头。第二天一早，父亲催儿子赶紧吃饭，一会儿要去上学。儿子说了一句让父亲晕倒的话："我不去上学了，今天有应酬。"

所以，在孩子面前，我们一定要注意自己的言行举止，处处做一个好榜样，一定不可以说欺骗、不真实的话。孩子会受到良好的熏陶，会种下诚实守信的种子，自然就不会欺骗他人、说不真实的话了。

北宋政治家司马光曾经说过，他的一生没有一事不可告人，没有愧对自己，也没有辜负过任何人。一天，司马光的学生刘安世请教他："人一生要从哪里开始修养自己的德行呢？"司马光说："其诚乎！吾平生力行之，未尝须臾离也。"刘安世想了三天没想明白，于是向老师请教具体的内容，司马光说："自不妄语始。"

司马光认为，人一生要从"不妄语"开始修养自己的德行。所谓"不妄语"，就是不说虚妄不实的话，说白了，就是不说谎。所以，我们要时刻勉励孩子，要从不说欺骗、不说不真实的话开始修养自己的德行。

在教育孩子的过程中，一定不要用哄骗的“教育”方式。

哄骗，是我们搪塞孩子经常会用到的一种手段。面对孩子的纠缠不休，相信很多父母都会绞尽脑汁想出各种招数去哄骗他，以此来让不听话的孩子乖乖就范。这种哄骗的“教育”方式也许会在短时间内奏效。但是，当孩子知道我们只是随便说说而已，并不打算真去做时，他就会对我们失去信任感，而且，他会觉得，随便说一说没什么大不了的，说到做不到也是很正常的事情。慢慢的，孩子便会学会用哄骗的方式来达到自己的目的。

这肯定不是我们希望看到的结果。所以无论面对什么情况，我们一定不要采用哄骗的方式对待孩子，而是要坚持以正面、积极的教育方式，采用说服、鼓励、转移注意力等方法，让他变得真正听话。如果我们哄骗了孩子，又应该如何处理呢？

我们都听过“曾子杀猪”的故事吧！曾子的妻子要到集市上去，孩子哭闹着要跟着去，她就哄骗孩子说：“你在家等我，我回来就杀猪给你吃。”当她回来后，曾子就要去杀猪。她说自己只是随便和孩子说说而已，不是真的要杀猪。但是，曾子却认为，对于一个没有思考和判断能力的孩子而言，如果成人欺骗了他，他就会向成人学习；而且成人说话不算数，他就不会相信成人了，那么，成人以后就没有资格教育他了。于是，曾子真的把猪杀了煮给孩子吃了。

我们的言行举止将会影响到孩子人格、德行的形成。最明智的做法就是不哄骗孩子。

面对说谎的孩子，我们应该如何做呢？

对于说谎的孩子，很多父母可能不以为然，觉得孩子年龄还小，认知能力尚未发展成熟，等他长大懂事之后自然就会好了。但是，孩子在小时候就养成说谎的习惯，等到他长大懂事之后，真的就能消失吗？

答案是否定的。孩子小时候养成的说谎习惯不会随着年龄的增长而消失不见，而且我们一次次地姑息、迁就他，可能会把他一步步推向深渊，使他成为一个满口谎话的人。那么，这样的孩子还能得到他人的信任吗？还能拥有良好的人际关系吗？

所以，对于说谎的孩子，我们要及时采取适当的方法，让他认识到自身的过失，并与他一起商量，如果下次遇到了类似的事情，应该用什么办法来代替说谎。需要注意的是，我们千万不要用严厉的惩罚来威胁孩子，因为这个方法往往会让孩子因害怕受到惩罚而说更多的谎话。所以，我们应该心平气和而态度坚定地面对说谎的孩子。

当然，我们也应该找到孩子说谎的真正原因，对症下药，让他改掉说谎的坏毛病。一般来说，有的孩子是模仿身边人的言行而说谎，有的孩子是害怕受到惩罚而说谎。面对不同的情况，我们要采取不同的方法。

当孩子打下不说谎的根基之后，我们要教孩子学会变通。

听到“谎言”这两个字，我们首先想到的就是它是不真实的、骗人的话语。其实，还有一种谎言，被称为善意的谎言。当谎言的前面加上这个限定词之后，谎言的本质就发生了根本的变化。

当我们为了他人的幸福而适度地说谎的时候，谎言就变成了善意的话语，具有神奇的力量，可以给他人带来希望。如果我们一直坚持所谓的“真实”，可能就会把事情弄糟。所以，当孩子打下了不说谎的根基之后，我们还需要教他学会变通，不要学呆了。有的父母也许会疑惑，善意的谎言也属于谎言，这不是有碍于诚信吗？

善意的谎言虽然属于谎言的一种，但是也不能说它就一定会有碍于诚信，因为具体问题还需要具体分析。比如，面对一个身患绝症的亲人，我们怎么忍心告诉他真实的病情呢？一般来说，这时候，为了让他对自己有信心，为了让他安心配合医生的治疗，我们就会编一个善意的谎言。那么，谁又能说这有碍于诚信呢？

我们需要告诉孩子的是，善意的谎言是以维护他人的利益为出发点的，是出于替人着想的动机，是建立在内心真诚的基础上的。如果是为了自己的利益而说谎，就变成了恶意的谎言，就真的有碍于诚信了。当孩子真正能够活学活用这些智慧的时候，才能让自己和身边人受益。

教育小语

中国自古就很重视信，把信当成衡量一个人基本素质的重要标准之一。而且，信对一个人一生的发展有着深远的影响。因此，作为父母，我们一定要让孩子学做一个诚信的人、一个不欺骗他人的人。当孩子在言语上做到了诚信、不欺诈时，他自然就能得到周围人的信任和尊重，并和周围人建立良好的人际关系。这样一来，孩子在成长之路上就会遇到很多贵人帮助他、提携他，从而让人生之路走得更轻松、顺畅。

第二节

教孩子说话注意分寸，知道哪些话不该说

说话是一门很高深的学问，如果想说什么就说什么，往往会因为一句话而招来不必要的麻烦，甚至是祸害。所以，我们一定要教孩子学会说话，让他懂得把握说话的分寸、说话的场合和时机，知道哪些话可以说、哪些话不可以说，让孩子成为一个受人欢迎的人。

话说多，不如少，惟其是，勿佞巧。

这句话中的“惟”同“唯”，即只、只有，“是”即正确、合适，“佞”即不真实、花言巧语，“巧”即巧辩。话说得多不如说得少，因为言多必失。讲话应恰到好处，该说的说，不该说的绝对不说。说话内容一定要实事求是，不说不切实际的花言巧语。

常言道："口为祸福之门。"话说得太多容易招致祸殃。

《朱子治家格言》记载："处世戒多言，言多必失。"这是讲待人处世必须慎言，不要多说话，因为话说得多就很容易说错话。俗话说："说者无心，听者有意。"的确是这样。有时候，我们说了一句话，自己觉得没什么，但是却发现对方的脸色突然变得不好看了。这就表明，我们所说的话已经伤害到了对方，可能会招致不必要的麻烦，甚至可能会因此而结下怨恨。

《菜根谭》中有这样一句话："十语九中，未必称奇，一语不中，则愆尤骈集。"意思是说，十句话中即使说对了九句话，也未必有人说你好，但是如果说错了一句话，就会招来指责和抱怨。说对九句话都抵不过说错一句话，可见，说错一句话的力量是多么大啊！

对于我们和孩子而言，谁又能保证自己所说的每一句话都是正确的呢？所以，我们要告诫孩子：在与他人交谈的过程中，言语要特别谨慎，最好不要多说话。我们也可以把其中蕴含的道理告诉孩子，当他明白了道理之后，自然就会时刻提醒自己少说话。

有句话说："沉默是金。"这是不无道理的。

自古以来就有这样一句谚语："沉默是金。"虽然是一句很简单的话，但是却蕴含着耐人寻味的道理。其实，沉默并不等于不说话，而是一种酝酿、积蓄的过程，在经过深思熟虑之后，再来发表自己的言论也不迟。

为什么要这样做呢？因为在生活中，有的人说话前缺乏思考，很容易出现词不达意的情况，反而影响交流；有的人喜欢夸夸其谈，过早地说出一些并不成熟的思想见解，很容易让对方产生随便一听的心理，从而忽略谈话的内容。

可见，没有经过思考而过早地发表自己的言论，对己对人都没有益处。所以，我们应该告诉孩子，在发表言论之前，可以先保持沉默，组织一下语言，思考一下自己的言论是否恰当、准确、到位，甚至是否符合道义，是否会伤害他人。这样一来，孩子就会根据情况说出自己的言论，一般就不会因为说错话而造成不必要的麻烦。

告诉孩子，说话要选择恰当的时机。

《墨子》中有这样一段记载。子禽问曰："多言有益乎？"墨子曰："虾蟆蛙蝇，日夜恒鸣，口干舌擗，然而不听。今观晨鸡，时夜而鸣，天下振动。多言何益？唯其言之时也。"

这段话的大概意思是说，子禽向老师请教："多说话有益处吗？"墨子答道："蛤蟆、青蛙和苍蝇，一天到晚叫个不停，叫得口干舌燥，也没有人去听它们的叫声。你看那早晨的雄鸡，在黎明时分按时啼叫，人们就跟着起床了。多说话有什么益处呢？最重要的是，说话一定要说得切合时机。"

从这段记载中我们可以得到这样的启示：要判断一个人说的话有没有益处，不在于言语的多少，而在于说话的时机。在恰当的时机说恰当的话，就能收到事半功倍的效果。相反，在不恰当的时机说不恰当的话，可能就会招来意想不到的祸殃。

所以，我们一定要告诉孩子，说话的时候要注意选对时机。比如，当身边亲近的人言行出现偏颇时，我们应该教导孩子尽力去劝导他，但是要注意时机。如果时机还不成熟，就不要多讲。如果在与他人交谈的过程中发现他人眼神游离，有些不耐烦，我们就应该停下来，先不要讲，以后再寻找恰当的时机去规劝。在不恰当的时机讲很多话，不仅会让对方听不进去，而且还会让对方厌烦。

还有另外一点，我们要告诉孩子，当他人心情不太好的时候，一定不要随便去打扰他，不要说很多话，哪怕是安慰的话也要适可而止，因为这时候，他人最需要的也许只是一个人安静一会儿。正如《弟子规》后面讲到的"人不安，勿话扰"。总之，我们说话时，不要只顾自己的喜好，而是要考虑对方的感受，选择恰当的时机。

引导孩子遵循一条准则：少说多做。

如今，有很多人特别“会”说话，说起来“头头是道”。之所以加引号，是因为这些人喜欢说好听的话，而这些话几乎都是冠冕堂皇而不切实际的话。

无论在哪个集体中，总会有这样一类人，他们说得特别多，制订的计划也特别完美，但是如果让他们付诸行动，那么他们可能做得一塌糊涂。这些只会说不会做的人，不仅无法得到周围人的欢迎和喜爱，更无法得到领导的信任和青睐。

那么，我们应该教导孩子如何去做呢？

子曰：“君子讷于言而敏于行。”这句话就是告诉我们，君子应该在言语上谨慎，在做事上勤劳一些。其实，这句话也可以简单地理解为“少说多做”。我们都希望孩子成为一个能立身处世的堂堂正正的君子，所以我们应该教导孩子做一个“少说多做”的人。不过，有的父母可能会说：别人都多说少做，我家孩子少说多做，岂不是很吃亏？

其实不然，前面已经讲到了，多说话可能会招致不必要的麻烦，甚至是灾祸，那么，如果孩子少说话，那不就不会招致麻烦或灾祸了吗？多说少做，得不到周围人的欢迎和喜爱，得不到领导的信任和青睐，那么，如果孩子少说多做，那不就可以得到周围人的欢迎和喜爱，得到领导的信任和青睐了吗？试想一下：如果我们是老师，我们喜不喜欢少说多做的学生？当然喜欢。如果我们是领导，我们喜不喜欢少说多做的下属？当然喜欢。那为什么不让孩子少说多做呢？况且，孩子多做事，还可以提高他各方面的能力。

这所有的一切都足以表明，一个少说多做的孩子不但不会吃亏，反而会获得更多。所以，我们要引导孩子少说多做，无论在哪里，说话都要谨慎，不要乱讲话，不要说一些空话、大话，而是要积极主动地多做实事。

有利于他人的话，该说时一定要说。

有的人学习了“话说多，不如少”之后，就什么都不敢说了。其实，这也是不对的。话不必说得好，关键是要说得有意义。“惟其是，勿佞巧”就给了我们一个启示：凡是没有意义的话，我们都不要说。相反，凡是有意义的话，我们该说时一定要说。何谓有意义的话呢？我想，凡是有利于他人的话，都应该算是有意义的话吧！

所以，对于有利于他人的话，比如，一些鼓励的话、祝福的话、能给他人启示的话、能给人动力的话，等等，我们还是要引导孩子去说。孩子多说这些有利于他人的话，不仅让他人听着舒服，而且还可以让自己得到益处。孩子多说这些话，他的心情自然会受到好的影响，他人自然会喜欢和他在一起。

奸巧语，秽污词，市井气，切戒之。

这句话中的“奸”即奸诈，“巧”即虚伪而动听，“秽污”即粗鲁、肮脏，“切”即一定要，“戒”即戒除。凡是奸诈虚伪、粗鲁肮脏的话以及街头无赖、阿谀奉承等低俗习气，一定要彻底戒除。

为什么要戒除这些不好的言语呢？

原本，我们的心都是纯净纯善的，正如《三字经》开篇所讲的“人之初，性本善”，但是，如果我们沾染上“奸巧语，秽污词，市井气”，慢慢的，我们纯净纯善的心就会变得肮脏、虚伪。而且，如果我们经常说这些不好的言语，有一些市井的低俗习气，则会让人感觉不舒服，也会让人认为我们没有教养，从而有损我们的形象，让人不愿意靠近我们。当然，这也会损害我们的德行，让父母蒙羞。

如果我们经常说不好的言语，对人对己都没有益处。所以，我们和孩子一定都要戒除这些不好的言语，多说一些好的言语。

如何让孩子远离社会上不良说话习气的影响？

我们都听过“孟母三迁”的故事。孟子的母亲之所以三次搬家，是因为环境对孩子有很大的影响。如今的社会风气如何，大家有目共睹，所以很多父母非常担忧：在现在这样一个大环境中，孩子会不会受到不好的影响？当然会。这一点毋庸置疑。

我的一位朋友对我说，他的孩子最近经常会说其他同学是“蛋白质”。起初他没在意，以为孩子是在开玩笑。后来，当孩子经常这样说的时候，不禁引起了他的好奇心：“蛋白质”是不是有其他的含义呢？到底是什么意思呢？后来才知道，“蛋白质”是一种网络语言，是笨蛋、白痴、神经质的意思。这时候，我的这位朋友才意识到，孩子经常说的原来是脏话，而来源是网络。

其实，来源不仅在于网络，还在于孩子自身。如果孩子有判断是非善恶的能力，有抵制不良习气的能力，他就不会因社会上不良习气而受影响了。也许我们无法效仿孟母的做法，为了让孩子拥有一个好的环境而数次搬家，从而远离不好的环境，但是我们可以通过培养和提升孩子判断是非善恶、抵制不好习气的能力，让孩子自觉远离社会上的不良环境。

当然，这些能力的培养和提升不是一时半会儿就能做到的，需要长期的熏陶。我们除了要做个好榜样之外，更需要借助经典的力量。如果孩子时常诵读《弟子规》、落实《弟子规》，他自然就会以《弟子规》为评判的标准去衡量是非善恶。

当孩子有了判断是非善恶的能力后，他就会懂得取舍，自然就会避免社会上的一些污染。而且，不好的朋友会远离孩子，而善良的朋友则会亲近孩子，孩子就不会受到不好的影响，正所谓“近朱者赤，近墨者黑”，“物以类聚，人以群分”。

在生活中，如何引导孩子戒除这些不好的言语呢？

首先，我们要给孩子营造一种良好的说话氛围。在家庭中，我们要多说一些好听的话、鼓励的话、赞美的话、支持的话、肯定的话等。如果遇到矛盾和摩擦，我们也要心平气和地解决，绝不可以图一时之快，说一些粗鲁的话、脏话、低俗的话等。当我们营造出这样一种良好的说话氛围后，孩子在潜移默化中自然就会学到说话的正确方式。这样不仅可以戒除这些不好的言语，而且还可以做到言谈文雅。

然后，我们要及时纠正孩子不良的言行。很多孩子为了耍酷，可能会学一些街头无赖的言语，骂一些脏话；为了好玩儿，可能会随便给他人取绰号，以此来取笑他人……对于孩子这些不良的言行，我们一定要及时纠正。

我们可以这样对孩子说：“你肯定不喜欢他人骂你或给你取绰号。同样的道理，他人也不喜欢这样，所以你不可以用这样的言语对待他人。而且，经常骂脏话、给他人取绰号，他人不喜欢你，自然就不愿意接近你了，那你到时候就没有朋友了。”从而让孩子有所反思。

另外，可能很多人都有这样的体会：在小时候，他人对我们所说的不好的言语，我们会怀恨在心。正所谓“恶语伤人恨难消”。所以，我们还需要告诉孩子，用恶语刺伤他人，会让他人很难堪，他人可能会怀恨在心，而这种恨可能一生都难以消除，即使过后向他人道歉，也无法弥补给他人心灵造成的伤害。

当我们把这些道理告诉孩子，孩子明白了其中的利害关系之后，一般就不会再出现不良的言行了。不过，改掉坏习惯是需要过程的，我们一定不能着急，要耐心地帮助他、提醒他。无论如何，我们和孩子都要高度重视这件事。

教育小语

立身处世应该谨言慎行，我们要让孩子时刻记住：话多不如话少，话少不如话好；说话一定要把握分寸，恰到好处，注意说话的时机，该说的一定要说，不该说的绝对不能说；对于一些低俗的话，一定不可以说，因为这不仅会伤害到他人，而且还会玷污自己的心灵，更会给自己的人生道路设置诸多难以逾越的障碍。

第三节

告诉孩子，言语要谨慎，不轻言、轻传不确定的事

言语一定要谨慎，这是我们一定要知道的，也是一定要给孩子强调的。我们需要时刻提醒孩子，对于自己的所见所闻，不要妄加评论、下结论，更不要人云亦云，把不确定的事情传播出去。否则，不仅会破坏自己的形象，而且还会影响到他人的名誉或集体的荣誉。

见未真，勿轻言；知未的，勿轻传。

“见未真，勿轻言；知未的，勿轻传”体现的是一种谨慎的态度。

这句话中的“真”即真实，“轻”即轻易，“的”即真实、实在，“传”即传播、到处说。对于任何事情，在没有看到真相之前，不可以轻易发表意见或下结论；对事情了解得不够清楚之前，不可以任意地传播出去，以免造成不好

的后果。

无论在一个家庭中还是一个集体中，“见未真，勿轻言；知未的，勿轻传”都体现了一个人谨慎的态度。只有秉持这份谨慎的态度，才能经营好一个家庭，才能管理好一个集体。

在教育孩子的过程中，当我们的见解不是很清楚，对很多道理没有了解透彻的时候，一定不能轻易地把它传授给孩子。否则，这些不准确、不到位、不恰当的见解很可能就会误导孩子。

当孩子向我们提出为什么时，如果我们真的不知道，千万不要碍于面子而随便解答，而是要如实地告诉孩子，并与孩子一起去寻找答案。我们不必担心孩子会瞧不起我们，相反，当我们表现出真实的自我时，孩子会更容易接受、信任、尊重我们。而且，这也是一种谨慎、负责任的做法。这样，当孩子遇到他人向自己请教的时候，他就知道如何去处理了。

即使我们看到的是事情的真相，对事情也了解得非常清楚明了，也不可以轻易讲出来，更不可以轻易地传播出去，而是要想一想：这样做会不会破坏他人的名誉？会不会破坏集体的和谐？如果答案是肯定的，那么就不要去传播。

总之，凡事一定要谨慎，不能为所欲为；不能不分青红皂白，看到什么就说什么，听到什么就传播什么；不要因为自己的不谨慎而失信于人，或者是得罪他人，或者是破坏集体的和谐，或者是误导他人；等等。

为什么不要轻言、轻传不确定的事情呢？

在日常生活中，我们的所见所闻不一定全是对的。即便是亲眼看到的，也未必是全部的过程。即便是全部的过程，也可能没有那么全面地了解事情的真相。因为事情有来龙去脉，有前因，有过程，还有结果。

当年，孔子一行被困于陈蔡，没有饭吃。子贡逃出去，带回来一袋米，由颜回和子路负责做饭。一天，粥煮好了，子贡正好看到颜回在“偷”喝粥，就向孔子禀告了这件事。孔子相信颜回的德行，就告诫子贡不可以把这件事传播出去。之后，孔子向颜回了解了情况。原来是灰尘落入了锅中，而做好的饭菜要先祭祀先祖，但是有灰尘的粥是不能祭祖的，颜回又舍不得扔掉，于是就把那块有灰尘的粥喝掉了。

所以，当我们在没有全面了解事情的来龙去脉之前，是不可以妄下结论的。否则，可能会产生不必要的误会和矛盾。

另外，对于他人所做的每一件事情，因为我们不是当事人，往往没有办法了解当事人是抱着怎样的心态去做的，又是为什么要这样做的。所以，我们不能轻言、轻传。否则，就可能会做错事，从而伤害到他人。

我们不要凭借孩子的三言两语就提前下结论。

我们成人有一套自己的思维模式，每当和孩子沟通时，经常是听到孩子说了一个开头，我们就已经在脑子里想出了结尾，于是会不等孩子说完就打断他，并凭他的只言片语而发表意见或下结论。事实上，很多时候，我们最初的结论总是与最后的事实不符。如果按照最初的结论教育孩子，难免会误解孩子，甚至会冤枉孩子。

如果我们经常这样提前下结论的话，不仅会让孩子对我们失去信任，而且还会让孩子认为自己也可以随便发表意见或者下结论。所以，我们一定不要提前下结论，而是要耐心地把孩子的话听完，然后根据孩子所说的具体情况进行最为合理的教育。

如何引导孩子落实“见未真，勿轻言；知未的，勿轻传”？

平日里，我们要时刻灌输给孩子这样的观念：如果看到或听说了某件事情，在自己不知道真实状况之前，一定不可以轻易去评论或者下结论，更不要到处去宣传。对于尚未发生的事情，更不要去乱加猜测。

我们要告诉孩子：如果遇到有人打听你并不确定的事情，一定不可以凭自己的一知半解随便乱讲，而是要告诉对方你也不太清楚，然后让他自己去了解事实的真相。

当我们听到孩子说一些诸如“我看到某某同学”、“我听其他同学说”之类的话语时，我们要听他把话说完，如果孩子是在轻言、轻传一些不确定的事情，我们就需要把不能轻言、轻传不确定事情的道理告诉他。当孩子明白了其中的道理后，就会督促自己去改正。

教育小语

在《论语》中，孔子提出了君子要九思，其中之一就是——视思明。虽然是简单的三个字，却告诉我们一个很深刻的道理：无论对人，还是对事，都要看清楚、看明白；要深入地看整个状况，不要只看表面现象，不要看得不清不楚就加以评论，更不要把不确定的事情轻易地传播出去。因此，我们要和孩子共同努力，督促彼此成为一个“视思明”的人。

第四节

不要让孩子轻易许下诺言，否则将进退两难

无论是我们还是孩子，都会遇到需要向别人做出承诺的情况。这时候，是应该义不容辞地许诺，还是慎重考虑清楚再做出决定呢？肯定是后者。一般情况下，如果我们或孩子轻易许下诺言，很可能会使自己进退两难。因此，我们一定要让孩子学会有智慧地处理这件事。

事非宜，勿轻诺；苟轻诺，进退错。

这句话中的“宜”即合宜、合理，“诺”即答应、许诺，“苟”即如果、假如。对于不合宜、不妥当的事情，我们千万不要轻易地答应他人。如果我们轻易地许诺，到时候就会使自己陷入进退两难的境地。

许诺之前，要慎重考虑这件事情会有怎样的结果，合不合道义。

每个人都有一颗善良的心，当他人向我们寻求帮助时，我们都会伸出援助之手，这是人的本性。无论在哪里，我们都要教导孩子，当他人因遇到困难而寻求帮助时，要尽量答应他人的请求，努力去帮助他。

但是，在许诺之前，我们也一定要慎重考虑这件事情应不应该去做，做了会产生怎样的后果，做这件事是否符合道义，是否合乎法律。如果我们没有考虑这件事情合不合道义，就轻易答应了他人，就很有可能出现做也不是、不做也不是的局面。我们答应了他人，就要信守承诺，但是这件事情又不符合道义，甚至违背法律，那该怎么办？因此，在许诺之前，要考虑这件事情是否符合道义。

所以，我们需要告诉孩子，哪些事情属于不合宜、不妥当、不合法、违反纪律、违反道德，比如，同学在考试的时候让你递答案，让你帮忙写作业，让你帮忙撒谎，让你帮忙打架，向你借钱去上网，让你做一些有损于道德的事情，等等。对于这些事情，我们要教导孩子一定不可以答应。

另外，我们还应该让孩子知道，如果遇到他人的求助，而自己不确定这件事情是否符合道义，这时候就需要找父母、老师或其他长辈来商量，千万不可以一意孤行。否则，很容易好心办坏事，甚至还会给自己惹上麻烦，给他人和社会带来不良影响。

许诺之前，要衡量自己有没有能力做到。

在许诺之前，除了要考虑这件事情合不合道义、法律之外，还需要衡量自己有没有能力做到。如果他人请我们做的事情超出了自己的能力范围，就不能因好面子或逞能而轻易地答应他人，因为在实施的过程中，由于自己的能力不足，最后可能还是会失信于人，也可能会越帮越忙。

比如，有人掉河里了，他向我们求助，希望我们拉他一把，而我们又不会游泳，加上他又太胖，我们没有那么大的力气把他拉上岸，如果我们伸出手去救助他，可能也会被他拉下水。所以，自己没有能力就不能轻举妄动。那么，我们就这样坐视不管吗？当然不是。我们虽然没有能力帮助他人，但是我们可以立即去呼叫其他人，寻求其他人的帮助。

面对他人的求助，如果孩子自己没有能力做到，他可以想其他办法去帮助他人。比如，在路上，孩子遇到了一位外地人问路，而孩子又不知道，孩子可以带着他问一问当地的人。这样一来，孩子就尽了一份微薄之力，相信孩子的内心是非常快乐的。不过，我们还要告诫孩子：不要轻易给陌生人带路，以免发生本可以避免的危险或意外。

不要轻易向孩子许诺，尤其是在自己高兴的时候。

有这样一句古话："盛喜勿许人物。"这就告诉我们，人在心情非常好的时候，千万不要轻易许诺。因为一个人心情好的时候遇到他人的求助，可能没有仔细考虑事情合不合道义，没有衡量自己的能力，就会承诺帮助他人，结果很容易陷入"进退错"的境地。

我们做父母的可能都有这样的体会：当我们心情好的事情，孩子总会向我们提出一些要求，而我们也经常会答应他，但是当孩子要求我们兑现承诺的时候，我们可能就会后悔，或是勉强去做，或是不承认自己曾经许下的诺言。

如果我们兑现了对孩子的承诺，孩子下次可能还会趁我们高兴的时候提出要求，这会让他的欲望不断膨胀，助长他的贪心；如果我们不承认对孩子的承诺，就是失信于孩子，不仅会失去孩子的信任，还不利于引导孩子做到言而有信。

所以，无论在自己高兴的时候还是平常的时候，对于孩子合理的要求，我们应该答应，并尽力去做好；对于孩子不合理的要求，我们一定不可以答应，并坚持原则，不可以给孩子留有"钻空子"和讨价还价的余地。

有时候一味地答应并不是好事，所以要教孩子掌握拒绝他人的艺术。

当有人向孩子求助时，无论求助的事情是不符合道义，还是孩子有没有能力帮助，我们都要让孩子懂得拒绝，同时还要教他掌握拒绝他人的艺术。

如果他人求助孩子的事情不符合道义，即使孩子有能力帮助，我们也要引导孩子婉转地说“不”，而且还要让孩子尽可能地劝导他人不要做这种不符合道义的事情。如果他人求助孩子的事情符合道义，但是孩子没有能力帮助他人，我们更要引导孩子坦率地说“不”，并说出自己拒绝的理由，也可以引导孩子和对方一起向有能力做到的人求助。无论属于哪种情况，我们都要告诉孩子，在拒绝的时候，态度要平和，说话要婉转，口气不要太强硬，否则会让对方下不了台。

另外，还有一种情况：孩子原本答应了他人的请求，但是却因为其他客观原因使他无法兑现自己的承诺。这时候，我们要引导孩子提前向他人解释，并真诚地向他人道歉，寻求他人的原谅和理解。如果事后还可以弥补，那么一定要让孩子去兑现自己的承诺。

教育小语

对于许诺这件事，我们需要这样引导孩子：无论何时何地，遇到他人的求助，都要考虑这件事情是否符合道义，衡量自己有没有能力去帮助他人。如果这件事情符合道义，而自己也有能力去做，那就应该尽力去做好；如果这件事情不符合道义或是自己没有能力去做，就应该婉转地拒绝他人的求助。

第五节

教孩子学会正确地说话

一个人是否有修养，可以从说话中体现出来。所以，我们不仅要通过规范孩子日常生活中的言行让他从小养成谨慎的说话习惯，而且还要通过规范孩子吐字的轻重缓急让他从小学会正确地说话。很多父母可能会说，难道我们的孩子连说话都不会吗？孩子肯定会说话，但他却不一定会正确地说话，因此我们要教他正确说话。

凡道字，重且舒，勿急疾，勿模糊。

这句话中的“道”即说，“重”即吐字清楚、讲重点，“舒”即舒缓、缓慢，“疾”即迅速。我们说话的时候，吐字要清楚、缓慢，要把重点讲出来，不要太快、太急，更不要模糊不清。

为什么要注重这些说话的细节？它们有什么特殊的意义呢？

在这个追求更快、更高、更强的社会中，很多父母所重视的是孩子是不是口齿伶俐，是不是反应敏捷，是不是能说会道。但是他们却往往忽视了教给孩子说话时需要注意的细节。而在说话的过程中，这些细节起着非常重要的作用。

现实生活中，有些人说话非常啰唆，没有重点，东拉西扯地说了一大堆，但是对方却没听清楚他希望表达什么意思。这就很容易让对方心烦意乱。请问：我们愿意和这样的人交流吗？肯定不愿意。那我们就需要做到“重且舒”，既要把重点讲出来，又要流畅、舒缓。这样不仅能让他人明白我们要表达的意思，而且还会让他人听起来非常舒服。

还有一些人说话又快又急，像连珠炮一样，这样不仅让他人觉得不耐烦，而且还容易导致误听、误解，可能会造成一连串不必要的麻烦，正如前面讲到的“事勿忙，忙多错”。

那么，说话的速度应该怎样才算合适呢？其实，语速的快慢要因人而异，但是需要遵循一个标准，即让对方能跟得上你说话的节奏，让对方听得清楚明了。另外，如果发现我们的语速太慢，已经慢得让人听得无精打采或者想要睡觉，我们就要灵活一些，语速稍快一些，注意抑扬顿挫，通过这种变化来吸引对方的注意力。

总之，我们要教给孩子说话时需要注意的细节，让孩子在与人沟通交流的过程中，注意“凡道字，重且舒，勿急疾，勿模糊”，把握一个原则：既要清楚、流畅地表达自己的意思，又要让人听得舒服。

另外，孩子也会遇到对方说话又急又快的情况。这时候，我们要教给他正确的处理办法。首先，自己的心一定要平缓下来，不要跟着对方的节奏跑；然后，可以礼貌地请求对方说话慢一点、清楚一点。这样，孩子一方面可以让自己听清楚对方的言辞，另一方面还可以提醒对方语速慢一点，从而学会正确地说话。

我们首先要在生活中落实这些说话的细节，给孩子做最好的示范。

回想一下自己与孩子沟通的过程，不难发现，我们经常会唠唠叨叨，对孩子说教个没完没了，直到他按照我们说的去做为止。尤其是孩子犯错的时候，我们总会又快又急地对孩子进行长篇大论的说教，直到他认错为止。事实上，即使孩子认错了，按照我们说的去做了，也不见得是他自愿的行为。

我们可以换位思考一下：如果有人希望我们做某件事情，说了一大堆必须做的理由，我们会怎么想？一般来说，他人说出的理由越多，我们的反抗意识就越强烈。如果我们在工作中犯了错误，领导对我们进行长篇大论的说教，我们又会怎么想？一般来说，他说得越多，我们就越听不进去。

其实，孩子与我们的心理是一样的，我们越是对他说教个没完没了，他就越不愿意听我们说话。相反，如果我们就事论事、简单明了地表明自己的立场和对他的期望，他就会愿意按照我们说的去做。

比如，孩子把房间弄得乱七八糟，我们先不要去批评他，不要说："你看你，我得提醒你多少次啊！你就不能把房间弄整洁吗？怎么就是不听话呢？你看你都多大了……"这样谈的后果基本上是无济于事。所以我们要学会发自内心地说："我是多么希望看到整洁的房间啊！"虽然我们只说了简短的一句话，但是对孩子却有震慑力，他会更容易接受我们所说的话。

另外，如果我们说话又急又快，经常啰啰唆唆地说一大堆话，没有重点，那么对孩子落实"凡道字，重且舒，勿急疾，勿模糊"没有任何正面积极的作用，相反会产生负面的影响。因此，在日常生活中，我们要特别注意说话的细节，不管是对周围的人，还是对孩子，都要"凡道字，重且舒，勿急疾，勿模糊"，以身作则地教孩子正确说话。

在生活中，我们也要注重培养孩子正确说话的能力。

孩子无论与谁交往，都免不了进行言语的沟通。但今天很多孩子一遇到陌生人或者上台说话，就会非常紧张，眼神游移不定，手脚不听使唤，身体不由自主地晃动，说话结结巴巴，就连说什么都不受控制了。虽然说他们长大后在这方面会有一定程度的进步，但是现在也不应该忽视，必须让他们具备一定的正确说话的能力，从而在学习、生活中更好地与人沟通。因此，从现在开始，我们就应该培养孩子正确说话的能力。

说话是一种综合的能力。首先要注意仪态，比如神态自然、面带微笑、目光炯炯等；其次要注意说话的细节，比如吐字清楚、语速平缓、说出重点等。

在培养孩子的讲话能力之前，我们要让孩子有一颗尊重他人的心。当孩子懂得尊重他人时，就会考虑他人的感受，说话就会非常谨慎，自然就会主动落实“凡道字，重且舒，勿急疾，勿模糊”。当孩子有了这份心之后，我们就可以轻松地训练孩子学会正确地说话。

首先，我们要训练孩子的仪态，要“步从容，立端正”。神态要自然，落落大方，面带微笑，目光炯炯。在训练的过程中，我们要及时给予鼓励和肯定，耐心调整孩子的心态。经过一次次的训练，孩子就会形成从容的心态和良好的仪态。

其次，我们要训练孩子说话的细节，也就是“凡道字，重且舒，勿急疾，勿模糊”。需要注意以下几个方面：第一吐字要清楚，不急不慢；第二言语要流畅，娓娓道来；第三要把重点讲出来，让人明白。另外，还需要注意前面讲到的内容，比如，“尊长前，声要低，低不闻，却非宜”，声音高低适宜；“问起对，视勿移”，眼睛要看着对方。

最后，我们要给孩子提供一些训练说话的机会。比如，当家里来了客人时，我们可以邀请孩子参与其中；可以带孩子参加一些聚会；可以带孩子去拜访亲朋好友；也可以带孩子去参加一些社会活动；等等。这个过程都可以训练孩子学会正确地说话。

只要我们有决心、有耐心，正确地引导孩子，经过一段时间的训练，孩子一定能学会正确地说话。这样，无论孩子与谁沟通，我们都不用再担心了，因为他完全有能力自如地应对。

教育小语

在生活中，我们千万不要小看细节，因为细节真的能决定成败。所以，对于说话的一些细节，我们必须重视，也必须教给孩子。我们要时刻提醒孩子，与人沟通时，一定要把自己想要表达的意思清楚、完整、简洁地表达出来，不要说得字句模糊不清，也不要说得太快太急，要让人听得清楚、听得舒服。

第六节

告诫孩子不去议论别人的长短，要管好自己

从一个人与他人交谈的内容、所论述的观点，我们就可以判断出这个人是否有内涵。因为一个有内涵的人是不会把时间浪费在谈论他人是非上面的。因此，对于孩子而言，我们不能让他谈论他人的是非长短，而是要让他管好自己，注重提升自己的德行和学问。

彼说长，此说短，不关己，莫闲管。

遇到有人谈论他人的是非时，我们和孩子应该如何处理呢？

在这个复杂的社会环境中，人我是非天天都在发生着。俗话说："来说是非者，便是是非人。"可以说，来说是非的人都是有一定的目的的，要么是诋毁他人，要么是拉拢我们。凡是是非，就会对他人或集体造成不必要的麻烦，甚至

是伤害。

所以，《弟子规》告诉我们："彼说长，此说短，不关己，莫闲管。"遇到有人谈论他人的是非长短时，如果与自己没有什么关系，听一听就算了，不要去过问、干预，更不要参与其中。

即使谈论的是非与自己有关，我们也要有判断是非的能力，要用智慧去处理。我曾经听到一位长者说，如果有人在他面前谈论他人的是非，他都会说："不想听，你不用说了。"面对有人谈论是非，这位长者不仅制止了来说是非的人，还表明了自己的观点和立场。我想，来说是非的人以后肯定不会到这位长者面前谈论是非了，而且可能也会反思自己的行为。

我们也可以将这位长者的处理方式告诉孩子。这样，如果有人专门在孩子面前谈论他人的是非，他就懂得如何去应对了。几次之后，那些喜欢谈论是非的人就不会当着孩子的面乱谈他人的是非了。当然，孩子也可以以沉默应对，不作回应。这样次数多了，来说是非的人也就不愿意与孩子谈论他人的是非了。如果孩子有能力的话，也可以劝导来说是非的人不要谈论他人的是非，因为谈论他人是非是有损德行的行为。

另外，对于经常谈论是非的一些人，孩子应该尽量少与他们接触。因为接触多了，孩子就会受到不好的影响，很容易卷入是非之中。我们要告诉孩子：当有人三五成群地聚在一起说一些是非时，你要迅速离开，千万不要因为好奇而凑上去一起说。

谣言止于智者，希望我们每一个人都可以成为智者。

在当今社会，传播是非常迅速的，谣言也是非常可怕的。对于一些谣言，如果我们也跟着以讹传讹，可能很多麻烦就会爆发开来，原本简单的事情就会变得复杂。

古代有一首题为《听谗》的诗这样写道："谗言慎莫听，听之祸殃结。君听臣当诛，父听子当决，夫妻听之离，兄弟听之别，朋友听之疏，骨肉听之绝。

堂堂八尺躯，莫听三寸舌。舌上有龙泉，杀人不见血。”意思是说，听信谗言，就容易导致祸殃。如果国君听了谗言，臣子可能就要遭殃了；如果父亲听了谗言，儿子可能就要诀别了；如果夫妻听了谣言，可能就会分开了；如果兄弟听了谣言，可能就会分离了；如果朋友听了谣言，可能就会疏远了；如果骨肉听了谗言，可能就会断绝关系了。堂堂一个人，不应该听三寸之舌的谗言，因为这对人的危害就好像是杀人不见血的毒剑。

所以，对于谗言、谣言，我们都要特别谨慎。我们要时常提醒孩子，听到任何谈论他人是非的谣言，都应该用智慧来判断其真实性，一定要懂得明辨是非。总之，凡是谈论他人是非的谣言，都要到自己这里停止，不要继续传播下去。

如果听到他人毁谤自己，又应该如何去处理呢？

在谈论人我是非的过程中，孩子难免会遇到他人毁谤自己的情况。这时候，我们应该如何引导孩子呢？

首先，我们要告诉孩子，人与人之间的生活背景、思维方式、涵养、素质等都不一样，所以他人对自己的行为举止不理解甚至毁谤自己，都是很正常的事情。而且，他人要说什么，谁也没有办法去制止。

其次，我们要引导孩子学会忍耐。因为面对他人的毁谤，如果去争执、辩解，不见得能解决，反而可能会把事情弄得越来越复杂。因此，在这个时候，不要去辩解，不要去理会，只要忍耐下来就行了。忍耐并不是软弱，而是一种有智慧的处理问题方式。

最后，我们要让孩子学会宽容他人。中国有句古话：“得饶人处且饶人。”对于他人毁谤自己，不要与毁谤自己的人结怨，而是要懂得包容、宽恕。这样一来，他人也就不会再来毁谤孩子了。其实，这是真理，宽容他人不但不会吃亏，还可能为自己带来人生的福分。

引导孩子把心思用在有意义的地方，而不是谈论他人的是非。

对于孩子而言，我们应该引导他把心思用在有意义的地方，而不是三五成群地聚在一起讲他人的是非。如果有人与孩子谈论他人的是非，我们也要告诉他不可以介入是非，要远离是非之地。这样就不会受到闲言碎语的困扰，就可以让自己的心灵得到安宁。

如果听到孩子说同学或朋友这里不好、那里不好，我们应该制止孩子，千万别让孩子养成这种习惯。因为这种习惯一旦养成，孩子就会变成一个随意制造是非的人，他的心灵就会受到负面信息的影响，甚至会因为传播是非而引来灾祸。

除了正常的学习之外，我们可以引导孩子多做一些有意义的事情，让他没有心思去谈论他人的是非。比如，我们可以经常带孩子参观一些名胜古迹，带他去图书馆看书，让他学习一些自己感兴趣的才艺，允许他做一些自己喜欢的事情，等等。总之，我们不能让孩子把宝贵的时间浪费在没有意义的闲谈之中。

教育小语

在日常生活中，当孩子遇到谈论是非、说长道短的事情时，我们要引导他远离，不要进一步参与其中。如果有能力的话，可以转移话题，让周围的人慢慢改掉论人长短的坏习惯。另外，我们不要让孩子把时间浪费在闲聊当中，而是丰富他的日常生活，让他管好自己，他也就没有心思、时间和精力去想与别人是非有关的事情。

第七节
引导孩子学会见善而思齐、见恶而内省

孔子曾说："见贤思齐焉，见不贤而内自省也。"《弟子规》中的这几句经典正是对这句话的阐述，旨在让孩子认识到任何人的身上都有值得学习和借鉴的地方，不仅要善于学习他人成功的经验，同样也要善于吸取他人失败的教训。孩子只有"取其所长，弃其所短"，才能使自己的德行和学问得到提升。

见人善，即思齐，纵去远，以渐跻。
见人恶，即内省，有则改，无加警。

见善思齐、见恶内省，对一个人来说是非常重要的。我们做父母的应该做到这点，而对于孩子来说，他也应该尽可能早地做到这一点。

这句话中的"齐"即看齐，"纵"即纵然、即使，"去"即距离，"渐"即

慢慢地、一点一点地，“跻”即达到。看到他人的优点和善行，我们应该向他学习，心存见善思齐的念头，即使我们与他的距离相差很大，只要有信心，只要肯努力，也能慢慢地追赶上。“省”即反省，“警”即提醒。看到他人的缺点和不好的行为，我们要立刻反省自己的思想行为，如果自己也存在同样的问题，就要立刻改正过来；如果没有，也要随时提醒自己不要犯同样的过错。

与孩子探讨什么是善、什么是恶，让孩子具备对善恶的分辨能力。

我们要教孩子学会“见善思齐，见恶内省”，就需要先让他明白什么是善、什么是恶，让他有一个评判善恶的标准。其实，《弟子规》就是一把衡量善恶的尺子，符合《弟子规》的就是善，不符合《弟子规》的就是恶。当孩子真正去诵读、落实《弟子规》时，他也就慢慢具备了对善恶的分辨能力。

另外，有一部经典叫《了凡四训》，里面提到了这样一个观点：如果对“善”辨别得不清楚，有时候以为自己是在做善事，其实是在造恶。这部经典对“善”讲解得非常透彻。它说，善有真有假，有端有曲，有阴有阳，有是有非，有偏有正，有半有满，有大有小，有难有易。

如果想法、念头、言语都有利于他人，那么这个善是“真”；如果想法、念头、言语都是为了自己，那么这个善是“假”。

处处为他人、为家庭、为社会着想，不夹杂一丝一毫的个人私利，这是“端”；内心不端正，处处为自己着想，这是“曲”。

做了好事不被人所知，这个善是“阴善”；做了好事被他人知道，这个善是“阳善”。

如果行善的影响面很广，影响的时间很长，那么这个善是“是”；如果行善的影响面很小，影响的时间很短，那么这个善是“非”。

做好事、善事，就是“正”；做坏事、恶事，就是“偏”。如果好心做了坏事，称为“正中偏”；如果恶心做了好事，称为“偏中正”。

一心为善，而内心没有任何夹杂，这个善是“满”；内心有夹杂，即使做再多的善事，也是“半”。

一心为天下国家，这个善是“大”；一心只为自己，这个善是“小”。

哪怕行善遇到再多的困难，也能坚持去做，这个善是“难”；具备行善的条件，做善事容易，这个善是“易”。

如果我们想要详细了解其中的内容，可以抽时间好好看看这部经典。我们只有具备了对善恶的分辨能力，才能引导孩子分辨善恶。

平日里，我们可以根据发生在身边的事情或报纸、电视等媒体上报道的案例，与孩子一起探讨这些事情是善还是恶，并告知以什么样的标准去判断，如果这件事情发生在自己身上，又该如何去做。这样的探讨会给孩子留下深刻的印象，让他更深刻地了解善恶。

告诉孩子“三人行，必有我师焉”。

孔子曰：“三人行，必有我师焉。”其中的“三人”，并不是特指三个具体的人，而是指自己、善人和恶人。因此，我们要告诉孩子，身边的所有人都是自己的老师，都有值得学习的地方。可能有人会有这样的疑惑：难道恶人也可以成为孩子学习的对象吗？不错。

无论是善还是恶，都可以带给孩子很好的启发和教育。善，对孩子来说是一种正面的教育；恶，对孩子来说是一种反面的教育。从这两种不同的教育中，孩子可以勉励自己，警醒自己，从中吸取经验和教训，从而使自己的各方面能力得到培养和提升。

所以，不管他人的所作所为是善还是恶，都可以把它们当成一面镜子，以此来照见自己的行为举止。当孩子懂得并学会“择其善者而从之，其不善者而改之”时，相信他的德行和学问会得到一个质的飞跃，他的人生境界也会得到新的提升。

引导孩子在生活中真正落实“见善思齐”、“见恶内省”。

孔子曾经这样称赞颜回：“得一善，则拳拳服膺而弗失之矣。”大概的意思是，颜回只要看到他人的善，就总想着把这个善学到自己身上，而不会放弃对善的追求。我想，这就是颜回成为孔子最得意的学生的原因之一吧！

面对他人的善和恶，我们要引导孩子保持积极、健康的心态，要善于从他人的善和恶中学习，从而提升自己。

当孩子看到他人的优点，或是看到他人取得好成绩，或是看到他人做善事的时候，都要向他人学习，不要嫉妒、诋毁他人。即使孩子与他人的差距很大，只要孩子有信心，并坚持不懈地努力，就会逐渐缩短差距，然后一点一点地追赶上来。如果孩子没有做到“见善思齐”，而是嫉妒、诋毁他人，那么，孩子与他人的差距就会越来越大，最终永远也不会赶上他人。所以，我们要引导孩子向他人学习，奋力赶上他人的脚步。

我们都知道，人很难看到自己的过失，却很容易看到他人的过失。所以，面对他人的过失，我们要引导孩子反躬自省，检讨自己是否也有类似的过失，正所谓“以人为镜，可以明得失”。就如同前面提到的：如果孩子也经常犯类似的过失，就要努力改正；如果孩子没有这样的过失，就要把他人的过失当成一种警示，时刻提醒自己不要犯同样的过失。

教育孩子“勿以恶小而为之，勿以善小而不为”。

三国时期的刘备曾经告诫他的儿子刘禅：“勿以善小而不为，勿以恶小而为之。”其实，每个人都应该从中受到启发，不要认为坏事小就去做，也不要认为好事小就不去做。也就是说，即使是小恶也不要去做，即使是小善也要去做。

平日里，我们总是忽视生活中的一些小事，认为小事没什么大不了的，是不会影响整个大局的。但是，从一些小事中更可以看出一个人的德行和素养。

因此，我们要教育孩子，不要小看身边的小事，哪怕是丢垃圾这样的小事，也不要去做；哪怕是捡垃圾这样的小事，也要去做。

有些父母可能会想：孩子行善了，会不会吃亏呢？其实，这种想法是偏颇的。自古以来就流传着这样几句话：“为善最乐”，“助人为乐”，“施比受更有福”。当孩子做了好事，尽自己的最大力量帮助他人走出了困境时，他的内心是无比快乐的，而这种快乐是其他任何东西所无法比拟的。而且，以后他要是遇到了什么困难，别人也一定会热情伸出援手的。

无论做什么事情，都要重视根本，本末一定不能颠倒。因此，我们教育孩子多行善，也要回归到根本，那就是一定要先从孝敬父母开始，因为孝是善的根本，是真正的善。

教育小语

在成长的过程中，孩子会遇到各种各样的人，无论是善人，还是恶人，我们都要引导孩子向他们学习，看到善，要随时提醒自己，多做善事；看到恶，要随时反省自己，以此作为警示，不做恶事。这样一来，孩子的德行就会日益增进，过失就会日益减少，正如《弟子规》后面讲到的“德日进，过日少”。

第八节

教孩子看淡物质追求，看重道德学问的提升

当今社会的物质生活极其丰富，孩子在物质方面的攀比现象屡见不鲜。那么，对于孩子而言，哪些方面是可以攀比的？哪些方面又是不可以攀比的？这些问题值得我们思考。其实，我们应该使孩子的“攀比”从穿戴、饮食转移到品德、学问、才能、技艺上。因此，我们需要教孩子看淡物质追求，看重道德学问的提升。

惟德学，惟才艺，不如人，当自砺。

这句话中的“惟”同“唯”，即只有，“德”即品德，“学”即学问，“才”即才能，“艺”即技艺，“砺”即勉励。每个人都应该注重品德、学问、才能和技艺的培养和提升，如果这些方面不如他人的话，就应当不断自我勉励、奋发图强。而孩子也应该从小做到这些。

如何引导孩子提升自己的品德、学问、才能和技艺呢？

一个人的一生是否能够有所成就，取决于他的品德、学问、才能和技艺。如果这几方面不如他人的话，就应该通过自己的努力去赶上并超越他人。那么，我们应该如何引导孩子提升自己的品德、学问、才能和技艺呢？

如今，很多父母都有一颗好高骛远的心，希望孩子能快速掌握一门学问或技能，想要孩子快速取得成功。在父母的影响下，很多孩子无论学习什么都心浮气躁，想一步登天。所以，我们做父母的首先要端正心态，也要告诉孩子，想要掌握一项才艺或一门技能，需要长时间认真、深入地学习，不断、反复地练习，只有这样，才能奠定良好的根基，正所谓“台上一分钟，台下十年功”。

《中庸》讲道：“好学近乎知。”意思是说，好学的人跟智者接近。如果孩子不好学，看到他人各方面都比自己强，还不肯自我勉励，不肯提升自己，那就是自甘堕落，将会一事无成。孩子只有拥有好学的精神和态度，才有可能学得好。

我们常说：“天下无难事，只怕有心人。”也许孩子目前的品德、学问、才能和技艺都不如他人，但是只要孩子有心学好，肯努力，就可以取得属于自己的成功。《中庸》讲道：“人一能之，己百之。人十能之，己千之。”他人一次就能学会的，我们学一百次，一定能学会；他人十次就能学会的，我们学一千次，一定能学会。所以，我们要引导孩子刻苦学习，只有付出比他人更多的努力和汗水，才有可能超越他人，有道是“勤能补拙”。

《论语》中有这样一句话：“知之者不如好之者，好之者不如乐之者。”这就表明，兴趣其实是最好的老师。当我们对某一事物感兴趣的时候，就会带着极大的积极性和热情全身心地投入到学习中。当孩子对培养和提升自己的品德、学问、才能和技艺感兴趣时，他也一样会满怀热情地投入到学习中，就会感受到学习的乐趣，自然也能学得更好。

孩子就像一匹“千里马”，有待我们这个“伯乐”去努力发掘。因此，我们应该尽可能地为孩子提供一些展现自己的机会，从中发掘出他的特质和天赋，尊重和支持孩子的兴趣，并帮助他在兴趣之路上有所作为。

德行是一切的根本，让孩子做一个德才兼备的人。

在一个人成才的道路上，德行和才能是缺一不可的。那么，德和才孰轻孰重呢？“德才兼备”这个成语给了我们答案：德比才更重要，因为德在前，才在后。一个人的德行不仅由才能所体现，而且为才能所升华；一个人的才能不仅由德行所引导，而且为德行所提升。

试想一下：如果一个人缺失德行，他能拥有学问、才能和技艺吗？也许，他会因为自己的天赋而获得这些。但是，即使他的学问、才能和技艺达到非常高深的境界，也会因为德行的缺失而遇到瓶颈，甚至会给他人或自己带来麻烦或祸害。比如，一个人的武功几乎达到了炉火纯青的境界，但是他没有武德，那么，他就可能会凭借着自己高超的武艺去达到自己不良的目的，可能会作奸犯科，给他人和自己带来灾难。

我们都知道，要想在这个社会上立足，要想获得幸福的人生，学问、才能和技艺起着至关重要的作用。但是，这一切必须以德行做先导，必须先要奠定德行的根基。因为，德就好比一棵大树的树根，如果根没有扎好，即使树干长得再高，树荫再大，也只是无本之木，经受不住狂风暴雨的袭击。

其实，对孩子的教育也是一样，他需要全面发展，而根本是德行教育。因此，我们需要着重培养孩子的德行，一定要为孩子扎好德行的根基。而德行教育要回归到家庭教育，要回归到“孝”。这也是我在前面一直都提到的一个教育原则。当孩子奠定了德行的根基之后，再去培养和提升自己的学问、才能和技能，就变得非常容易了。

若衣服，若饮食，不如人，勿生戚。

“若衣服，若饮食，不如人，勿生戚”的意思是说，如果我们在穿着、饮食方面不如他人，不要因此而忧愁和悲伤，也不要感到自卑。“戚”即忧愁、悲伤。

告诉孩子，快乐不是建立在物质享受上的。

虽然“若衣服，若饮食，不如人，勿生戚”表面上只提到了衣服和饮食，但其实所指的是物质生活。很多父母由于小时候生活相对来说比较苦一点，而如今的物质生活水平有了很大的提升，于是就尽可能为孩子提供最好的物质生活，让他吃好、穿好、用好，无条件地满足他的任何需求，结果，却助长了孩子的贪欲，让他认为快乐就是建立在物质享受基础上的。

“欲是深渊。”一个人的贪欲就像无底洞一样，是无止境的，如果孩子认为快乐就是物质的享受，那么一旦他得不到物质的享受，就会非常痛苦，根本没有快乐可言。一个人唯有克制贪欲，懂得知足，懂得提升自己的精神生活，才能享受到平淡中的快乐。

那么，在这个问题上，我们做父母的应该如何去做呢？

首先，我们不能贪图享受，而应注重自己的精神生活。其次，我们要坚持“再富也不能富孩子”的教育原则，为孩子提供丰富的精神生活。最后，我们要告诉孩子，快乐并不是建立在物质享受基础上的，而是建立在精神享受基础上的。

其实，一个人要想获得快乐是非常简单的，比如，与父母拉拉家常，跟孩子做做游戏，看一本自己喜欢的书，做一些自己喜欢的事情，一家人在一起吃顿饭，一家人相约一起去野外郊游，几个朋友围坐在一起聊聊天，等等。

培养孩子的勤俭意识，让他养成勤俭的好习惯。

唐代著名诗人李商隐在《咏史》中写道："历览前贤国与家，成由勤俭败由奢。"这是李商隐在总结唐朝由盛转衰时写下的警世名言，目的是告诉人们勤俭的重要性。其实，大到一个国家，小到一个人，要想获得更好的发展，都离不开"勤俭"二字。

然而，在物质生活日益丰富的当今社会，有的父母竟然以俭为耻，认为勤俭是一件非常可耻的事情，凡事喜欢讲排场，宁可打肿脸充胖子，也不愿意丢掉面子。当父母这样去做的时候，学得最快的莫过于孩子，他很快就会变得奢侈。但是要想让孩子由奢侈变勤俭就非常困难了，正所谓"由俭入奢易，由奢入俭难"。因此，在孩子很小的时候，我们就要培养他的勤俭意识。

首先，我们要勤俭治家，在生活起居上，所穿的衣服、所用的物品都应该简朴，用自己的勤俭行为影响、感染孩子。其次，我们要用勤俭的事例或故事教育孩子，让他知道勤俭是美德，对一个人的发展是非常重要的。最后，在生活中，我们要培养孩子勤俭的习惯，比如：穿衣服要简朴，不要追求华丽，正如前面讲到的"衣贵洁，不贵华"；对饮食不要挑三拣四，正如前面讲到的"对饮食，勿拣择"；等等。事实上，只要孩子按照《弟子规》去落实，就会养成勤俭的好习惯。

要注意纠正孩子的盲目攀比心理，使积极攀比产生向上的动力。

当孩子把快乐建立在物质享受基础上时，自然就会盲目攀比。同理，当孩子把心思都花在物质的攀比上时，自然就不会把时间和精力用在提升自己的德行、学问、才能和技能上。所以，我们要及时纠正孩子的盲目攀比心理。

从另外一个角度来说，孩子有攀比心理，说明他有比较的意识，想要通过自己的努力达到或超过他人。我们可以抓住孩子的这一心理，通过改变孩子攀比物质的倾向，巧妙地使攀比变得积极正面，从而产生向上的动力，比如：在消费方面，比谁的零花钱花得更有意义；在穿衣方面，比谁穿的衣服整洁、大方；在学习方面，比谁最努力，谁的进步最大；在劳动方面，比谁最勤劳，谁最愿意付出；在人际关系方面，比谁的人缘最好；等等。

教育小语

真正的君子所追求的不是物质方面的享受，而是自己的德学才艺，正所谓“君子谋道不谋食”，“君子忧道不忧贫”。因此，当孩子的德学才艺不如他人时，我们要引导他学会“攀比”，通过自己的努力去追赶他人；当孩子的物质生活不如他人时，我们要引导他以平常心面对，让他看淡物质的享受，看重精神的享受。

第九节

把正确对待批评与赞誉的态度传给孩子

一般人听到批评的声音，心里总会有些不舒服；而听到赞誉的声音，心里会非常高兴。对于一个心智并不成熟的孩子而言，更是如此。但是，这种对待批评与赞誉的态度，并不利于孩子的成长和发展。因此，我们需要把正确对待批评与赞誉的态度传给孩子。

闻过怒，闻誉乐，损友来，益友却。

这句话中的“闻”即听到，“过”即过失，“誉”即赞誉，“损”即损害，“却”即退却、离开。这句话意思是如果听到他人批评我们就生气，听到他人赞誉我们就高兴，那么，有损德行的“朋友”就会接近我们，而真正的良朋益友就会疏远我们。

当我们“闻过怒，闻誉乐”时，为什么“损友来，益友却”呢?

一旦我们只听得进赞誉的话，听不进一点批评的话，那么，损友就会悄悄来到我们的身边，而益友就会渐渐远离我们。

为什么“损友来”呢?因为这些人很清楚我们喜欢听好听的话的心理，只要不说批评我们的话、多说我们的好话，我们就会被他们的美言所迷惑，他们就可以趁机达到自己的目的。

为什么“益友却”呢?因为这些真正的良朋益友清楚做朋友的本分，当我们有过失的时候，他们一定会直言不讳，帮我们把过失指出来。当我们不能接受时，他们为了不让我们生气，为了不受到我们的侮辱，就会暂时远离我们。一旦我们愿意接受这些朋友的批评，他们还会立即回到我们的身边。

我们应该注重培养孩子正确对待批评的态度。

如今的孩子集万千宠爱于一身，从小听惯了顺耳话，不知道应该如何对待批评。尤其是现在提倡表扬教育、赏识教育，父母和老师都对孩子多表扬、多赏识，尽量不批评。

当然，适当的表扬和赏识是必要的，可以起到激励孩子的作用，但是批评也是必要的，如果缺少了批评，教育就是不完整的。而且，如果孩子接受了太多的表扬和赏识，他就会像温室里的花朵，将经受不住任何风吹雨打。因为太多的表扬和赏识会使孩子变得虚荣心强、傲慢无礼，使他对批评极为敏感，甚至不能接受。因此，我们要想让孩子经受得住批评，就需要培养孩子正确对待批评的态度。

首先，我们要教育孩子欣然接受他人的批评。我们要让他认识到，每个人都会犯各种各样的错误，而自己有时候很难看到自己的错误，只有通过他人坦诚地说出自己的错误，自己才能认识到错误，进而去改正，取得进步。如果不能接受他人的批评，错误就会一而再再而三地重复，最终受害的还是自己。因此，当他人批评孩子时，我们要教育他欣然接受批评，用“有则改，无加警”的态度去面对批评。

其次，我们要引导孩子感谢批评自己的人。因为正是由于他人的批评，孩子才有了改正错误的机会。当孩子受到他人的批评时，我们可以这样引导他：“如果你的脸上有一个脏东西，你希不希望他人及时告诉你?”孩子会回答：“希望。”再问孩子：“当他人提醒你去除了脸上的脏东西时，你应不应该感谢他人呢?”孩子会回答：“应该。”然后，我们就可以告诉孩子：“他人批评你，就好比提醒你脸上有脏东西一样，你应该感到高兴才对，更应该及时感谢他人。”

最后，我们要提醒孩子进行自我反省，并尽力去改正过失。当他人批评了孩子，而孩子也高兴地接受之后，更重要的是，我们要提醒他反省自己，找到过失的根源，并下决心去改正。这样才不会一次又一次地犯同样的过错。一开始的时候，我们需要引导孩子进行自我反省。当孩子掌握了自我反省的方法之后，他就掌握了不断认识自我、提升自我、完善自我的秘诀，那么，他就会随时反省自己。

闻誉恐，闻过欣，直谅士，渐相亲。

这句话中的“恐”即畏惧，“欣”即喜悦，“直”即正直，“谅”即诚信，“亲”即亲近。这句话的意思是说，如果我们听到他人的赞誉就恐慌不安，听到他人的批评就高兴地接受，那么正直诚信的朋友就会渐渐亲近我们。

我们应该注重培养孩子对待赞誉的正确态度。

当孩子听到他人的赞誉时，一般都会非常高兴。有的孩子可能会把这份赞誉变成前进的动力，从而勉励自己；有的孩子可能会因此而沾沾自喜，甚至是得意忘形，从而产生骄傲的心理。我们肯定希望孩子把赞誉变成动力，那么，我们就需要培养他对待赞誉的正确态度。

当他人赞叹我们的孩子时，我们要让他思考一下，自己的德行、学问是否真的能够担负起这样的赞誉。当孩子这样去思考的时候，他的内心就会有所警惕，就会抱着战战兢兢的态度去面对他人的赞誉。

另外，孩子能够得到这样的赞誉，绝不是仅靠他自己的能力达到的，所以，我们需要给予引导。比如，当孩子因取得好成绩而得到周围人的赞誉时，我们可以这样对孩子说："你今天能取得这样的好成绩，源于你平日的努力和付出，同时也离不开老师的辛勤教导、同学的无私帮助、父母的日夜陪伴。所以，你应该懂得感恩，正因为这么多人的付出才促使你取得了好成绩……"当孩子有了这样一份感恩他人付出的心之后，他就会"闻誉恐"了，就会把这份赞誉变成前进的动力，尽心尽力做好自己的事，以回报他人的付出。

我们应该注重孩子的择友问题，帮助他分辨"损友"和"益友"。

在人与人之间的关系中，朋友是五伦关系（父子有亲、长幼有序、夫妇有别、君臣有义、朋友有信）之一。而且，在一个人的一生中，朋友扮演着非常重要的角色。我们都有这样的体会：有时候，自己遇到了挫折、困难，想要倾诉的对象不是父母，不是长辈，而往往是自己最亲近的朋友。既然朋友对我们如此重要，那么对于孩子的择友问题，我们就更需要慎重对待了。

在平日里，我们除了要帮助孩子选择对他有益的朋友之外，还需要告诉孩子哪一类朋友是可以结交的，哪一类朋友是必须远离的。其实，朋友可以分为简单的两类，正如这一节中提到的“损友”和“益友”。

所谓损友，就是对自己有害的朋友；所谓益友，就是对自己有益的朋友。那么，哪些朋友是对自己有害的？哪些朋友又是对自己有益的？在《论语》中，孔子做出了详细的解释。他说：“益者三友，损者三友。友直，友谅，友多闻，益矣；友便辟，友善柔，友便佞，损矣。”

“友直”即正直的朋友；“友谅”即诚实、不欺骗人的朋友；“友多闻”即见闻广博、知识面广的朋友。这三类朋友都是对孩子有益的，我们应该让孩子多与这三类朋友相处，引导孩子向他们学习，从而提升自己的德行，完善自己的修养，丰富自己的学识。

“友便辟”即喜欢奉承讨好的朋友；“友善柔”即两面三刀、巧言令色的朋友；“友便佞”即言过其实、夸夸其谈、只会耍嘴皮子的朋友。这三类朋友都是对孩子有害的。我们应该教育孩子尽量避免与这样的朋友接触，更不要向他们学习。

教育小语

孩子是否能结交“益友”，远离“损友”，关键在于他的心胸。如果面对他人的批评，孩子能够欣然接受，面对他人的赞誉，孩子的内心会感受到恐慌，那么就会广结“益友”，“损友”也就没有机会接近他了。所以，我们要开阔孩子的心胸，传给他正确对待批评与赞誉的态度。

第十节

教孩子面对错误不试图掩饰，并且知过改过

古训言：“人非圣贤，孰能无过?”的确是这样，每个人都难免会犯错误。但是，当面对错误的时候，有的人勇于承认，并为自己的错误承担后果；有的人会为了逃避责任极力掩饰自己的错误。我们肯定都希望自己的孩子做一个知过改过的好孩子。因此，我们就需要教孩子勇于承认自己的错误，不去掩饰错误。

无心非，名为错；有心非，名为恶。

怎样的过失称为“错”？怎样的过失称为“恶”？

在“无心非，名为错；有心非，名为恶”这句教诲中，“非”即错误、过失，“名”即称为、属于，“错”即过错，“恶”即罪恶。如果我们不是有心、

故意犯错，就称为“过错”；如果我们是明知故犯，就称为“罪恶”。

“错”和“罪”两者存在着很大的差别。我们首先要明确怎样的过失称为“过错”，怎样的过失称为“罪恶”。事实上，“错”和“罪”的区别在于我们的心，在于我们心中的念头。也就是说，如果我们不是故意做的，错事就只是“错”；如果我们是有意做的，错事就是“恶”了。

可见，一个人的所有作为都要看他的存心和做事的动机。从“无心非”到“有心非”这样的演变，是没有明确规定的，取决于一念之差，取决于存心和动机。

面对孩子的过失，我们应该如何去做呢？

对于孩子犯下的过失，我们先不要马上火冒三丈，而是要静下心来了解一下他的存心和做事的动机。如果孩子是无意中犯下的过失，我们应该包容他、原谅他。比如，孩子不小心把水洒了一地，我们不要马上指责他，而是要原谅他的过失，要帮助他找到过失的根源，也许是因为地太滑了，也许是因为走路太快了。即使是孩子是无心犯下的过失，我们也要让他承担过失的后果。

如果孩子是有意犯下过失，我们就应该采取适当的方法给予引导和帮助。如果孩子还没有认识到自己做的事情是错误的，我们就需要通过讲道理或者是让他接受自然惩罚等方法让他认识到自己的过失。如果孩子明明知道自己所做的事情是错误的，还是执意去做，那么，我们就需要采取相应的惩罚措施，让他改正过失。

比如，孩子小的时候总是爱打人，给他讲道理他也不听，那么，当孩子再打人的时候，我们就可以在他的小手上打一下，让他感受一下被打的滋味。孩子都有同理心，当他感受到被打是一种不舒服甚至是疼痛的滋味时，他就不会让周围人感受到同样的滋味了，自然也就不会再打人了。

当我们懂得正确对待孩子的过失、孩子也知道我们为什么这样做时，他就不会感到委屈、不公平，而是会有一种被尊重、被信任的感受，更加尊重我们，会更加愿意与我们合作，进而接受我们的教导。而且，在无形中，孩子也学会了正确对待他人的过失。

引导孩子宽恕他人的过失，并帮助他人改过。

在与他人的交往中，孩子难免会遇到对方犯下过失的情况。这时候，我们应该如何引导孩子呢？我们应该让孩子拥有宽广的胸怀。如果他人的过失是不小心所造成的，我们就应该引导孩子懂得理解、宽恕、包容他人。

比如，孩子在与朋友玩耍的过程中，朋友不小心弄坏了他的玩具，他生气地向我们倾诉。我们首先应该理解他的心情，认同他的感受，从而使他的不快心情得到舒缓，然后再给予正确的引导，引导他原谅他人。我们可以这样说："我知道你肯定很难过。换作我，我也会跟你一样难过的。不过，他不小心把你的玩具弄坏了，他自己也非常伤心了。如果你还不原谅他的话，他就会更加伤心，你也会因此而失去一个好朋友。这样值得吗？"但凡一个明理的孩子、一个接受过《弟子规》熏陶的孩子，都会选择原谅他人。

如果他人是明知故犯，那我们除了引导孩子宽恕他人的过失之外，还需要引导他帮助他人改过。比如，如果孩子遇到了一个经常骂人的朋友，我们就要引导孩子去帮助他，告诉孩子，可以心平气和地劝导他，把骂人的利害关系告诉他。如果孩子没有能力去帮助他，我们可以指导他去寻求老师、长辈的帮助，从而帮助他改掉骂人的坏习惯。

过能改，归于无，倘掩饰，增一辜。

改过是提升人生境界的必经之路。

在“过能改，归于无；倘掩饰，增一辜”这句话中，“辜”即罪、过失。整句话的意思是说，我们不要害怕犯错误，而是要能认识到错误并及时改正错误。这样一来，错误就会渐渐消失，而我们也不会再犯类似的错误了。但是如果我们故意掩饰自己的错误，那就是错上加错了。

古人非常重视改过，认为改过是提升人生境界的必经之路。一个人只有勇于改正自己的过失，才能取得进步，才能提升自己的道德、学问，才能提升自己的人生境界，才能获得真正的幸福人生。

我在前面提到过一部经典《了凡四训》。这部经典上有这样一句话：“今欲获福而远祸，未论行善，先须改过。”意思是说，一个人要想获得福分、远离灾祸，不要先想着如何行善，而是先要改正自己的过失。事实上，改过就是最大的善，正如《左传·宣公二年》中所记载的，“人谁无过，过而能改，善莫大焉”。

过失并不可怕，可怕的是不承认过失、不改正过失。

成年人面对自己的过失，有时候因为碍于面子或者害怕让他人知道，会去掩饰自己的过失，甚至找很多理由来搪塞；孩子面对自己的过失，有时候因为害怕受到责备或惩罚，也会故意掩饰。这样一来，我们不但没有改正过失，反而更加重了过失，就等于是错上加错了。

其实，做错事并不可怕，可怕的是不能勇于承认并改正。如果我们能够承认自己的过失或是自己做得不对的事情，并尽心尽力去改正，就一定能把过失改正过来，以后也不会再犯类似的过失了。其实，这就是人生的进步。

一般来说，孩子都会因为害怕受到我们的责备或惩罚而不敢承认自己的过失。所以，当孩子犯下错误时，我们不要一上来就责备他，更不要在没有弄清事情真相之前就惩罚他，而是需要心平气和地引导他。

首先，我们要让孩子明白，无论出于什么原因，掩饰自己的过失比自己犯下的过失本身更严重。然后，我们需要引导孩子彻底反省自己的行为，从而让他认识到自己的过失。最后，我们要时刻提醒和帮助孩子改正过失。这样一来，孩子就懂得如何处理自己的过失了。

引导孩子做到“知过—悔过—改过”。

世上没有完美无缺的人，所谓“金无足赤，人无完人”。每个人都是在“知过—悔过—改过”的过程中得到进步和提升的。《菜根谭》中有这样一句话：“弥天大罪，当不得一个悔字。”一个人即使犯了滔天大罪，只要懂得忏悔，也能补救。因为当一个人能忏悔自己的过失时，他就生起了善心，那过去的罪恶也就烟消云散了。

因此，我们要让孩子懂得忏悔自己的过失。但是要想悔过，必须先知过。这就需要有一个判断的标准，而最好的标准就是《弟子规》。当孩子做了某件事情而不知道是对是错的时候，我们可以引导他对照《弟子规》，看看是否符合《弟子规》的教诲。当孩子发现自己所做的事情违背了其中的某一条时，他自然就会忏悔自己的过失，然后根据这一条教诲所蕴含的智慧来帮助自己改正过失。

比如，如果孩子总是挑食，我们就可以引导他对照《弟子规》，他会发现自己没有做到“对饮食，勿拣择”。只要对自己的坏习惯或是错误表示忏悔，并下定决心落实“对饮食，勿拣择”，他就能真正改掉挑食的坏习惯。

改过需要发三种心：知耻心、畏惧心、勇猛心。

在《了凡四训》中，其中的一训专门讲“改过之法”，重点讲到了改过需要发三种心：耻心、畏心、勇心。“具是三心，则有过斯改，如春冰遇日，何患不消乎。”这句话意思是说，一个人只要具备了这三种心，便能改正过失，就像寒冰遇到了春日一样，必定能融化成水。

知耻心，就是当孩子做了错事后，他会感到良心不安，也会感受到这样做令父母蒙羞，正如《弟子规》前面所讲，“德有伤，贻亲羞”。当孩子常怀知耻心时，他就会采取行动去改正过失。而知耻的人，就已经接近勇敢了，正所谓“知耻近乎勇”。

畏惧心，就是当孩子想要做错事或者是做了错事后，他会感到非常害怕。这样，当孩子做事之前，他就会谨慎、认真地思考：可不可以这样做？这样做的后果是什么？当孩子常怀畏惧心时，他就有了自控力，从而使自己不敢犯这样或那样的错误，因为在孩子的内心深处有一条道德的准则在时刻警示着他。

勇猛心，就是孩子在改过的时候需要有坚定的毅力，需要有持之以恒的信念。一般来说，当事情过去之后，孩子很容易就会忘记自己的过失，那么，他的坏毛病就会慢慢地显现出来。孩子只有常怀勇猛心，才能勇敢、果断地尽力改正自己的过失，才能真正实现“归于无”。

当孩子犯下这样或那样的过失时，我们首先需要引导他认识到自己的过失，让他知道过失会给自己或他人带来怎样的负面影响，从而激发起他的知耻心和畏惧心。然后，我们需要提醒、帮助孩子持之以恒地改正过失，不让他放过任何一个小过失，督促他成为一个有过即改的好孩子。当然，对错误最好是“后不再犯”，就像孔子的得意门生颜回那样“不贰过”。

教育
小语

每个孩子都会经历“犯错—认错—改错”的过程，正是这样的过程让孩子成长起来的。虽然错误的性质有所不同，但是无论有心还是无心犯错，只要犯下错误，就要勇于承认、勇于改过。如果孩子千方百计掩饰自己的错误，那就是错上加错，久而久之，孩子离“本善”就会越来越远。

本章后记

诚信是中华民族的传统美德，也是每个人都应该具备的基本素质之一。对于孩子而言，在他小时候，我们就要帮助他建立诚信的意识，让他养成“凡事三思而后言”的好习惯。这样一来，他就会在言语上做到诚信，而不会对别人说一些欺骗、不真实的话语。

凡事都要有分寸。逾越了这个分寸，就会出现一些不必要的麻烦，甚至会招来祸害。说话更是如此，因为“祸从口出”。所以，我们要告诉孩子说话注意分寸，让他知道哪些话可以说、哪些话不可以说。

我们需要让孩子铭记：话说多，不如少。无论在什么场合，都不要想说什么就说什么，而是要注意说话的时机，最好是少说话。有利于他人的话，该说的时候就一定要说；而伤害他人的话，或者是虚伪、粗鲁的话，一定不可以说。

言语一定要谨慎。这是我们应该懂得的，更是我们教育孩子时一定要注意去做的。尤其是对于自己的所见所闻，在没有弄清楚真实情况之前，一定不要妄加评论，不可以人云亦云，更不可以轻易地把不确定的事情传播出去。

有句成语叫“一诺千金”，就是说许下的诺言有千金的价值，也就是说说话要算数，要讲信用。其实，一个诺言何止千金的价值，它更关乎一个人的名誉。所以，我们应该引导孩子，在做出任何承诺之前，一定要考虑这样做是否符合道义，衡量自己有没有能力做到。

无论孩子走到哪里，都离不开与人交流，而最主要的交流方式就是言语。所以，我们需要教孩子学会正确地说话，也就是说，在说话的时候，要清楚、完整、流畅地表达出自己的意思，要让人听得明白、听得舒服。

只要有人的地方，就有是非。对于没有是非判断能力的孩子而言，很容易卷入这些是非之中。因此，从孩子小时候开始，我们就需要引导他远离是非，不要把宝贵的时间浪费在说长道短之中。

每天，孩子身边都会发生很多善恶之事。面对这些，我们不仅需要培养孩子的善恶分辨能力，而且还需要让他认识到善恶都有值得学习的地方。对于善，要有“见善思齐”的态度；对于恶，要有“见恶内省”的态度。这样一来，孩子的善就会日益增多，恶就会日益减少。

如今，很多人包括孩子都在追求物质享受，攀比现象也屡见不鲜。作为成年人，我们首先要以身作则，看淡物质的追求。这样，孩子在潜移默化中就不会把物质作为唯一的追求了。然后，我们要引导孩子提升自己的道德学问，使他成为一个德才兼备的人。

虽然现在提倡表扬教育或赏识教育，但是我们也不能忽视批评教育。更重要的是，我们需要培养孩子正确对待批评与赞誉的态度。面对批评，我们需要引导孩子学会欣然接受；面对赞誉，我们需要引导孩子审视自己是否能担得起这样的赞誉。

对于成长中的孩子，他难免会犯下这样或那样的错误。无论是有心还是无心犯下的错误，我们都要鼓励他、引导他勇于认识错误、承认错误、改正错误。这样，孩子才能从错误中吸取经验和教训，从而让自己真正得到益处，健康成长。

第六章

泛爱众——教孩子真诚地爱一切，创造和谐的人生

爱，绝不是一个狭义的概念。爱的繁体字是“愛”，是“受”里有一颗心，就是用心感受别人的需要。也就是说，一个有爱心的孩子往往具备感同身受的能力，他会从爱父母、爱老师、爱亲友推及爱一切人、事、物。此时，孩子收获的将不仅仅是被爱，还会收获一颗博爱的心，获得一个和谐、平安、幸福的人生。

第一节

教孩子爱人

人与人之间虽然有出身不同之别，但人格绝无高低之别，互敬互爱才是常态。现实是人与人之间的关爱少了，怨恨多了。这都不是我们希望看到的。为了使人类彼此和谐相处，请教孩子互敬互爱吧。

凡是人，皆须爱，天同覆，地同载。

爱别人就是爱自己，一个真正爱自己的孩子，会努力做到“泛爱众”。

每个人虽然相貌不同、身份不同、地位不同，但是，有一样是相同的，就是无不希望获得他人的尊敬与爱。既然爱是用心感受别人的需要，那我们就要引导孩子学着满足他人的基本需要，即用一颗平等心、真诚心与人相处。

然而，现今的很多孩子因为没有接受正确的家庭教育，总是很在乎自己的感受，而弃别人的感受于不顾，不但不懂得尊敬别人、爱别人，还常常和周围的人产生对立，甚至瞧不起他人、辱骂他人、陷害他人。最后的结果是什么呢？对方因无法承受而反过来报复孩子，甚至引发命案。所以，不爱他人，就是不爱自己。曾经用不好的方式对待别人，人家终究会用同样的手段甚至更狠的手段还回来。最后，谁受益了？两败俱伤啊！

为了避免这种悲剧的发生，我们要让孩子懂得“凡是人，皆须爱，天同覆，地同载”的道理。我们所有人共同生活在同一片蓝天下、同一块土地上，虽然没有血缘关系，但却应该互相爱护、互相尊重。只有这样，大家才能都过得快乐、幸福。

所以，我们要让孩子懂得尊重、关心、爱护他人，最起码不要与他人结怨仇，因为怨会生恨。仇恨的心往往是引发祸患的根源。也就是说，“不与人结怨”应该成为孩子与人交往的基本原则。

另外，在社会群体中，哪些人容易受到不平等的待遇？是社会地位较低、干重体力活、贫困的人等弱势群体，比如清洁工、搬运工、小贩或残疾人等。当我们在生活中接触这些人时，要保持最基本的尊敬，要使用“您好”、“谢谢”、“慢走”等礼貌用语，让孩子从我们的言传身教中感受平等的力量。

除此之外，可能有人会问：那些坏人也要爱吗？《三字经》开篇就说：“人之初，性本善，性相近，习相远。”坏人不是本性坏，而是染上了坏习气。对于这样的人，我们要让孩子敬而远之。要在人格上尊敬他，但不接近他，当然更不能向他学习。

我们还要引导孩子关注穷苦的人，鼓励他用部分零花钱或压岁钱帮助那些需要帮助的人，由此来培养孩子的社会责任感和大爱之心。

教育小语

每个人的身份、地位不同，但在人格上是平等的。要教育孩子人与人之间要互敬互爱。

第二节

让孩子明白名望的基础是德行与才干，而非外表

一个有德行、有学识、有才能，又愿意用自己的才能服务大众的人，自然会得到大家的敬重与爱戴，他的名望自然也会越来越大。所以，拥有名望的基础是具备良好的德行和才干，而非外表、长相突出。而今，一些有名的人未必就是有名望的人。他们并没有良好的德行与才能，所以招致祸患的可能性就很大，正如古人讲的，“名不副实，必有奇祸”，“德不配位，难免凶灾”。

行高者，名自高，人所重，非貌高。

我们要让孩子知道，判断一个人的标准不是外貌，而是德行。

无论是我们还是孩子，都会对相貌出众的人颇有好感，也难免会倾慕对方

的美貌，甚至会因此而格外敬重人家。当然，尊敬他人是我们应该做的，但是仅凭外表而对别人有所评判，难免为时过早。而且，这种判断标准是盲目的，对孩子是没有好处的。

比如，孩子刚到一个新班级，想交一些朋友。结果，他以谁长得好看就去接近人家，与其交朋友。一开始孩子可能很高兴。但时间一长，可能会逐渐发现对方很自私、很爱慕虚荣、很傲慢。这些不好的品行总会给孩子带来伤害，孩子也可能会被对方熏染，会变得跟那个人一样。想想看，这就是以貌取人的坏处啊！

孩子如此，我们成年人不是也有相似之处吗？很多男性找配偶的第一条件就是漂亮。殊不知，婚后每天与之相处的不是一张美丽的脸，而是一个活生生的人。如果这个太太虽然漂亮，但自私贪婪、心胸狭窄、脾气暴躁的话，男人就会觉得，自己更需要一个温柔贤淑、善良宽容的女性做妻子。

诸多事实证明了以貌取人的弊端，也证明了相貌不是换取敬重的砝码。正如“行高者，名自高，人所重，非貌高”这句教诲所说，一个品行高尚的人，名声自然会高，因为人们所敬重的是一个人的道德品质，而不是看他的相貌有多好。这里的“行”是德行、品行，“名”是名气，“重”是重视、看重。

即便一个习惯以貌取人的孩子，也更愿意与那些品德高尚的人相处，因为品德高尚的人可以用言语行为滋润孩子的心田，让孩子感觉到积极向上的力量。

因此，我们要借由这句教诲让孩子在与人交往中增强判断力。首先，无论他人相貌如何，都要尊重对方，不因对方相貌丑陋而排斥，也不因对方相貌美丽而有意接近。其次，孩子要在平等交往的基础上，通过观察对方的言谈举止判断对方的德行高低。如果对方的确是一个品德高尚的人，就要向人家学习，常常与他相处。这也是后面“亲仁”一章所强调的重要内容。如果对方一身恶习，孩子就要懂得敬而远之。

这样一来，孩子就不会因不懂得如何判断人而盲目交友了。

今天，我们如何激励孩子成为一个品行高尚的人呢？

被誉为“大成至圣先师”的孔子，在2000多年前以高尚的品德吸引着众多贤士前来求学。孔子带着学生们周游列国，推行仁政，希望通过教育实现天下大同。尽管孔子经历了绝粮七日、痛失爱徒、晚年失子的种种悲惨遭遇，但是他那颗为民、为天下的心却从来都不曾改变。他高尚的德行不仅被时人所称颂，也被我们现代人所敬仰。

孔子之所以能够名垂青史，就是因为他是一位“行高者”、“才大者”。孩子既然已经开始学习《弟子规》，就应该期许自己成为孔子的好学生，激励自己成为和孔子一样有德行、有才华的人。那么，如何才能做到呢？或者说怎样向这个目标迈进呢？

《论语》中有这样一段话：“德之不修，学之不讲，闻义不能徙，不善不能改，是吾忧也。”字面意思是，个人的道德修养有没有得到提升，自己所领会的学问和道理有没有宣讲出来让更多人受益，听闻了正义的事有没有及时去做，发现自己有不好的言行有没有积极改正，这些正是我所担忧的。

从这段文字中我们可以看出，孔子每天最关注的是改过、行善、修身、从教。而我们呢？或者孩子呢？每天都在关注什么？如果孩子能积极改正已经发现的错误，每天按照《弟子规》的教诲修养德行，并多做有利于大众的事情，同时，把自己学到的知识和技能或在修身中体会到的道理毫无保留地分享给其他人，那么孩子的那颗心就如同孔子的心。只要保持下去，孩子必定会成为一个有德行、有名望（即德高望重）的人。

因此，我们要激励孩子向这方面努力，无论目前他德行、学问的底子有多么薄弱，只要努力，一定会成为“行高者”、“才大者”。《弟子规》的最后一句不是也鼓励孩子说“勿自暴，勿自弃，圣与贤，可驯致”吗？

让孩子了解德行和名利的关系，懂得修养德行的必要性。

虽然获得名望的基础是德行和才能，但是修养德行、完善才华的目的不是争名夺利。名利是一个德才兼备的人在服务大众的过程中因得到大众的认可和颂扬而自然得到的，不是争来的，更不是抢来的。

而且，人一旦有了名气，就会被关注。如果他在道德上稍有缺失，就会名誉扫地。所以，徒有虚名的人不是遇到天灾，就是遭遇人祸，因为他的德承载不了他的名，正如古语说的，“世之享盛名而实不副者，多有奇祸”。

另外，人一旦出名就会变得很辛苦。他，虽然万众瞩目，但失去了私人生活空间，做任何事情都像有人监视一样，稍有不慎，自己的一个小动作可能就会曝光于天下。所以，名人会比普通人承受更多的压力。为什么有些名人会得抑郁症、会吸毒、会跳楼自杀？就是因为受不了因名气带来的压力而希望一死了之，自我解脱，殊不知“身有伤，贻亲忧”啊！

但换句话说，如果有名的人都能像前面提到的赵盾一样“慎独”，也就是能做到“入虚室，如有人”的话，他谨慎的态度和规范的言行举止也会被人捕捉到而大肆宣扬。那么，这样的名人必定会赢得更多人的敬重。

讲到这里，我们就应该明白了，“先有德，后有名”才是一个正常的顺序。如果“先有名”，并想让这个名望持续下去，必须努力提升自己的德行，否则“必有奇祸”。再说，一个真正有德行的人不怕出名，他会把外界对自己的关注当成自己成长的推动力。

所以，我们必须让孩子清醒地认识名利，无论孩子是否期待成为一个有名望的人，他必须做的事情就是修养德行、丰富才学、开阔眼界和心胸，以提升境界。

才大者，望自大，人所服，非言大。

如果孩子遇到口才很好的人，会不会由此判断对方很有才华呢？

这句“才大者，望自大，人所服，非言大”是前面一句教诲的延续。这里的“才”是才能，“望”是名望，“服”是佩服、信服。意思是说，一个博学多才、能力卓越的人，名望自然会大，因为人们所佩服的是他的真才实学，而不是他多么会吹捧自己。

的确，一个说话滔滔不绝、口若悬河的人，如果没有才华和能力，迟早会被人看不起，人们会觉得他只知道吹牛，却无法凭真才实学来服务大家。这样的人，还不如那些既不能干又不会说的人来得实在。

而今，社会好像颠倒了。大多数人好像也失去了判断力，看到一些人能讲大话、能吹牛，就说：“这个社会，就是要懂得推销自己，否则谁知道你的才能！”乍一听好像有点道理，但是实际上，仅凭一个人会说就判断他有才能未免为时过早。

如今的很多青年都有一张能言善辩的嘴，口才好得无人能及。但是让他干几件实事，他就为难了，不仅没有办事的能力，还会用自己的辩才为自己推脱。一次两次能蒙混过关，几次之后，人们就会感叹：“哎呀，原来他只会说啊！”

是啊！口才虽然也是一种才能，但是能“说到做到”才是真本事。因此，我们不要让孩子羡慕那些夸夸其谈的人，更不要仅凭此认为那样的人值得交往，而是要观察他的言行是否一致、是否能干实事，由此来判断对方的才能。

相反，如果一些人不善言谈，孩子也不能认为他没本事、没能力，因为有没有本事和能力不是靠嘴说的，而是用实际行动证明的。所以，只有通过更深一步的了解，才能知道他到底有没有能力和才华。

鼓励孩子成为一个“讷于言而敏于行”的君子。

《论语》中说道：“君子讷于言而敏于行。”就是说，一个有修养的人说话会非常谨慎，但是行动敏捷，做事讲究效率，做不到的绝对不轻言，说过的就一定努力去做到。

是啊！常言道：“言多必失。”一旦孩子的话说得多、说得大，就会引起关注，引起大家议论，大家就会看他的下一步行为是否与说过的话相符。一旦稍有不符，挖苦、讥讽、嘲笑就会接踵而至，让他不堪重负。以后，有什么好机会，大家自然不会让他去把握；有什么重大任务，也不会让他去承担。最终，孩子就会因为吹牛而断送自己的前途。

相反，如果孩子不夸夸其谈，只管认真努力地完成任务，做好之后，能力自然会展现出来，不用说，大家都有目共睹。此时，大家都会主动夸奖他。对他有了好印象之后，自然会把重任交给他。他在完成的过程中，不但能力得到了锻炼，才华也又一次展示出来，从而形成一个不断成长的良性循环。

即便孩子的才能还不到位，但如果不去吹牛，当然也就不会招致他人的反感和讥讽，也就不会因此失去很多难得的机遇。

总之，无论自己的才华如何，一定要“讷于言”。当然，这个“讷”不是完全不说，让孩子说的时候，孩子就要以谦虚的态度客观地对自己的才能作个真实的评价，不夸耀自己，也不贬低自己。

而在才华的提升方面，我们要让孩子向孔子的得意门生曾子学习。曾子说：“吾日三省吾身：为人谋，而不忠乎？与朋友交，而不信乎？传，不习乎？”意思是，我每天从三方面反省自己：替人家做事，是否够尽心尽力？和朋友交往，是否讲求诚信？老师传授的知识，我是否复习了，是否学以致用了？

以此反观孩子，孩子每天学习的知识和技能是不是复习了？是不是把学会的用到生活中了？如果每天都是，那么学业、才艺必定会长进。父母、老师、同学交代的事情，是否尽心尽力地完成了呢？如果答案是肯定的，那么能力也必定会提升。做到这两点，才能哪有不长进的道理呢？经过十几年或几十年的锻炼，孩子一定会成为“才大者”，此时，只要孩子愿意用自己的才能为大众谋利益，名望当然会大。

因此，我们一定要让孩子懂得一个道理：不要管未来自己有没有名望，但是一定要提升德行和才能，做一个德才兼备的人。

教育小语

古训言：“故大德者，必得其位，必得其禄，必得其名，必得其寿。”也就是说，一个品德至高无上的人，一定会衣食无忧、有地位、有名望，而且还会长寿。古人说话都很谨慎，能用“必得”两字，说明德行是享有一切的根本。所以，我们不用让孩子思考自己以后的社会地位和名望，让他只管向“大德”的方向努力吧！

第三节

教孩子克服自私的弱点，远离傲慢的习气

当孩子具备了某些才能的时候，会不会吝啬得不愿意付出？当孩子看到别人很有才华时，会不会生起嫉妒之心？自私、傲慢、忌妒都是人性的弱点，如果不努力克服，道德、才能就得不到提升，也无法受人尊敬，人生之路必定会增添很多难以逾越的障碍。所以，我们一定要教孩子克服自私的人性弱点，让他远离傲慢的不良习气。

己有能，勿自私。

别让孩子因自私成为“自断筋脉的苹果树”。

“己有能，勿自私”的意思是，如果自己有一定的才能，不要吝啬，不要不愿意拿出来与人分享，而是要用自己的才能帮助大家，与大家共同成长。

今天有一定才能的孩子都是如何表现的呢？比如，有的孩子学习成绩很好，但是当别人请教他问题的时候，他要么待答不理，要么敷衍地回答一下，总之不会很诚恳、很认真地去帮助对方。为什么呢？要么是傲慢心在作怪，觉得你们真笨，这么简单的问题都不知道，我也懒得给你们讲；要么是怕别人超过自己的心在作祟，心想我会的知识都让你会了，你超过了我，我第一名的位子就保不住了。

这样的孩子虽然学习好，但往往不受同学欢迎，人际交往总是频频遇阻。而且他会满足于现有的成绩，在没有人超过他的时候，他是不会主动争取进步的。这就说明他进步的内动力不强，往往要靠外力刺激才会更努力学习。

那么，等他长大进入工作岗位后，他依然不会主动帮助同事，他会把工作任务分得很清楚，不是自己的绝对不多付出。他常常会说："我凭什么帮你们？我凭什么多工作？又不给我多发薪水。"这样一来，他在团体中就不会是一个受欢迎的人，同事也不会喜欢他。

这种思维若不改变，迟早会成为"自断筋脉的苹果树"。

我看到过下面这样一则小故事。

一棵苹果树总是因自己结出的果实被人拿走而愤愤不平。后来，它为了不让别人拿走那么多果实，就自断筋脉，拒绝成长。渐渐地，它结出的果实越来越少，人们能摘走的果实自然也越来越少。它庆幸地以为，人们已经占不到它的便宜了。殊不知，它离被遗弃、被砍伐的时间不远了。

再想想看，果树结出的苹果是做什么用的？等到果熟蒂落后，烂在地里做肥料，果树汲取肥料的营养继续长大、继续结果，周而复始？那与没有这棵苹果树有什么不同？这棵果树即使能结出上万个苹果，如果不给人享用，那它也毫无价值可言。

如果把苹果树比喻成孩子，苹果就是孩子拥有的才干。当孩子自私地不愿意贡献自己的才干时，也必将停止成长的脚步，最终一事无成。

这个比喻同时也说明，人的才华就是用来为大众服务的。一个有才华但是不舍得拿出来使用的人，与没有才华毫无区别。而那些一付出就谈条件的人，最终会被团体所抛弃。因此，我们一定要让孩子明白，有才能就一定不能自私，否则就是自断生路、拒绝成长。

告诉孩子，只有积极付出才会实现真正的自我成长。

一个女孩儿从小就帮爸爸妈妈做家务，学习成绩也很突出。上学之后，她明显比其他同学的做事能力强，在做清洁、做手工时，常常成为老师的小帮手。当她完成自己的那份任务后，就主动去帮助有困难的、能力弱的同学，因此深受同学们的欢迎，也被同学们推选为班干部。

就这样，她从小学到高中一直都是班干部，大学期间也被选为学生会主席。一方面，她用自己的才能为大家服务；另一方面，在服务大众的过程中，她的各种能力也得到了非常大的提升。

大学毕业后，她进入一家企业当会计。老板很信任她，把很多事务都交给她打理，她也很愿意接受各种任务，她觉得这是磨炼自己并获得成长的机会。不仅如此，当她做完自己的工作之后，还会去其他部门帮忙。一开始，她从自己会做的做起，慢慢的，在同事的带领下，她不但为大家提供了帮助，自己也学到了不少技能。

她在这家公司干了几年之后，每个部门的工作几乎都有所了解。这时，她觉得自己有能力单独创业了，于是就离开了这家公司，成立了自己的公司，如今已经小有成就了。

通过这个故事，我们应该让孩子明白，一个愿意用自己的才能为大众服务的人，才是最大的受益者。如果现今的青年能够明白这个道理，就不会为加班而叫苦连天，也不会因薪水暂时不高而不努力工作了，因为付出总有回报，“自我成长”就是最大的收获。

所以，如果孩子学习好，我们就鼓励他诚恳地解答同学提出的问题，并把自己的学习方法分享出来；如果孩子动手能力强，我们就鼓励他在手工课、缝纫课上帮助其他同学；如果孩子的体育好，我们就鼓励他毫不吝啬地把锻炼身体的方法告诉他人……只有这样做，孩子才能和同学共同成长、共同进步。其实，这个过程中，最受益的人还是他自己。

人所能，勿轻訾。

当孩子看到别人的才能胜过自己的时候，会不会生起嫉妒心呢？

前面提到，当孩子自己有才能时，不应自私，要乐于与人分享。然而，当别人有才能的时候，孩子会不会因嫉妒而轻视对方呢？“人所能，勿轻訾”就是告诫孩子，当我们看到别人很有才华、很有能力时，绝对不可以轻视和诋毁他，否则不但有损于自己的德行，也会给对方造成伤害。这里的“轻”是轻视，“訾”是说人坏话。

一个男孩儿的数学成绩一直都名列班级第一名。但在一次考试中，一个女孩儿超过了他，他因此产生了嫉妒心。在这种不良心理的驱使下，他怀疑那个女生是靠作弊取得好成绩的，于是就开始向坐在女生周围的同学打探消息，希望能从他们的话语中寻到蛛丝马迹。不仅如此，他还到处说：“我不太相信这是她的真实实力，不知中间有什么猫腻。”

渐渐地，女孩儿听到了诽谤，就去找他理论。两人大吵一架之后，互不理睬。这个男孩儿不甘心，平时悄悄关注起女孩儿的学习状态。这一关注，却分散了自己学习的注意力。接下来的几次考试，女孩儿都比他成绩好，打破了作弊的谣言。结果，他第一名的位子不但没保住，同学们也对他总是诋毁女孩儿的行为有了看法。最终，他不但破坏了同学情谊，而且学习成绩也下滑了很多。

这个男孩儿就是不懂得“人所能，勿轻訾”的道理，才做出了损人不利己的事情。

其实，当孩子忌妒别人时，内心是很痛苦的，整个心灵被“记恨”包裹。

在忌妒心理的驱使下，孩子不会把注意力放在自己该如何提高上，而是把注意力转移到如何妨碍对方进步上，这样就难免做出伤人害己的事情，结果只能被集体嘲笑和孤立。

因此，我们一定要让孩子落实这句教诲，远离忌妒，远离伤害。

那么，如何引导孩子心甘情愿地做到“人所能，勿轻訾”呢？

首先，我们做父母的要注意自己的言行。如果我们因嫉妒他人的才能而总是在家说一些风凉话，孩子不可能不受影响。而孩子都以父母的言行为榜样，他觉得父母这样说、这样做肯定没错，所以，他以后遇到比他强的人自然也会轻视、诽谤。

其次，表扬孩子一定要慎重、适度。一个爱嫉妒他人的孩子往往都是能力比较强的人，他听惯了表扬的话，就会因老师和父母称赞他人而心生嫉妒。因此，对于自信心较强、能力较强的孩子，我们对他的夸奖一定要谨慎、适度，以免过多地肯定和表扬增加他的傲慢心，从而为嫉妒心的产生埋下种子。

另外，孩子无论能力如何，一定不能养成嫉贤妒能的不良性格，否则，他便可能会不择手段地陷害“忠良”。所以，我们平时一定要引导他常看自己的不足，常存改过之心，同时欣赏和学习他人的优点，以彼之长补己之短。

如果孩子能以谦卑之心为人处世，那么，无论遇到多么优秀的人才，他都不但不会嫉妒对方，还会向对方请教。这样，他不但能从对方的优势中汲取营养、不断成长，而且还能时刻交到良师益友。如此一来，他未来的路自然会越走越宽广，越走越顺利。

教育小语

俗话说："天生我材必有用。"这表明，每个孩子都是人才，每个孩子原本都有很广阔的成长空间和发展空间。然而，在现实中，为什么总是会出现大材小用、怀才不遇的情况？根本原因就是私心、不愿意付出的心、傲慢心、嫉妒心阻碍了孩子成长的道路。因此，为了让"材"能够真正被"用"，就要无条件地落实这句教诲。这样，孩子的未来将不可限量。

第四节

不要让孩子谄媚富人、低看穷人，不要有喜新厌旧的心

任何一个人无论出身贫穷还是富贵，在人格上都是平等的，没有高下之分，没有贵贱之别。孩子应该用一颗平等心与人交往，既不谄媚富人，也不低看穷人，要做一个不卑不亢的正人君子。另外，生活在今天这个社会上，孩子依然应该讲求情义和道义，不要因喜新厌旧、忘恩负义而失去品味人生真谛的机会。

勿谄富，勿骄贫。

人与人之间本来就是平等的，别因谄富的举动打破了这原有的平等。

明朝朱柏庐先生在其《朱子治家格言》里面写道：“见富贵而生谄容者，最可耻；遇贫穷而作骄态者，贱莫甚。”意思是说，那些有意巴结、讨好富人的

人，是最可耻、最丢人的；那些在穷人面前摆出一副傲慢无礼样子的人，其实是最卑贱的。

是啊！那些善于巴结富人的人，总以为能从富人那里得到什么好处，或者富人能高看他一眼。其实，即便富人给他一些恩惠，他谄媚的态度也会让人生厌，富人不会高看他，更不会尊敬他。所以，我们一定要告诫孩子，做人要有尊严，让他一定要做到“勿谄富”，“谄”就是奉承、巴结的意思。

我们要让孩子懂得，人与人之间本来就是平等的。谄富的人必定要用低三下四、低声下气的态度去奉承对方。他这么一“低”，就把自己的人格完完全全地降低了，甚至是没有了人格。而他的“低”或“没有”在无形中显出了对方的“高大”。这种“高低”的感觉一旦建立，人与人之间就不平等了。

更可笑的是，那些谄媚富人而又得不到好处的人，还会骂富人太傲慢，看不起人。殊不知，这种被歧视的状态是自己一手造成的，与人家又有什么相干呢？

所以，无论孩子的家庭经济状况如何，都不要羡慕那些比自家有钱的人，更不要去巴结谄媚他，而是平等地与之往来，守住自己做人的那一份尊严。

这句教诲与孩子的生活相联系，就是孩子在交朋友时，要以谈得来、志趣相投为标准同，而不是以对方家有钱没钱为标准。如果有同学经常带零食、饮料、玩具来学校，孩子不能缠着人家要吃的、要喝的、要玩的，更不能因想吃到人家的食物就说一些讨好的话。

另外，老师在孩子的心目中属于有身份和有地位的人。与老师相处自然要恭敬、懂礼，但不能因为想让老师对自己有个好印象，对自己特殊照顾一下，就去讨好、奉承、巴结老师。在重要的节日或场合，如果为表示对老师的感谢，想送礼物给老师的话，最好是自己亲手制作礼品，而不要让父母花钱购买，更不能频频给老师送礼。

否则，如果孩子从小养成了巴结老师、领导的习惯，就必定会以持续送礼来保障自己在学习和工作中少遇阻碍。这是一个无底洞，孩子总会有一天因为这是一条没有止境的路而苦恼。而对方一旦被谄媚惯了，就会认为职务比他低的人都应该巴结他。如果谁没有这样做，就会给谁难堪。结果，有真才实学、自重自爱的人得不到重用，而那些会阿谀奉承的人却身居高位。如此一来，整个团体还怎么能良性发展？

因此，别小看“勿谄富”这句教诲。人们若做不到，必将带动贪污腐败的风气，那对个人、对人民、对社会、对国家都将带来不可估量的负面影响和损失。相反，如果人人都能做到，大家就可以共同生活在平等、和谐、清廉的世界里，那是多么轻松与幸福的事啊！所以，“勿谄富”要从我做起，从孩子做起。

“骄贫”的结果往往后患无穷。这一点，孩子必须知道。

我们一定要让孩子明白：那些看不起穷人、欺压穷人的人，一旦惹怒了穷人，自己也不会得到什么好处。众所周知的马加爵事件，虽然是一个极端的个案，但却不能不让我们从另外一个层面进行反思。

马加爵虽然出身贫寒，但成绩优异。不过，同学们都因他家境不好、着装太土气而瞧不起他。他长期遭受同学的歧视，心理产生了扭曲。后来，当平时几个和他要好的同学都开始讽刺他、凌辱他、轻视他的时候，他再也不能忍受了，最终做出了自毁、毁人的事情。而惨遭杀害的同学，可能到最后也没有意识到自己的行为给马加爵内心造成了深深的伤害。

马加爵在执行死刑前写了一封让人动容的信，讲述了他对父母的爱、对未来的憧憬以及他一路走来的艰辛，也写出了他杀死同学的原因：“我眼前总浮现出他们淋漓尽致侮辱我的样子，我没有退路了，我决定玉石俱焚。我决定给那些歧视穷苦人、蔑视穷苦人的人一个教训，给那些无情践踏、残忍蹂躏穷苦人人格尊严的人一个教训！”

尽管如此，他还不忘记对曾经帮助他的一位同学表示感谢，他在这封信中写道：“我只想杀那些无情蹂躏、糟蹋别人人格的人，我并不想伤及无辜。我一直对一个同学心存谢意，在我最穷困的时候他不但没有歧视我，而且还打饭给我吃。这令我深刻懂得人间真情的可贵，我曾对自己说：滴水之恩，涌泉相报，我一定会报答这位同学！可是我现在留下了一个永远的遗憾：我没有机会报答这位同学了！但我最后想送一句话给我这位同学：好人自有好报！”

这封信很长。我们可以在网络上搜索“马加爵的一封信”，对马加爵内心深处的情感做更进一步的了解。

马加爵为什么会杀同学？又为什么会感谢同学？是因为同学对待他的态度不同，他恨那些歧视他的同学，感谢那位帮助过他的同学。当然，他表达愤怒的方式太极端。但被轻视、被欺压的滋味不好受，这种滋味一旦转为怒火，后果不堪设想。

所以，我们要让孩子懂得，不要因对方穷就轻视他、侮辱他、损毁他，要平等而真诚地对待身边的每一位同学、朋友，这样才会得到他人的尊敬与爱戴，远离祸患。

如果孩子出身贫穷或富贵，应该如何做呢？

一天，孔子的学生子路问老师：“贫而无谄，富而无骄，何如？”意思是：贫穷的人不谄媚有钱人，有钱人也不骄傲，这样是不是就可以了？

孔子回答：“可也。未若贫而乐，富而好礼者也。”就是说，这样也算可以，但是却不如那些虽然贫穷但安贫乐道、虽然富贵但谦恭有礼的人。

这其实是告诉孩子，如果出身贫穷，就要知足常乐。即使目前经济状况不好，也要懂得培养自己致富的能力。在羡慕富人的时候，不要忽视财富背后那闪耀着魅力的东西：高贵的品质和获取财富的正当方式。

的确，用正当的方式获取财富的大富大贵之人一定有令人仰慕的品质。所以，孩子要明白，在“君子爱财，取之有道”的前提下，“富有”仅仅是一种表现形式，表现出富人的心胸、眼光、能力、思维、毅力和心态都非比一般。如果我们把这些因素统称为“致富素质”的话，那么这种素质越高，拥有的财富就会越多。如果孩子明白这个道理，那么不但不会谄富，还会在“贫而乐”

的基础上，激励自己成为具备“致富素质”的人。

同样，当孩子出生于富贵家庭时，一定要注重培养他谦恭守礼的品质。让他懂得，优越的家庭条件并不代表自己很有本事，因此没有任何资格去贬低穷苦人。而且，财富原本就是取之于民的，也应该用之于民，要有一份社会责任感，要用财富帮助弱势群体，尊敬他们，而不是轻视、贬低他们。

勿厌故，勿喜新。

别让孩子因喜新厌旧而成为不懂道义的人。

有两个孩子——李佳和童童，她们在小学是形影不离的好朋友。小学毕业后，她们一同考上重点初中，还被分在一个班级。但是，开学后，没有人能看出她俩是好朋友，甚至没有人能看出她们相识，因为李佳总是有意疏远童童。童童很纳闷，主动找过李佳几次，但是李佳都很冷漠，这让童童很难过。

不久，李佳就在班级里交到了新朋友。童童见状，心里更不是滋味。渐渐地，童童也有了自己的社交圈，但这件事情给她的内心带来了不小的伤害。

随着时间的推移，两人都长大了。成年后的童童交到了几个真心朋友，但是李佳却因喜新厌旧伤害了不少老朋友，最终也没有交到真正知心的朋友。

从中我们可以看出，孩子一旦不懂得“勿厌故，勿喜新”的道理，就难免被认为是不讲情义、道义的人，结果只能是落得一地凄凉。

孩子如此，成年人亦如此。当今社会，人与人之间交往的范围广、频率高，使男人与女人有了互相了解、互相交朋友的机会。但是，很多人却因不懂得“贫贱之交不可忘，糟糠之妻不下堂”的道理，而抛弃了原配，另结新欢，给孩子和原配造成了终生不可弥补的伤害。最终，这也会害了自己。古语讲：“百善孝为先，万恶淫为首。”这里的“淫”，就是指男女之间不正当的关系。不要以为这是刺激，这是时髦，是社会潮流，殊不知在前面等待自己的可能是万丈深渊，是万劫不复之地！现代社会有多少人因为“淫事”而导致家破人亡啊！我们不得不警醒。

而喜新厌旧的风气一旦蔓延，整个社会的离婚率便会增高，更多的孩子会因为无法在一个健全、温暖的家庭中成长，而产生各种心理疾病或变得忧郁、内心阴暗、痛恨父母，甚至仇视社会，或过早地走上社会，成为闲散人员。结果犯罪率升高，给社会带来严重的负面影响，甚至导致社会动荡不安定，人们没有安全感。

这一切都与人们喜新厌旧不无关系，真是可悲可叹啊！

在生活中，我们和孩子应该怎么做呢？

我们作为父母，要做一个重情重义的人，绝不做喜新厌旧的事。在职场中与异性交往要有度，始终把关系保持在同事、熟人的范围内。若有人主动示爱，要把持住自己，懂得明确拒绝，不要冲动，不可半推半就，故意让自己成为一个有裂缝的“蛋”；若遇到德才兼备、相貌出众的异性，应从内心升起敬佩，要向人家学习，而非暧昧。无论何时何地，都要考虑到家中有可爱的孩子、贤惠的妻子（本分的先生）和年迈的父母，一定要为家庭的稳定而坚守原则。而这一点，我们也要在生活中跟孩子沟通，让他也尽早明白。

与此同时，要教导孩子懂得珍惜老朋友，不因结交了新朋友而疏远故友，要常常和老朋友保持联系，并对对方表示问候和关心。要让孩子明白：交朋友要交为人正直、彼此互相帮助的朋友；朋友不一定要多，但一定要精。

另外，我们要把“勿以小嫌疏至亲，勿以新怨忘旧恩”的道理告诉孩子，就是不要因一点矛盾就疏远最亲近的人，也不要因新发生的不如意事，就忘记对方曾经的恩德。孩子与同学或者小伙伴交往时，也不要因发生了小的不愉快就说对方不好，更不能因此疏远对方。

对人如此，对物亦如此。孩子要懂得爱惜物品，不能因有了新的就不用或不穿旧的，更不能让父母频繁地为自己购买新衣物。对于小了的不能再穿的衣服，我们可以引导孩子洗干净捐给那些有需要的人。对于长期不用的物品，也可以“变废为宝”，把它们改成可以重新使用的东西。比如，旧床单可以改为窗帘，旧的瓶瓶罐罐可以改成装饰品，等等。

如此一来，孩子便会远离“薄情寡义”、“忘恩负义”，便会因重情重义而获得幸福人生。

教育小语

有人说，现在这个社会人心不古，背信弃义的事情时有发生。殊不知，这是道德教育缺失的结果。如果每个人从孩童起就懂得“勿谄富，勿骄贫，勿厌故，勿喜新”的道理，就不可能成为社会世态炎凉的推动者，也不可能因做出忘恩负义的事而导致社会动荡。因此，我们和孩子一定要铭记这句教诲，一起打造和谐社会、幸福人生。

第五节

教孩子观察办事、说话的时机，不可盲动、乱言

之前提到过，爱是用心感受别人的需要。要学会“泛爱众”，学会为他人着想，要懂得一些应对进退的道理。比如，当孩子有事请教别人或想向朋友倾诉衷肠时，有没有想到对方也许很忙，也许情绪不佳，也许只想一个人静一静呢？为了真正落实爱人、敬人，孩子就要学会观察办事和说话的时机，不可盲动、乱言。

人不闲，勿事搅；人不安，勿话扰。

在日常生活中，孩子会不会常以自己的需求为重，不体谅他人的处境呢？

我们也许常常会遇到这样的情景：我们正忙着在厨房做饭、炒菜，孩子拿

着本子过来问：“妈妈，这道数学题怎么做?”拒绝孩子吧，会打击他学习的积极性；不拒绝吧，锅里的饭菜怎么办?

要么，我们正在和客人聊天或者商讨重要的事情，孩子过来说：“爸爸，我给您讲个故事吧!”或者：“妈妈，我的玩具熊放在哪里了？您给我找一下。”我们到底是和朋友继续谈事，还是答应孩子的要求?

不仅是孩子不懂得“人不闲，勿事搅；人不安，勿话扰”的道理，很多成年人也不懂。

比如，我们正忙着手头的工作，接到一个电话，电话那头的亲友一股脑儿地给我们说了一大堆事，问我们该怎么办。我们是放下手头的工作，帮亲友解决问题呢？还是拒绝亲友，继续工作呢?

再比如，有时，我们因工作忙碌心情不好，回到家，却听到太太（先生）喋喋不休的唠叨声，孩子也缠着要让我们陪他玩耍，让我们不知道该如何应对是好。

……

之所以会发生这些让我们进退两难的情况，原因就是大家都没有学过这句“人不闲，勿事搅；人不安，勿话扰”。它告诫人们，当别人正忙着没空时，不要因自己有事就去打扰对方；当别人身心不安或心情不好时，也不要喋喋不休地跟对方交谈。

如果孩子从小懂得这个道理，就不会拿着数学题去问正在做饭的妈妈，也不会要求给正在谈话的爸爸讲故事，更不会缠着已经精疲力尽的父母陪自己玩。等他长大后，不会因自己的事情很重要就不问对方忙不忙而向对方寻求帮助，也不会明知道家人需要安静却还没完没了地说个不停。

这样一来，孩子才算真正理解了爱的含义，真正体会到他人的需要而成为一个善解人意、受人欢迎的人。

具体来说，我们要让孩子通过观察做到不给别人添麻烦。

孩子若有事请教父母、老师，一定要先看看对方忙不忙。如果父母在做饭、工作、接电话、和人谈事情，那么就等父母有空了再说；如果老师正在伏案工作，或者和同学谈心、和其他老师谈事情，那么也不要急于请教。

和同学交往也是如此。比如，大扫除的时候，如果自己遇到比较大的困难需要帮忙，要等同学完成了任务再请他协助。当然，如果是一两句话就能解决的，也可以观察时机、有礼貌地提出来，要懂得灵活变通。再比如，老师给了10分钟时间复习，10分钟之后要进行小测验。这10分钟对每个同学都很宝贵，所以不要一边复习一边向同学请教问题。有问题可以去问老师。类似这些细节，孩子必须注意。

还有，孩子从小不要养成插嘴的习惯。当我们和别人说话时，他若插嘴，我们要么不立即回应他的问题，要么应了之后，等别人离开了再给他讲清道理，让他下次注意。

另外，孩子也要懂得一些打电话的礼貌。当有事打电话给别人时，不要一接通就一股脑儿地说自己的需求，万一对方没空呢？因此，孩子首先要问：“请问，您现在说话方便吗？”这样，对方就不会因为孩子不懂礼貌而为难了。

当然，孩子还要知道，午饭时间、午休时间、晚饭时间、晚上休息时间都属于“不闲”的时段，要尽量避免在这些时段打电话给别人或登门拜访。

除此之外，如果孩子去购买东西，或去银行、邮局等地方办事，要懂得排队。排队不仅仅是保障公共秩序，也能让工作人员有时间、有精力挨个接待客人。孩子要懂得察言观色，如果工作人员还没有接待完别人，就不要提出自己的请求，以免给对方的工作带来不便。

说到“人不安，勿话扰”，孩子要知道，这里的“安”是身安和心安的意思。如果去拜访病人，就要知道对方最需要的是休息，简单问候之后就要离开，不要高声畅谈，更不要说一些让病人丧失信心的话。即使对方得的是不治之症，孩子也要懂得说积极正面的话，使病人听了，充满与病魔抗争的信心。

如果父母、长辈、同学、朋友心情不好，孩子可以适当地进行劝导；如果他们想安静一会儿，就要默默走开，不要再打扰他们。

如果对方心里因什么事情而不安，孩子的劝解一定要起到安抚作用，而不是煽风点火地让对方更加不安。比如，同学因考试失利而难受，孩子要说："别多想了，已经考完了，继续努力吧！"而不是说："今天，你回家肯定躲不了一场暴风骤雨。这下你可惨了！"

所以，做到真正为他人考虑并不是那么简单的，但只要孩子愿意去做，总会因常常播撒爱而让人感到温暖。

当遭到拒绝时，孩子能不能保持好心态？当别人打扰孩子时，他该如何应对？

有时，孩子以为人家有空，就去请求帮助，或者在不知道对方心情不好的时候就去打扰。此时，他很容易遭到拒绝。他不能说："不帮算了，有什么了不起！"更不能缠着对方说："哎呀，就陪我聊一会儿吧！"而是要说："那您先忙。不好意思，打扰了！""您先好好休息，有空我们再聊！如果有什么需要，就告诉我。"

这样知书达理、善解人意的孩子谁不喜欢呢？

另外，当孩子被打扰时，要酌情灵活应对。如果自己没一点空或者情绪极度不好，就要说："不好意思，我现在很忙，等忙完了，我再帮你。"或者："我需要静静休息一下，请您理解。"如果对方因此不高兴，也不要自责，因为这样总比带着焦躁的、不情愿的心情去实施帮助的好。

当然，如果孩子觉得暂停手边的事抽空帮助对方没有妨碍，那么就不要吝啬，而要无私奉献自己的才能。这就是落实"己有能，勿自私"的教诲。所以，孩子要做到尽量不打扰别人，但当别人需要帮助的时候，自己要懂得酌情处理。

我们也要让孩子明白，所有的教诲都不是死板的。“人不闲，勿事搅；人不安，勿话扰”，是让孩子在通常情况不要给他人添麻烦，但是当遇到紧急事件或关乎生命财产安全等大事的时候，就不能顾及对方忙不忙，要及时上报，及时求救，避免更大的灾祸发生。

教育小语

我们在生活中也许会碰到一些喜欢麻烦别人的人，他们不分时间，不分事情大小，不管别人有没有空，都会提出请求。此时，我们接到他们的电话、看到他们的身影，可能都会难受，因为感觉他们又来“找麻烦”了。既然我们有这样的感受，就千万别做这样的人，也别让孩子成为这样的人。落实这句教诲，让孩子具备感同身受的能力，孩子便能站在他人角度考虑问题而成为受人尊敬、让人喜爱的孩子。

第六节

告诉孩子，要隐恶扬善，不可逆而行之

面对他人的善与恶，我们一定要秉承一个原则：隐恶而扬善。自古以来，隐恶扬善都是一种高尚的美德。面对他人的恶，不要到处宣扬；面对他人的善，要懂得去称赞。如果每个人都能做到“隐恶而扬善”，社会就会更加美好、更加和谐。那么，我们又何乐而不为呢？

人有短，切莫揭。

谁都不希望自己的短处被人知道，所以不要揭他人的短。

在这个世界上，谁也不是完美无缺的人，每个人都有短处，无论是外表的短处，还是言行举止的短处，都不希望让他人知道。

作为成人，我们都有这样的体会：在他人面前，尤其是在一些德行、地位、

权势比较高的人面前，我们会伪装自己，把自己不好的一面隐藏起来，只希望把最好的一面表现出来。既然我们都不希望自己的短处被他人知道，那么对于他人的短处，我们也不可以去揭穿，更不可以到处宣扬。

我们要教育孩子，如果不希望自己的短处被人知道，就不要揭穿他人的短处。当我们发现孩子有这种不好的行为时，要及时制止，并给予引导：揭穿他人的短处就像揭人伤疤一样，会让他人受到很大的伤害，甚至会给他人带来负面的影响，不仅不能帮助他改正自己的缺点，而且还可能会令他怀恨在心。

另外，我们也要引导孩子，看到他人的缺点时要反省自己，看看自己是否也存在类似的问题。如果存在类似的问题，就要改正；如果没有，也要引以为戒，正如前面讲到的“见人恶，即内省，有则改，无加警”。

在孩子面前，我们一定不可以互相揭短。

在某些家庭中，有的父母喜欢在孩子面前互相揭短。比如，有的妈妈会对孩子说：“你爸可笨了。有时候，家里坏了东西，他都修不好。”“你爸好吃懒做。”有的爸爸会对孩子说：“你妈胆子可小了，自己都不敢走夜路。”“你妈就爱挑我的毛病。”

当父母这样说的时候，在孩子的意识里就埋下了“爸爸笨”、“爸爸贪吃、懒惰”、“妈妈胆小”、“爱挑毛病”的种子。也许有一天，孩子还会以此来取笑父母。那么，父母在孩子心中的威信何在？父母还怎么能教育好孩子呢？

所以，我们做父母的，千万不可以在孩子面前互相揭短。

另外，在日常生活中，我们需要注意自己的言谈举止。因为，对于孩子而言，我们的言行举止就是最生动、最真实、最深刻的教育。

不要在众人面前揭孩子的短。

有时候，面对令人头疼的孩子，有的父母觉得忍无可忍，就会在大庭广众之下批评他、揭他的短。有的父母认为，只有在众人面前指出孩子的缺点，才能让他长记性，才能督促他改正。

然而，在别人面前揭孩子短的父母是不配做父母的。也许，这句话说得有些严重，但是我们都应该反思一下。因为当我们在众人面前揭穿孩子的短处时，不仅会伤害到孩子幼小的心灵，而且还会摧毁他的自尊心，让他无地自容，甚至会产生一种“破罐子破摔”的“叛逆”心理：你越不让我这样，我就越要这样。

其实，我们无论是选择在众人面前揭孩子的短，还是选择在其他的场合指出孩子的缺点，目的只有一个，那就是引导孩子认识到自己的缺点，并改正缺点。那么，我们何不选择一种让孩子更容易接受的方式呢？

事实上，孩子也是有自尊心的，他也好面子，他非常在乎自己在他人面前的形象。而且，对于孩子来说，面子也是非常重要的，因为它关系到自尊和人格的发展。因此，我们应该给孩子留点面子，不要在众人面前揭他的短。

难道，我们就不能帮助他人指出缺点了吗？

“人有短，切莫揭”是否表示我们就不能帮助别人指出缺点了呢？当然不是。揭短，是指将他人的短处或缺点揭露出来，然后公之于众。换言之，揭短就是在公众场合揭穿他人的短处或缺点。那么，如果我们不是在公众场合指出他人的缺点，而是在私底下，是不是就不属于“揭短”的范围了呢？

我认为，我们需要指出他人的缺点，这也是必需的。如果我们不帮助他人指出缺点，他人可能就看不到自己的缺点，就不会有所改进。但是，我们需要注意场合。在公众场合揭短，会让对方觉得没面子，下不了台；在私底下揭短，才会让对方更容易接受，从而反省自己的行为，进而改正缺点。正所谓“扬善于公堂，规过于私室”。

同时，我们也需要注意时机。比如，当他人不高兴或正忙着做其他事情的时候，我们最好先不要指出他的缺点。还有一个非常重要的条件，我们要取得他人的信任。只有在信任的基础上，我们才可以指出他人的缺点，他人才会接受我们的指正。

可以说，指出他人的缺点时，需要注意“天时”、“地利”、“人和”。只有各方面的要素都具备了，才能起到事半功倍的效果。

面对孩子的缺点，我们应该在尊重孩子的基础上，用手势、眼神等非语言方式给他暗示，也可以先把他带到没人的地方，然后再对他进行教育、引导。对于这样的教育方式，相信孩子会更容易从心里接受。

人有私，切莫说。

谁都不希望自己的隐私公之于众，所以不要到处宣扬他人的隐私。

每个人都有自己的心灵空间，都有自己的隐私，有些是深藏在内心深处的，有些只愿意让自己最信任、最亲近的人知道。总之，对于自己的隐私，每个人都不希望让其他人知道，更不希望被人公之于众。

如果隐私被公之于众，我们就会受到伤害，甚至感觉没脸见人。如果隐私是被自己最信任的人泄露出去的，我们则会非常伤心，甚至会怀恨在心。而且到处宣扬他人隐私的行为，可能会受到法律的制裁，因为这样的行为侵犯了他人的隐私权。

因此，对于他人的隐私，我们应该给予保护，不要到处宣扬。

我们应该允许孩子拥有隐私，不要进入他的“隐私地带”。

每个人都有隐私，孩子也不例外。但是，一些父母并没有重视孩子的隐私问题。有的父母认为，孩子根本不懂什么是隐私。有的父母认为，孩子的生命都是我给的，他对我还有什么隐私可言啊？我当然有权知道他的一切。

结果，父母翻看孩子书包、偷看孩子日记的现象屡见不鲜。殊不知，这种做法不仅会伤害孩子的自尊心，而且还会让孩子缺乏安全感。如果父母经常在他人面前宣扬孩子的隐私，更会让孩子感到非常羞愧，甚至是无地自容。

另外，有的孩子会因为自己的隐私受到侵犯而采取极端的方式将自己保护起来，为了不让他人了解自己的内心，把自己的心紧紧锁闭起来。结果，我们无法深入到孩子的内心，导致亲子关系恶化。

事实上，孩子拥有隐私，意味着他自我意识的成长，说明他的内心世界正在走向成熟，他想拥有自己独立的空间。从某种意义上来说，拥有隐私有利于孩子迈向独立和成熟。试想一下，对于一个十几岁的孩子而言，如果他的心理仍然像几岁的孩子那样天真，也许说明他的心智不够成熟，甚至说明他的心智成长是不健康的。所以，孩子拥有自己的隐私，我们应该感到高兴和欣慰才对。

其实，保护孩子最好的方法就是允许孩子拥有隐私，给他一个自由的独立空间，这是对他的信任和尊重。当然，这样做并不是对孩子放任自流，而是对孩子的隐私给予充分的关注，在必要的时候给予积极而合理的引导和帮助。

平日里，我们要仔细观察孩子内心的变化，当发现孩子有一些不寻常的表现时，千万不要用探询或命令的口吻要求他说出来，而是尽量为他提供一个宽松的氛围，多用心与他沟通，关心他的想法和感受，做好基本的心理疏导。

只有走进孩子的内心世界，他才愿意与我们分享自己的秘密。

告诉孩子，每个人都有隐私，千万不要主动打听他人的隐私。

一般来说，孩子都有很强烈的好奇心，对于身边的事物或发生的事情，他都想要一探究竟。有时候，孩子为了满足自己的好奇心，可能会打听他人的隐私，甚至会三五成群地聚在一起谈论他人的隐私。面对这种情况，我们应该如何去做呢？

首先，要让孩子明白一个道理：每个人都有自己的隐私，保护自己的隐私是一个人人格尊严的体现，打听他人的隐私是一种不道德的行为。但凡一个有孝心的孩子都会明白其中的道理，从而不去打听他人的隐私，因为“德有伤，贻亲羞”。

其次，引导孩子换位思考，设身处地为他人想一想：如果他人打听你的隐私，你会高兴吗？谁都不喜欢他人打听自己的隐私，更不会感到高兴。同理，如果我们去打听他人的隐私，他人也会不高兴的。当孩子拥有这份同理心后，他就会为自己的行为感到惭愧了。

最后，让孩子思考一个问题：打听他人的隐私会有怎样的结果？会给自己带来什么好处吗？只要孩子好好思考就会明白，打听他人的隐私，除了满足自己的好奇心之外，没有任何一点好处，反而会给自己或他人带来伤害，比如，浪费宝贵的时间，破坏彼此的关系，给他人的内心造成伤害，让他人产生怨恨心甚至是报复心，等等。经过一番思考，孩子就会知道，一个错误的行为举止要付出非常大的代价。那么，孩子就会对自己的言行举止负责了。

道人善，即是善，人知之，愈思勉。

为什么《弟子规》告诫人们“道人善，即是善”呢？

所谓“道人善，即是善”，是指称赞他人的善心善行，就是一种美德，就是在行善。为什么称赞他人就是在行善呢？因为“人知之，愈思勉”，当他人知道被人称赞之后，便会勉励自己做更多的善事。

其实，我们称赞他人的善心善行，对人对己都有益处。因为人人皆有向善之心，正所谓“人之初，性本善”。当人们看到他人的善心善行时，就会感召自己内心的善良本质，从而积极效仿他人的善心善行。

比如，一个人做了一件好事，如果我们经常宣扬的话，这个人知道后，会不断地勉励自己，从而做更多的好事。也许这个人一开始做好事是无意识的，当我们宣扬之后，他就会变成有意识地去做好事了，而且会越做越好。当有人听到这样的善行时，会生起一种向往、羡慕之心，从而向人家学习。而对于我们自己呢？我们也会见善思齐，进而付诸行动去做好事。

所以，当我们看到他人的善心善行时，一定要懂得称赞，要尽量去宣扬好人好事，以感召更多的人去做善事，从而让这个社会变得更加和谐、更加美好。

赞美的语言是维系家庭和谐的纽带。

在家庭中，常常会有夫妻或婆媳因为琐碎之事发生口角，相处得不和睦。究其原因，是人人都喜欢看他人的缺点，都喜欢用自己的标准去要求他人。其实，夫妻之间或婆媳之间和睦相处并非难事，只要彼此都愿意看对方的优点，经常说一些赞美的语言，就会获得和谐、幸福的家庭生活。

比如，太太沏了一杯茶，做先生的不能挑三拣四，而是要用欣赏的口吻说："太太沏的茶真好喝，我怎么就沏不出这么好喝的茶呢？"太太听后就会非常高兴，下次还会主动给先生沏茶。

再比如，婆婆把儿媳的衣服洗了，也许洗的方法不对，也许洗得不太干净，但做儿媳的不要生气，给婆婆摆出一张臭脸，而是要和颜悦色地说："妈，真是辛苦您了！我应该给您洗衣服才对。"婆婆听后，心里就会非常高兴，因为她感觉自己的付出得到了媳妇的认可。不过，做儿媳的要做好一个媳妇的本分，应该尽可能地把家里的家务主动承担下来，最好让老人少做点事情，别累着，因为我们要孝敬老人，让老人度过一个幸福、和乐的晚年。

在家庭中，如果我们能够做到称赞对方的善心善行，那么，不仅能够维系家庭的和谐，而且还有利于孩子的成长，会促使他在生活中落实"道人善"。

在生活中，我们要多称赞孩子的善心善行。

孩子本性善良，他的善心善行比我们成年人表现得更加明显。比如，一个两三岁的孩子，当看到其他小朋友因受伤而哭泣时，他会表现得特别伤心，甚至会流眼泪。其实，这就是孩子善心善行的一种表现。我们应该保护孩子这珍贵的本性，肯定和称赞他的善心善行。

其实，孩子的善心善行随处可见。因此，在平日里，我们要注重观察孩子的表现，捕捉孩子身上的闪光点，及时发现他的善心善行，然后给予肯定和表扬。

当孩子的善心善行得到我们的称赞时，他就会知道，自己的行为是好的，他会感到非常快乐，也会感到自己存在的价值和意义。当孩子体验到了积极的行为结果之后，他做善事的热情和积极性就会被激发出来，自然就会主动去做善事了。

让孩子明白，不能为得到称赞而行善，行善是不求回报的。

我曾经听到过这样一个故事。一个小学生向爸爸要 5 元钱，爸爸拿了一张 5 元的纸币给他，他却执意要 5 张一元的纸币。爸爸觉得很奇怪，就问他原因。孩子说，我要把钱拿到教导处，就说是我捡到的。如果是一张 5 元的，只能给班级加 10 分，只能得到老师的 1 次表扬；如果是 5 张一元的，我就能分 5 次送过去，这样就能给班级加 50 分，我就可以得到 5 次表扬。

大家看，这个孩子为了得到称赞，为了得到加分，而采用了这种不正当的方式。这对于孩子的成长是非常不利的，会扭曲他的人生观和价值观。

对此，我们要防患于未然，要告诉孩子，行善最重要的是一颗心，不能为了得到称赞而行善，更不能为了得到称赞而行假善，就像这个“捡钱”的孩子。所以，当孩子为了得到称赞而行善时，我们要及时给予引导，让他明白：

行善一定要真心实意。当一个人为了达到某种目的而行善时，善就变质了，他不仅得不到任何好处，而且还会玷污自己纯净的心灵。

俗话说："善有善报。""积善之家，必有余庆。"的确是这样，做了善事就相当于播种下了一粒善的种子，一旦时机成熟，这粒善的种子定能结出善的果实。不过，真正有德行的人做善事，不是为了得到善的回报，而是因为他心中有真善、大爱。

如果一个人行善是为了得到回报，那么，他行善的心就有掺杂，就不纯了。而且，当这个人行善而没有得到回报时，他就会陷入痛苦之中。因此，我们要告诉孩子：行善是为了帮助他人，而不是为了得到回报。

扬人恶，即是恶，疾之甚，祸且作。

为什么《弟子规》要告诫人们"扬人恶，即是恶"呢？

所谓"扬人恶，即是恶"，是指宣扬他人的恶行，就等于是自己在作恶。为什么我们宣扬他人的恶行就是在作恶呢？因为"疾之甚，祸且作"。如果我们宣扬得太过分了，就会给自己招来灾祸。

当一个人做错事情时，他最不希望被他人知道。而且，他也许已经非常自责了。这时候，如果我们把他的恶行宣扬出去，他可能就会与我们结怨，甚至会采取报复的手段，这些往往都不是我们所能预见的。

另外，我们到处宣扬一个人的恶行，结果是不仅大家都会知道，而且有的人可能会想：他的行为比我可恶劣多了，就算我坏点又有什么关系呢？这样一来，人们就不以恶为耻辱了。当人们的心中失去道德底线之后，就会为了自己的利益而不择手段。那么，社会又怎能实现和谐发展呢？

面对污染严重的社会环境，我们要为孩子增加“保护层”。

如今，报纸刊登出来的、电视上播放的、网络上曝光出来的，很多都是恶人恶事。我们可以打开一个中文门户网站，看看“新闻”栏目中有多少是善事，有多少是恶事。我有一次仔细看了一个中文门户网站首页的“新闻”栏目，竟然没有一条正面新闻，不是杀人放火，就是假冒伪劣；不是交通事故，就是色情艳事……当人们一天到晚所看到的都是这些所谓的“新闻”时，谁又能保证自己不会受到污染呢？尤其是对于心智不够成熟的孩子，如果他每天泡在这个“大染缸”里，纯净纯善的心灵难免会受到不同程度的污染。

因此，我们要为孩子增加“保护层”，让孩子有能力去抵御社会上的污染。首先，我们要尽量让孩子远离污染严重的环境，比如前面讲到的“斗闹场，绝勿近；邪僻事，绝勿问”，从而杜绝污染源。其次，我们要以身作则，不去宣扬他人的恶行。这样，孩子就会受到良好的熏陶，当孩子面对他人的恶行时，就不会到处去宣扬。

教育小语

前面提到的“扬善于公堂，规过于私室”，就是在告诫人们：在大庭广众之下，要懂得称赞他人的善行；在私下无人的时候，要去规劝他人的过失。在教育孩子时，我们一定要牢记这句教诲，保护孩子的自尊，呵护他脆弱的心灵，勉励他多做善事，使自己做得越来越好。

第七节

教孩子学会有智慧地规劝他人

在“入则孝”中，提到过子女如何劝谏父母。其实，作为朋友，当看到对方有过失时，也要去规劝，从而提升彼此的道德修养。但是规劝要讲究方法，否则不仅不会达到规劝的目的，而且还会破坏彼此之间的感情。因此，我们需要教孩子学会有智慧地规劝朋友。

善相劝，德皆建；过不规，道两亏。

当我们看到朋友有过失时，应该怎么办呢？

在人与人之间的交往中，如果看到朋友有过失，我们应该怎么办呢？是听之任之吗？当然不是。一个真正的朋友，绝对不忍心看到自己的朋友因犯错误而一步一步地走向堕落。所以，我们应该尽朋友的本分，想方设法规劝朋友，让朋友积极地改过自新，从而使彼此的道德修养都得到提升。

如果我们看到朋友有过失而不去规劝，那么将会“道两亏”，即我们和朋友的道德都会有亏欠。一方面，朋友的过失没有得到改正，他会日益堕落下去；另一方面，我们眼睁睁地看着朋友堕落而不去帮助他，就没有尽到朋友的本分，也有损为人朋友之道。

因此，我们要时刻提醒孩子：如果朋友有了过失，一定要规劝他，让他认识到自己的过失，并帮助他改过向善。如此一来，当你有过失的时候，朋友也会帮助你改过向善。朋友之间懂得互相规劝，就会提升彼此的德行。

规劝他人一定要建立在信任的基础上。

在《论语》中有这样一句话：“君子信而后劳其民，未信则以为厉己也；信而后谏，未信则以为谤己也。”这句话的大概意思是说，君子和百姓建立信任之后才可以让百姓为其做事，否则，百姓就会认为是在虐待他们；君子要先取得君主的信任，然后才能进谏，否则，君主就会认为是在毁谤他。

可见，规劝他人有一个前提条件，即一定要先赢得对方的信任。如果信任不足，我们就去规劝他人，他人就会误解我们，认为我们看他不顺眼，是在毁谤他。比如，第一次和人家见面，就一个劲儿地说人家哪里不好，哪里需要改正，肯定会引起人家的反感。

所以，但凡规劝他人，一定要建立在相互信任的基础上，这样的规劝才会取得良好的效果。同时，我们一定要告诉孩子，并让他明白：对于新朋友，或者是尚未建立信任的朋友，尽量不要给对方提建议，不要直接规劝对方，而是先做好自己的本分，以身作则，以此来影响对方。当彼此建立了信任之后，一旦对方有过失，就可以主动地规劝了。

我们都渴望赢得他人的信任，孩子也不例外。那么，如何才能赢得他人的信任呢？信任绝对不是凭空而来的，是需要每个人用心去经营的。如果我们善于体察他人的需要，用真诚的付出和关怀去满足他人的需要，自然而然就能赢得他人的信任。也就是说，我们在恰当的时机规劝他人时，他人会更容易接受我们的话，也不会产生反感或敌意。

规劝他人时，一定要注意规劝的时机和态度。

规劝他人，一定要“善相劝”，我们要特别注意这个“善”。何谓“善”？就是“善于”，也就是说，在规劝他人的时候，一定要讲究方法，否则规劝是无法取得良好的效果的。另外，“善”还有一个意思，就是劝善，劝勉他人多做善事。

我们都有过规劝他人的经历，他人接受我们的规劝了吗？有的人可能接受了我们的规劝，但是有一些人并没有接受我们的规劝。为什么会这样呢？很大一部分原因是，我们在规劝他人的时候，没有讲究方法，只是意气用事，看到他人有过失，就赶紧去规劝他，唯恐他人不能改正过失。虽然我们的心是好的，但是方法不对，同样无法让对方改过向善。

所以，我们一定要讲究规劝的方法，要注意规劝的时机。否则，可能会让对方感到很难堪，也可能会伤害到他的自尊，不仅起不到规劝的作用，而且还可能会因此而失去一个朋友。

正如《论语》中记载的一段话：“可与言而不与之言，失人；不可与言而与言，失言。知者不失人，亦不失言。”我们要做一个有智慧的人，也要勉励孩子做一个智者，面对他人的过失，要选择合适的时机，该说的时候说，不该说的时候就不说，这样既不会失人，也不会失言。否则，该说时不说，不该说时乱说，那就不好了。

《菜根谭》中有这样一句话：“攻人之恶毋太严，要思其堪受。”就是说，在责备他人的缺点时，不可太严厉，要考虑他人是否能承受。因此，规劝他人的时候，我们要衡量对方能够承受的程度有多少，然后再尽自己的力量去规劝他。这样的规劝，才更容易让他人接受。

父母规劝孩子时，往往会用强势的态度来对待，并要求孩子服从于自己。

从表面上来看，孩子也许接受了父母的规劝，但是在他的内心深处，他可能不会心服口服，正如后面将要学习的“势服人，心不然”。

所以，我们要告诫孩子，也要告诫自己：在规劝他人时，一定要注意自己的态度，内心要真诚，态度要和颜悦色、柔声细语。当我们这样去规劝他人的时候，才更容易打动他人的心，从而让他人心甘情愿地接受我们的规劝。

教育孩子要遵循一个原则：长善而救失。

当孩子有过失的时候，我们要慎用责备、批评的方式对待他，更要慎用惩罚的方式，因为当我们采用强硬的手段时可能会适得其反，不但没有使孩子的过失得以改正，反而会使他逆反、叛逆，甚至会让他产生“破罐子破摔”的心理。

在《礼记·学记》中有一个非常重要的教育原则：“教也者，长善而救失。”在教育孩子的过程中，“长善”和“救失”是最重要的两大纲领。我们要想教育好孩子，首先要清楚，孩子需要长养哪些善，需要纠正哪些过失，界定的标准就是《弟子规》的这360句话。然后，我们要在生活的点点滴滴中激励、发扬孩子的善心善行，指出、纠正孩子的过失。

比如，孩子在洗碗的时候没有把碗的外面洗干净，我们不能直接责备或批评他，可以这样说：“洗碗洗得不错，这么认真，如果你能再稍微注意一下碗的外面，那就很完美了。”当我们这样说的时候，孩子不仅会越做越有劲，而且还会把这件事做好。

可见，教育孩子并不难，只要我们能够遵循“长善而救失”的教育原则，就能使教育取得事半功倍的效果。

教育小语

规劝他人有一个先决条件：赢得对方的信任。否则，将不会收到规劝的效果。再者，在规劝他人的过程中，一定要特别注意“善”这个字，只有懂得方法，才能真正有效果。如果孩子懂得规劝他人并接受他人的规劝，那么将会给他的人生带来莫大的助力。

第八节

鼓励孩子多给予、少索取，己所不欲，勿施于人

古人云：“施比受更快乐。”的确是这样，孩子要想获得快乐，就需要多给予、少索取。我们常说：“让世界充满爱。”那么，什么是爱呢？“爱”的繁体字是“愛”，好似一个“受”包裹着一颗“心”。事实上，爱就是用心感受他人的需要，就是自己不愿意他人怎样对待自己，自己也不能以此来对待他人，正所谓“己所不欲，勿施于人”。

凡取与，贵分晓，与宜多，取宜少。

索取和给予要有节制，要分辨清楚。

在生活中，人与人之间总会有财物上的往来。这时候，我们应该如何去做呢？古人云：“取予有节。”这句话就是在告诫人们：索取和给予一定要有节

制，一定要弄得明明白白，不要模模糊糊。

那么，当我们与他人有财物上的往来时，一定要分辨清楚，哪些东西是可以拿的，哪些东西是不可以拿的。正如我们常说的一句话："亲兄弟明算账。"为什么亲兄弟要明算账呢？如果兄弟之间随便拿对方的东西，不分你我，也没有学过"财物轻，怨何生"，难免会发生不必要的误会或麻烦。所以，在索取和给予时，我们一定要分辨清楚。

这里的"分晓"还可以延伸为另外一个意思：我们的索取是否符合道义。古人告诫我们："君子爱财，取之有道。"凡是不符合道义的财物，我们都不可以接受，因为"货悖而入者，亦悖而出"。另外，我们还要思考，我们的给予是否适宜。无论给予他人什么东西，我们都要考虑时机、场合等等，只有这样，他人才会高高兴兴地接受。

所以，从孩子小时候开始，我们就要给他种下"凡取与，贵分晓"的种子，让他在"索取与给予"方面做一个明明白白的人。

在给予和索取之间，我们应该把握怎样的尺度呢？

自古以来，中国就一直提倡"礼尚往来"，也就是说，在礼节上应该有来有往。我们又常说："滴水之恩，当涌泉相报。"意思是说，当我们受到他人一点小小的恩惠之后，应当加倍地去报答他人。因此，无论他人给予了我们多少，我们都要尽可能地加倍回馈给他人，给他人的一定要比他人给自己的多。

世间的财物是身外之物，生不带来，死不带去。所以，在财物面前，我们不要有太强的占有欲，要把财物看轻一些，多给他人一些，自己少拿一些。这样一来，我们才能避免矛盾或纷争，才能和睦相处。还是那个道理——财物轻，怨何生！

面对如今的独生子女，我们又该如何教导他“多给予，少索取”呢？

如今，大部分孩子都是独生子女，在成长的过程中，他们接受了来自多方面的爱，几乎无须付出，就可以得到所有想要的东西。所以，很多孩子都养成了以自我为中心的坏习惯，只知道索取，不懂得付出，不懂得与人分享。原本天真、善良的孩子为什么会变成一个“只会索取，不会给予”的人呢？

从日常三餐中，我们就可以得到答案。在饭桌上，父母、爷爷奶奶都一个劲儿地给孩子夹菜，把孩子最喜欢吃的菜放在他的面前，唯恐他吃不饱、吃不好。而孩子呢？他会不顾一切地大吃起来。

这样的情景总是出现在我们的生活中，我们千万不要小看这个夹菜、端菜的动作。当我们给孩子夹菜、端菜的时候，就给孩子种下了以自我为中心的种子，他会认为：只要我喜欢的，父母、爷爷奶奶就必须满足我。而且，当孩子觉得一切的索取都是理所当然的之后，他就不会懂得在索取的时候考虑周围人的感受和需要，更不会懂得给予。

事实上，孩子之所以只会索取，是因为我们给他提供了索取的机会。同理，孩子之所以不会给予，是因为我们没有给他提供给予的机会。因此，我们需要给孩子提供给予的机会，在生活的点点滴滴中让孩子树立“多给予，少索取”的观念。

首先，面对孩子的给予，我们要懂得去接受。一开始，当孩子吃东西的时候，他都会主动给我们吃，但是很多时候，我们都会拒绝，并说道：“你吃吧，买了就是给你吃的。”一来二去，孩子就不会主动给我们吃东西了。而到了我们真让孩子把吃的东西分给我们一些时，他就会拒绝我们，这时候，我们才感觉有点不好了，可能还会外加一句：“你可真是个‘白眼儿狼’。”殊不知，孩子成为“白眼儿狼”的罪魁祸首正是我们自己。所以，当孩子主动给我们吃东西时，我们要高兴地接受，并说一句：“真是个乖孩子，妈妈喜欢你。”这样一来，孩子以后便会乐此不疲地与我们分享。

其次，在生活的点滴中，我们要引导孩子懂得“多给予，少索取”。比如：在吃饭的时候，我们要引导孩子给周围人夹取，把他人喜欢的菜端到他人的面前，便于他人夹取；当孩子与其他小朋友在一起玩的时候，我们要引导他主动分享自己的玩具、食物；如果学校组织外出活动，我们要让孩子多准备一些水果、食物，并提醒他与老师、同学分享；等等。

在这个过程中，让孩子体会到给予所带来的快乐，他就会更愿意多给予。那么，孩子想要索取的心理就会慢慢变淡。

让孩子明白，舍得舍得，有舍才有得。

舍得，通俗来讲，就是愿意把自己的某些东西给予他人。当我们这样教导孩子的时候，孩子可能会有疑惑：“我把自己的东西给了他人，那我不就没有了吗?”这时候，我们需要让孩子明白“舍得”一词中蕴含的人生智慧和人生态度：舍得舍得，有舍才会有得。

当孩子舍得把自己的东西给予他人的时候，无形中他的心胸就会扩大，相应地也会得到福气，正所谓“量大福大”。而且，孩子虽然表面上暂时失去了一些东西，但是他会得到更多的、更宝贵的精神财富，比如温暖的亲情、珍贵的友谊、他人的感谢等。

将加人，先问己，己不欲，即速已。

凡事都要遵循一个原则：己所不欲，勿施于人。

“将加人，先问己”，如果想让他人去做某件事情，首先要问问自己是否喜欢这样做。“己不欲，即速已”，如果连自己都不喜欢去做这样的事情，那也不要让他人去做。这正如《论语》中提到的，“己所不欲，勿施于人”。

在与人交往的过程中，我们应该以对待自身的行为作为参照物来对待他人。也就是说，凡是自己不愿意去做的事情、自己不能承受的言行，就不应该让他人去做、让他人去承受。这是尊重他人的表现，也是平等待人的体现。

然而，在现实生活中，很多人都不能恪守“己所不欲，勿施于人”的待人处事原则，只顾自己的利益和感受，而忽略了对方的利益和感受。如果我们自己“所不欲”的却硬要“施于人”，不仅会把事情弄糟，而且还会破坏人际关系。

因此，我们要有同理心，用理智去体谅他人的感受。当我们想对他人说某些话或让他人做某件事情时，要先思考一下：如果是我，我能够接受这样的言语吗？我愿意去做这件事情吗？如果自己都不能够接受或不愿意去做的话，就不要强求他人。

另外，即使是“己所欲”的事，也要考虑到别人的感受，因为别人未必乐于去做。所以，我们依旧需要慎重，不要想当然地强行“施于人”，以免好心办坏事。

站在他人的角度就会感同身受，引导孩子学会换位思考。

我们先来看一个小故事。

太太正在厨房做饭，先生在一旁不停地唠叨：“慢点，小心！油放太多了！火太大了！赶紧用铲子翻一下菜……”终于，太太忍不住了，说道：“我会做饭，用不着你来指手画脚。”先生没有生气，而是平静地说：“我只是想让你知道，我在开车的时候，你在一旁喋喋不休地‘指导’我，我是作何感受的……”

这是一个多么真实的故事啊！这位先生很有智慧，用这种方式让太太深深体会到了被人唠叨的感受。我想，从此以后，当先生再开车的时候，太太一定会克制住自己想要说话的念头，让先生安心开车。

事实上，我们只有设身处地地站在他人的角度和立场考虑问题，才能真正体会他人的感受，才能理解他人，才能使彼此的关系更加和谐。因此，在孩子成长的过程中，我们一定要教孩子学会站在他人的角度思考问题。

在成长的过程中，孩子可能会遇到被误会、被指责、被伤害或被诬陷的事情。这时候，我们除了给予安慰和引导之外，还需要告诉他：自己体会到了这种难受的滋味之后，就不要因为自己类似的言行举止而给他人带来同样的感受。如此一来，孩子不仅能尽快摆脱难受的滋味，而且还会懂得不要给他人带来难受的滋味。

总之，我们要引导孩子遵循一个做人处事的原则：自己不希望得到什么，就不要让他人得到；自己不能够承受什么，就不能让他人去承受。

教育小语

人与人在交往中，无时无刻不面临着给予和索取这两件事。这时候，我们要引导孩子分辨清楚，让他把握好给予和索取之间的尺度：多给予，少索取。另外，我们还要让孩子学会站在他人的角度思考问题，遵循一个待人处事原则：己所不欲，勿施于人——凡是自己不希望、不喜欢的言行，都不可以强行加诸于他人。

第九节

引导孩子懂得知恩报恩，不怨恨别人

知恩报恩是中华民族的传统美德。自古以来，中国就有“滴水之恩，当涌泉相报”、“知恩不报非君子”等人生训言。如今，我们更应该引导孩子学会知恩报恩。另外，我们要引导孩子尽快忘掉对他人的怨恨。只有这样，孩子才能真正拥有一个幸福、快乐的人生。

恩欲报，怨欲忘，报怨短，报恩长。

人应该活在充满感恩的世界里，而不是活在充满怨恨的世界里。

他人给予我们的恩德，我们要铭记在心，并时刻想着报答。只有懂得知恩报恩，才能赢得他人的喜爱和信任，才能体会到无限的喜悦和满足。如果我们生活在充满感恩的世界里，一定会觉得周围的环境是那么美好！

当然，他人可能会有意或无意地伤害到我们，我们不要把这些放在心中，应该把它们忘掉。因为如果我们总是生活在充满怨恨的世界里，就会变得非常痛苦。而且，有时候怨恨只不过是由一些鸡毛蒜皮的小事引起的。所以，当我们的内心对他人有不平和怨恨的时候，我们要克制住自己的情绪，放下对他人的不满。这样一来，我们的内心就会充满阳光，就会觉得周围的环境还是那么美好，正所谓“退一步，海阔天空”。

当我们生活在充满感恩的世界里，就好比是生活在快乐的天堂；当我们生活在充满怨恨的世界里，就好比是生活在痛苦的地狱。那么，我们是愿意生活在快乐之中，还是愿意生活在痛苦之中呢？相信所有人都会选择“快乐”，这时，我们就需要拥有一颗感恩的心，忘记一切怨恨。

我们要让“知恩报恩”的观念在孩子的心中扎根。

如今的孩子接受了太多人的付出和关爱，很容易觉得接受他人的付出和关爱是一件理所当然的事情。这样，孩子又如何会懂得感恩他人的付出和关爱呢？如果孩子不懂感恩，他就会变成一个自私自利、冷漠无情的人。

一个懂得知恩报恩的孩子，才能体味到生命的真谛和意义，才能感受到生活的美好和快乐，才能体会到人间的温情，才能得到更多人的关爱和帮助。因此，我们一定要让“知恩报恩”的观念在孩子的心中扎根，让他学会感恩他人。

每个人在一生中都会得到很多人的恩惠，比如，父母的养育之恩，老师的教诲之恩，同学、朋友的帮助之恩，等等。面对这些人的恩惠，我们要让孩子铭记在心，并用实际行动去回馈他们。

作为儿女，我们最大的恩惠来自于父母的养育之恩。一个对父母都没有感恩心的孩子，何谈感恩他人、报效祖国呢？所以，我们要先引导孩子感恩父母。我们要让孩子了解父母的恩德。我在前面也讲到了慈母的十大深恩，除此之外，还有父亲为养家糊口在外奔波的辛苦。同时，我们也要告诉孩子，对父母最好的回馈，就是做一个有德行的人，在道德、学问、技能等方面不断提升自己。

有时候，我们给孩子讲一些大道理，他不一定能听得进去，最好的传授方法就是以身作则，时刻勉励自己给孩子做一个懂得感恩的好榜样。当我们用自身的榜样力量去感染孩子时，他就能感受到感恩的真谛，就能慢慢学会感恩他人。

在生活中，我们还应该让孩子做一些力所能及的家务活，比如，端饭、盛饭、洗碗、打扫卫生、洗衣服、做饭等等。当孩子亲身经历了劳动的过程之后，才能体会到劳动的辛苦和快乐，才能懂得感恩他人的辛勤付出，正所谓“习劳知感恩”。

另外，人们除了感谢对自己有恩的人之外，还应该感谢伤害过、欺骗过、斥责过自己的人。也许很多人都不能理解，但是一位智者的话会给我们很大的启示。这位智者曾经说：“感谢伤害我的人，因为他磨炼了我的心志；感谢欺骗我的人，因为他增进了我的见识；感谢遗弃我的人，因为他教导了我自立；感谢绊倒我的人，因为他强化了我的能力；感谢斥责我的人，因为他增长了我的智慧。”

当孩子真的懂得感恩身边所有的人时，他就真的生活在一个温情的世界里了。

告诉孩子，无论发生什么事情，都不要以怨报怨。

孩子的心智还不成熟，总会因为一点鸡毛蒜皮的小事而与他人发生矛盾。这时候，如果孩子心存怨恨，以报复的心去面对，就会陷入无休止的烦恼之中而不能自拔，既解决不了矛盾，又不能获得快乐，甚至还会因此犯这样那样的错误。

因此，我们要告诉孩子：怨恨就好比是一个小雪球，当雪球越滚越大，大到一定程度的时候，就会挡住我们前进的道路。而且，冤冤相报何时才能了结呢？所以，无论发生什么事情，心中都不要有仇恨，更不可以以怨报怨，而是要赶快把它忘记，以宽容之心对待他人。当然，最好是能做到以德报怨。

教育小语

谁也不能孤立地生活在这个世界上，人与人之间需要互助合作。所以，对于有恩于自己的人，我们要引导孩子用自己的付出去回报他人。同时，如果孩子与人结下怨恨，我们要引导孩子宽宏大量一些，放下心中对他人的怨恨，并用自己的德行去感化对方。

第十节

教孩子宽以待人，以德服人，而非以势服人

今天，人们的地位没有尊卑、高低、贵贱之分，都是平等的。所以，我们要教育孩子学会平等相待、宽以待人。另外，我们还要告诉孩子：在人与人之间的相处中，一定不可以试图用权势去压倒对方，而是要以德服人、以理服人，用自己的德行、爱心去感化对方。

待婢仆，身贵端，虽贵端，慈而宽。

对待晚辈或下属，我们既要端正自身的行为举止，又要仁慈宽厚。

“待婢仆”这句话中的“婢”，即婢女，“仆”，即仆人。在古代的一些大家庭中，会雇用一些婢女和仆人。在今天，人们认为似乎已经没有婢仆了，其实不然。我们应该对“婢仆”这两个字做一下延伸扩展。其实，婢仆就是下属，

就是晚辈。“待婢仆”的原则，同样适用于处理今天的上下级关系，以及长辈和晚辈之间的关系。

那么，作为领导，应该如何对待下属呢？作为长辈，又应该如何对待晚辈呢？

首先，要做到“身贵端”，也就是说，对待下属或晚辈的态度要端正。为什么要端正呢？因为如果我们自身的行为举止很随便、轻浮无礼，不仅有损我们的威严，而且还会导致下属或晚辈不能端正自身的行为举止，正所谓“上梁不正下梁歪”。相反，只有端正自身的行为举止，下属或晚辈才会向我们学习，从而端正自身的行为举止，正所谓“其身正，不令而行”。

其次，做到“身贵端”之后，还应该做到“慈而宽”。也就是说，对待下属或晚辈，我们要仁慈宽厚，不能太苛刻，不能因为一点小错就严厉地惩罚他们。为什么要仁慈宽厚呢？因为如果我们对待下属或晚辈非常苛刻，因为一点小错而严厉惩罚他们，他们就会产生不满的情绪，甚至会不听从我们的安排、指导。相反，我们对下属或晚辈非常仁慈宽厚，他们才会敬重我们，做下属的会听从我们的安排，做晚辈的会听从我们的教诲。

我们对孩子的教育，也应该把握这个原则。

我们要引导孩子尊重身边所有人，包括普通劳动者。

在当今社会，婢女和仆人虽然已经不存在了，但是在有些家庭中，可能还会雇用保姆来打理家务。那么，我们应该如何引导孩子对待他们呢？

很多父母认为，我们雇用了保姆，她就得听从我们的安排，我们让她做什么她就得做什么。于是，有的父母对保姆呼来喝去，甚至连喝水也要叫保姆倒。这样一来，孩子无形中就很容易养成衣来伸手、饭来张口的坏习惯。而且，孩子还会觉得自己高人一等，会有歧视保姆的现象。

可以说，这些父母的言行举止对孩子没有任何好处。那么，我们应该怎么做呢？

首先，我们应该对保姆平等相待，不要盛气凌人，要尊重保姆，要有礼貌，因为保姆在人格上与我们是平等的。虽然我们雇用保姆是为了让她打理家务，但是对于一些随手就可以做的事情，我们还是要自己去做。当我们这样去做的时候，孩子自然就会懂得尊重保姆，懂得自己的事情自己做。

其次，在一些细节上，我们要引导孩子尊重保姆。比如，当孩子要寻求保姆帮助的时候，应该说："阿姨，您现在有时间吗？我想让您帮帮我。"当保姆帮助了孩子之后，孩子应该说一些感谢的话。

另外，在社会上，孩子还会接触到一些清洁人员、服务人员、保安等。那么，对于这些普通劳动者，我们应该引导孩子持什么样的态度呢？

我们先来看看一位母亲是如何教育孩子的吧！

每当这位母亲带着孩子离开小区的时候，她都会对孩子说："来，向叔叔问好。"一开始的时候，孩子非常不情愿，因为他对保安有歧视，认为他们的工作是低贱的。

这位母亲明白了孩子的心理之后，就认真地对他说："从国家领导人到所有在工作岗位上工作的普通劳动者，虽然他们的社会分工有所不同，但是他们对社会都有贡献。而且，这个社会要发展离不开任何一个工作岗位上的人员。如果我们小区没有保安叔叔们的辛勤付出，就得不到安全的保障。"

母亲的话深深打动了孩子，也让他明白了要以平等心对待身边的人。从此之后，孩子见到小区的保安都会主动问好，而且孩子还会主动向清洁人员、服务人员问好。

其实，无论在学校里，还是在社会上，我们都要引导孩子学会尊重这些普通劳动者。一开始，我们可以通过给孩子讲道理的方式让他明白，这个社会离不开这些普通劳动者，要以平等心对待他们。

然后，我们要引导孩子用实际行动表现出对普通劳动者的尊重，比如：看到小区的清洁人员、保安，要主动问好；如果家里来了修理工、送水工等，要有礼貌；到了公共场合，对待服务人员要有礼貌，即使他们有一些服务不周的地方，也要心平气和地好好说话；等等。

总之，对于身边所有人，我们都要让孩子学会尊重，学会平等待人、宽以待人。

势服人，心不然，理服人，方无言。

我们要放下做父母的架子，不要用命令的方式让孩子服从。

“回家后，一定要先写作业再看电视。不然，看我怎么收拾你！”

“大人说话，轮不着小孩子插嘴！”

“我都和你说了多少次了，在大人休息的时候不要大声说话，是不是打一顿才能记住啊！”

……

我们经常会听到有些父母这样“教育”孩子。这些父母以一种居高临下的态度对孩子任意发号施令，试图用权势去压倒孩子，从而让他服从自己。当孩子做出辩驳的时候，有的父母就会以“我是你妈妈（爸爸），你就得听我的安排”的态度强迫孩子绝对服从。

试想一下，如果我们的领导每天端着一副官架子对我们指手画脚，用“权威”的口吻向我们发号施令，并要求我们完全服从于他，我们的心里是什么滋味？我们会信服他吗？当然不会。

其实，在教育孩子这个问题上，这个道理同样适用。这种命令式的教育方式只会引发孩子的不满和反抗，即使他表面服从了，也是口服心不服。所以，我们应该放下做父母的架子，与孩子平等相待。

但是，很多父母却开始担心：我们放下了父母的架子，失去了做父母的威信，那么孩子还会听从我们的安排吗？其实，我们的威信不是来自于我们的“权势”，而是来自于一种互相尊重、平等相待的亲子关系。

当我们不断提升自己的道德学问，以身作则，“晓之以理，动之以情”地教育孩子时，才会真正令他心服口服，才能在他心中建立起真正的威信，才能使教育起到事半功倍的效果。

另外，“我是你爸爸（妈妈）”，这句话绝不是我们要求孩子完全服从自己的理由，而是在时刻提醒我们要担负起教育孩子的重任。

告诉孩子，要想得到他人的尊重，就要以德服人，以理服人。

我们都知道战国时代“负荆请罪”的故事。

当蔺相如的地位在廉颇之上时，廉颇不服，就想羞辱蔺相如。当蔺相如得知后，总是刻意避开廉颇。蔺相如的门客非常不理解他，认为他的官比廉颇大，不应该怕廉颇。蔺相如却说：“秦国之所以不敢攻打赵国，就是因为有我们两个在。如果我们两个相斗，又怎么能保卫国家呢?”

后来，蔺相如的这番话传到了廉颇那里，廉颇感到非常惭愧。于是他脱掉上衣，背着荆条，来到蔺相如的门前请罪。从此之后，蔺相如和廉颇结成了生死与共的好朋友，同心协力为赵国尽职尽责，使秦国很长一段时期内都不敢出兵攻打赵国。

在当时，如果蔺相如和廉颇相斗，势必会有一方受伤，甚至会两败俱伤，而秦国可能就会乘虚而入。蔺相如想到的是国家的安危，所以他决然放下了自己的面子和权势，用真正的德行感化了廉颇。

我们应该这样教导孩子：与人相处，要以诚相待。在处理问题的时候，我们不能试图用权势压倒对方，而是要以德服人、以理服人。当我们真正做到“晓之以理，动之以情”，用德行和爱心去感化对方时，不仅很容易使双方达成共识，而且还会赢得对方的尊重和钦佩。

如果孩子是班级的小干部，我们更要注意教导孩子“势服人，心不然；理服人，方无言”。因为当孩子当上小干部后，他可能就会觉得自己很威风，在与同学的相处中，很容易出现不好的行为，比如：高高在上，目中无人；命令同学做事情，而自己却不做；利用自己的权势欺负其他同学；等等。

对此，我们需要给予孩子合理的引导。我们可以引导他想一想，如果自己“势服人”会得到怎样的后果，可能会破坏自己在同学心中的形象，可能会引起同学的反感，从而让同学不尊重、不喜欢自己，甚至不听从自己的安排。一般来说，当孩子知道这些后果之后，他就不敢“势服人”了。随后，我们要告诉孩子如何做才能得到同学的尊重、喜欢，那就是以身作则，要求同学做到的事情自己先做到，即使在规劝犯错的同学时，也不要用强势压倒对方，而是语气柔和地规劝对方，这样，同学更容易接受，自己也会受到拥护。

当孩子将“以德服人，以理服人”的道理融入日常生活中后，周围人才会真正发自内心地敬重他。

教育小语

我们要教导孩子做到“严于律己，宽以待人”，当孩子这样去做的时候，他的心态就会变得平和，快乐就会增多，烦恼就会减少，同时也会给周围增添一些和谐的气氛。如果我们每个人都能这样做的话，我想，家庭和谐、社会和谐的那一天很快就会到来。

本章后记

“爱众”包括爱敬所有人。人们都愿意和那些德高望重、才华横溢的人接触。孩子要懂得，一个人能够拥有长久的名望，绝不是因为他相貌出众或口才很好，而是他德才兼备，肯用自己的德能、才能为大家服务。那么，孩子也应该期许自己成为这样的人。

当然，如果孩子很有才华，我们要引导他无私地帮助需要帮助的人；如果别人很有才华，我们要告诫孩子，不但不能心生嫉妒，还要向对方学习，提升自己的才能。

而平等待人的另外一种体现，就是不谄媚富人，不轻视穷人，无论孩子身处贫穷或富贵，都应该知足常乐、谦虚恭敬。另外，人只有不喜新厌旧，才能品味“道义人生”的真谛。

除此之外，一个能真正体察他人需要的孩子，会通过观察，找到办事、说话的时机，绝不会因自己的需求而给对方添麻烦。

谁都不愿意自己的短处被他人知道，所以我们不可以去揭穿他人的短处。但是，这并不意味着，对于他人的缺点，我们要视而不见，而是要在适宜的时间和场合、用他人能够接受的方式给予引导和帮助。

每个人都有各自的隐私，我们不可以试图去打听。当我们无意中知道了他人的隐私后，不可以到处宣扬。我们除了要允许孩子拥有隐私之外，还要告诉他：对于他人的隐私，要懂得尊重。

我们要教导孩子做到“隐恶扬善”。面对他人的善，要学会称赞；面对他人的恶，不可以去宣扬。在这个过程中，孩子的善心就会被触动，自然就会主动去做一些善事。而且，孩子会赢得他人的喜爱，而不会与他人结下怨恨。

孩子在与他人的相处中，总会看到他人的过失，这时候，我们要教导孩子有智慧地给予规劝。所谓有智慧就是说，在规劝的时候，要讲究方法，要注意规劝的时机和态度。另外，规劝他人有一个前提：一定要先赢得他人的信任。

如今，很多孩子变得自私自利，只会索取，不会付出和给予。究其因，在于教育方式欠妥。首先，我们要改变教育孩子的方式，不要只是一味地付出，还要学会从孩子那里索取。然后，在生活的点点滴滴中引导孩子多给予，少索取。

“己所不欲，勿施于人”是待人处事的原则之一。我们要引导孩子站在他人的角度和立场思考问题，让他明白：凡是自己不希望听到的言语，凡是自己不愿意去做的事情，都不可以强加给他人。

事实上，报恩或报怨只在一念之差。当孩子选择了报恩，他就会获得快乐；当孩子选择了报怨，他就会变得痛苦不堪。因此，我们要引导孩子学会知恩报恩，忘掉一切怨恨，快乐地成长。

作为领导或长辈，我们既要端正行为举止，又要仁慈宽厚，这才是为人领导、为人长辈应该具有的风范。同时，我们也要教育孩子，让他学会尊重普通劳动者，以平等、宽容之心对待他人。

大到国与国之间，小到人与人之间，利用权势是永远也解决不了问题的，唯有用自身的德行或真正有理的方式才能感化对方，赢得对方的尊重，从而有效、彻底地解决问题。

第七章

亲仁——孩子亲近仁者，一生将受益无穷

这篇虽然非常简短，但是却饱含深意。亲仁，就是亲近仁德之人。如果孩子能够时刻亲近仁德之人，他的道德学问就会逐渐提升，他将会获得无穷的益处。因此，我们一定要引导孩子亲近仁德之人，并让他主动向仁德之人学习，进而勉励自己做一个仁者。

第一节

教孩子明白如何分辨仁者，如何做一个仁者

我们都知道，孩子亲近仁德之人，他的一生会获益颇多。虽然人与人之间的差距越来越大，符合仁者标准的人也越来越少，但是我们也要让孩子从小亲近仁者，与仁者为友。那么，我们首先要让孩子学会分辨仁者。因为如果孩子不知道什么样的人可以称得上是仁者的话，又谈何亲近仁者呢？同时，我们也要勉励孩子成为一个仁者。

同是人，类不齐，流俗众，仁者希。
果仁者，人多畏，言不讳，色不媚。

这句话中的“类”即很多相似或相同事物的综合，“齐”即相同，“俗”即庸俗，“希”即少，“果”即真正，“畏”即敬畏，“讳”即因有顾忌而不说，“媚”即阿谀逢迎。整句话的意思是：同样是人，但是人们的道德学问各有不

同。一般来说，跟着潮流走的普通人很多，而真正仁德之人却很少。对于真正的仁者，人们都会敬畏他，因为仁者说话不会因有顾忌而不说，也不会阿谀奉承，故意讨好他人。

仁，是儒家思想的核心内容。

仁，是会意字，是一个智慧的符号。《说文解字》中这样解释："仁者，亲也。从人从二。"意思是说，想到自己就要想到他人，为他人着想，每个人都应该有仁爱之心，人与人之间应该互相关爱、互相帮助。

作为儒家思想的核心内容，仁对中国文化和社会发展产生了重大的影响。仁是孔子思想体系的核心，孔子把仁作为最高的道德标准和道德境界，形成了以仁为核心的伦理思想结构。仁，就是指人心，即人皆有之的恻隐之心、仁爱之心。

对于孩子而言，仁是实现理想人格所必不可少的要素之一。如果孩子能够以仁为标准严格要求自己，以仁的境界衡量自己的思想，那么，他就具备了达到最高道德标准和道德境界的前提条件。因此，我们需要让孩子时刻亲近仁德之人，并促使他成为仁德之人。

为什么会"流俗众，仁者希"呢？

我们可能都有这样的体会：今天，人们的道德学问参差不齐，就像十指有长有短、树木有高有低一样，而且，真正的仁者似乎越来越少了。那么导致这种结果的原因是什么呢？《三字经》告诉了我们答案："人之初，性本善。性相近，习相远。苟不教，性乃迁。"其实，人的本性都是善良的，人的本性也是非常相近的，但是由于后天的成长环境发生了变化，便相距遥远了。孩子之所以会失去纯善的本性，是因为从小没有接受良好的教育。

正是由于孩子从小没有接受良好的教育，再加上外界环境的污染程度越来越严重，孩子就很容易从一个好孩子变成一个坏孩子。我想，谁也不愿意看到自己的孩子变成一个坏孩子吧！那么，我们应该如何做呢？

为了让孩子保持本善的心，不让他变坏，最重要的方法就是专心致志地教育孩子，即教育的根本之道，最重要的、最珍贵的是专一。换言之，从孩子出生开始，甚至孩子还在腹中的时候，我们就要开始教育他，让他本善的心一直保持下来。

虽然“仁者希”，但是也要勉励孩子做一个仁者。

由于仁者越来越少，很多时候，孩子看到的都是不好的一面。这样，他就很容易懈怠，从而使自己沾染上坏习惯。

在生活中，当我们指出孩子身上的坏习惯时，他可能会说：“我们班上的同学都这样。”这时候，我们需要给予引导，让他明白：这样的坏习惯会妨碍一个人的成长和发展，无论是谁，都不应该养成这样的坏习惯，绝不能产生盲目随众的心理。同时，我们也要勉励孩子，让他做一个真正的仁者，让他有“学为人师，行为世范”的态度。

其实，让孩子做一个仁者并不难，因为我们手中的《弟子规》就是最好的法宝之一。只要孩子经常诵读《弟子规》，并时刻按照《弟子规》的标准来规范自己的言行举止，那么，他离仁者就越来越近了。

什么样的人才称得上是仁者呢？

一个真正的仁者，一般人见到他都会心生敬畏之心。人们并不是畏惧他的地位或权势，而是被他的德行、涵养所折服。为什么呢？因为真正的仁者做到了“言不讳，色不媚”，也就是说，仁者的言辞非常端正，他不会故作掩饰，不会说一些花言巧语，也不会违心地讨好他人。

在《论语》中有这样一句话：“君子有三变：望之俨然，即之也温，听其言也厉。”从外表来看，君子有三种变化：从远处望见他的时候，觉得他很庄严；接近他之后，觉得他很温和；听他说话之后，又觉得他义正词严。

可见，仁德之人真的是“言不讳，色不媚”。他们言辞端正，言行举止都有威仪，仁慈、宽厚。所以，通过观察一个人的言、色，观察一个人的言行举止，我们就可以看出这个人是否符合一个仁者的标准。当然，我们也应该把判断仁者的标准告诉孩子，让孩子自己看个明白。

教育小语

如今，之所以会出现“流俗众，仁者希”的结果，是因为大多数人缺失了德行教育，同时又受到了外界环境的污染。其实，孩子只要从小接受良好的德行教育，奠定好德行的根基，哪怕外界环境污染得再厉害，他也不会受到什么影响。因此，我们要让孩子从胎儿开始就接受良好的德行教育，为他亲近仁者、做一个仁者奠定坚实的基础。

第二节

鼓励孩子亲近仁者，他的德行才会与日俱增

如今，在这个物欲横流的社会中，孩子的内心需要以“仁”作为衡量善恶的标准，需要有仁者做先导。否则，孩子就很难把持自己，很容易受到负面的影响，从而迷失自己。因此，我们一定要教孩子亲近仁德之人、仁德之事、仁德之物。这样孩子的德行才会与日俱增，孩子的过失才会与日俱减。

能亲仁，无限好，德日进，过日少。
不亲仁，无限害，小人进，百事坏。

一个人要想学问有所成就，需要两个先决要素：好老师和好同学。

一个人要想有所成就，需要两个先决要素：一个是好老师，另一个就是好

同学。其实，无论是好老师，还是好同学，都属于仁德之人。为什么好老师和好同学是一个人获得成就的先决要素呢？

因为好老师就好像是一个领路人，把最重要的人生智慧和教诲都传授给了我们，使我们懂得做人的道理，并掌握学问、技能、才艺等；好同学就好像是一个携手前进的同行者，通过互相学习、互相帮助、互相提醒、互相鼓励，从而使彼此到达成功的彼岸。

所以，在孩子成长的道路上，同样需要好老师的教诲，需要好同学的帮助，从而使他的道德学问有所提升。

亲近仁者，会给孩子带来怎样的好处呢？

如果孩子能够亲近仁者，也就是品德高尚的人，就能得到无限的好处。最大的好处是什么呢？“德日进”，德行会一天比一天好；“过日少”，过失会一天比一天少。为什么会获得这样的好处呢？因为无论在哪里，仁者都具备高贵的品德和广博的学识。如果孩子能够经常亲近这样的仁者，在无形中就会受到熏陶，从而使自己的德行和学问在不知不觉中得到很大的提升。

这也正好印证了那句古话：“与善人居，如入芝兰之室，久而不闻其香。”当孩子亲近品德高尚的人时，就好比是进入了一间充满芳香的房间，久而久之，虽然已经闻不到房间的芳香了，但是他的身上却带着自然的芳香。

另外，当孩子亲近仁德之人时，他就会主动向他们学习，从他们身上吸取经验和教训，从而反观自身，看看自己哪个地方做得还不够好，哪个地方需要改正，正所谓“见贤思齐”。这样一来，孩子的过失就会减少。

不亲近仁者，又会给孩子带来怎样的坏处呢？

如果孩子不能亲近仁德之人，就会有无限的坏处，一些缺失道德的人就会慢慢靠近他，很多事情也会朝着不好的方面发展。为什么会“小人进”呢？因为“物以类聚，人以群分”，当孩子和缺失道德的人是同一类人的时候，孩子不用主动接近那些人，那些人自然会主动接近孩子。为什么会“百事坏”呢?试想一下，当缺失道德的人接近孩子而孩子又没有衡量善恶的标准时，他就可能跟着他们做很多错事，甚至走向歧途。

同样，这也印证了那句古话：“与不善人居，如入鲍鱼之肆，久而不闻其臭。”当孩子与缺失道德的人相处时，就好比是进入了一家充满臭味的鲍鱼市场，待的时间久了，虽然已经闻不到鲍鱼的臭味了，但是他实际上却与臭味融为一体了。

另外，如果孩子不能亲近仁者，没有向善之心，他的心就会向外跑，就很容易受到外界的影响和污染。比如，有的孩子亲近不好的电视节目、电影，亲近虚拟的网络游戏，其中很多都充满暴力、血腥，甚至是色情，所以，这些东西展现给孩子的都是不好的一面，无法启发他的善心、善行，而会玷污他原本纯洁的心灵，干扰他的学业，让他变得颓废、不思进取，甚至因此而走向犯罪的道路。

有时候，我们需要给孩子提供亲近仁者的机会。

对于孩子而言，他可能还不具备是非善恶的判断能力，不知道如何亲近仁德之人。这时候，我们就需要给孩子提供亲近仁者的机会，比如，我们可以带孩子专门去拜访有德行的人，带孩子听一些启迪人心灵的讲座，等等。如果孩子身边有善良、诚实、正直、学习上进的同学，我们要引导他多与其接近，多向其学习，让他们互相帮助、共同进步。另外，我们要尽量避免孩子与德行、人格有缺陷的人交往。

其实，亲近仁者并不是一件非常困难的事情。只要孩子有一颗善学的心，他就会从不同的人身上汲取营养，正如前面讲到的“见贤思齐”、“见恶内省”。只要孩子有谦卑、恭敬之心，仁者就会愿意来指导和帮助他。这样，孩子的人生将会处处遇到贵人。

总之，从孩子小时候开始，我们就要使他在充满“芳香”的环境中成长，使他接受良好的熏陶。那么，孩子长大之后，他依然愿意亲近仁德之人，依然会主动向他们学习，从而促使自己成为一个真正的永远的仁者。

其实，经典也是孩子可以亲近的最好“仁者”。

孩子在一生之中能够亲近仁德之人，是我们非常迫切希望的。但是，未必每个孩子都能有这么好的缘分。即使孩子没有亲近仁德之人的缘分，我们也不要着急，更不要气馁，因为经典也是孩子可以亲近的最好仁者。

所谓的经典，是指一些具有典范性、权威性的、经久不衰的万世之作，经过历史选择、千古流传的最有价值的、最具代表性的、最完美的作品。在古代，经典指作为典范的儒家典籍，也指宗教典籍。在今天，比如说儒家的“四书五经”就是经典。“四书”包括《论语》、《大学》、《中庸》、《孟子》，“五经”包括《周易》、《尚书》、《诗经》、《礼记》、《春秋》。当然，《诗经》、《道德经》、《庄子》、《三字经》、《弟子规》、《朱子治家格言》等，都属于经典的范畴，都值得孩子和我们成人认真品读。

圣贤所留下来的经典是经久不衰的人生智慧，可以作为孩子一生的座右铭，指导他走好自己的人生路。如果孩子能够把经典作为每天亲近的仁者，把诵读经典作为每天的功课，并把这些经典作为做人做事的标准和自己待人接物的指导思想，那么，孩子就等于是时刻在亲近仁者了。只要孩子能深入到经典中，把经典的教诲落实在生活中，哪怕是其中的一句话，都会使孩子受益终身。因为，圣贤的智慧有无穷的力量，是一个人奋斗的不竭动力。

就拿《弟子规》来说，在前面也已经强调过，《弟子规》不是拿来读的，也不是拿来背的，而是拿来做的。一开始，我们可以让孩子每天早、晚抽出一定的时间来诵读。早晨读一遍，是提醒孩子一天都应该学习和落实《弟子规》中的教诲；晚上读一遍，是检讨孩子日常的所作所为是否符合《弟子规》的标准，这样就能看到自己有哪些过失需要改正。当孩子天天学习、落实《弟子规》时，他的德行就会日益增长，过失就会日益减少。

教育小语

亲仁，是每个人所向往的。当孩子时时刻刻亲近仁者时，他就不会受到外界环境的污染和影响，就会提升自己的德行，从而达到“苟日新，日日新，又日新”的境界。在当今社会，亲仁的最好办法就是多读圣贤留下的经典，并把这些经典作为生活的一部分，从而使自己的言行举止更加符合仁者的标准。

本章后记

如今，流俗的普通人很多，真正的仁德之人却很少。即便是这样，我们也要让孩子从小亲近仁德之人，勉励他成为一个仁德之人。人们对仁者有一种敬畏感，那是因为仁者能够做到“言不讳，色不媚”，也就是说，说话不会因有顾忌而不说，不会阿谀奉承。

如果孩子能亲近仁德之人，那么，他便会受益无穷，他的德行会日益增长，他的过失会日益减少，从而使自己成为一个仁德之人。如果孩子没有仁者作为先导，就很容易被物欲横流的社会环境所污染，那么，他离仁者的标准就会越来越远。

其实，如今的仁者之所以很少，是因为缺失了德行教育。因此，我们要让孩子从小接受良好的德行教育，而最好的德行教育就是圣贤留下的人生智慧——经典。如果孩子能够经常诵读、落实经典，在潜移默化之中，他离仁者的标准就会越来越近。

第八章

余力学文——教孩子德才兼备，从小立志做圣贤

《弟子规》前面讲的，基本上都是做人做事的道理，是为了提升孩子的德行。当孩子在力行了孝、悌、谨、信、爱众、亲仁之后，如果还有空余的时间和精力，就需要好好学习圣贤的教诲和知识，从而提升自己的学问。这样一来，孩子就会成为一个德才兼备的人。

第一节

引导孩子去力行圣贤的教诲，而不是知而不行

对于正处在成长期的孩子而言，读书固然重要，但是有一个前提，就是要注重力行圣贤教诲，要学以致用，在实践中得到历练，从而提升德行，而不是一味地埋头死读书。当孩子奠定了德行的根基之后，即使我们不督促孩子好好学习，他也会自动自发地学习。

不力行，但学文，长浮华，成何人！
但力行，不学文，任己见，昧理真。

这句话中的“力行”即落实、实践，“但”即只是，“浮华”即华而不实，“任”即任凭，“见”即见解、主张，“昧”即愚昧、糊涂、不明白。如果我们不懂得力行，只是一味地死读书，就很容易养成华而不实的习气，又怎能成为一个真正有用的人呢？如果我们只是去力行，而不学习圣贤的教诲和知识，就

很容易执着于自己的见解，从而违背真理。

如果只顾学文而不去力行，会有怎样的结果呢？

现在的人大都追求速度，无论学习什么，都希望用最短的时间把它们学好。孩子学习才艺也是只追求速度，而忽略了质量。结果，虽然在短时间内学了很多才艺，但是没有一项才艺是真正精通的。因为，孩子没有深入其中去学习，所以也就学不到它们的精华之处，更不可能把它们运用到生活中。

如果孩子只是一味地死读书，不懂得力行，那么，他所学到的只是很肤浅的知识而已，就容易养成华而不实的习气，根本无法真正掌握所学的知识。

就拿学习《弟子规》来说吧。有的孩子每天都在读《弟子规》，甚至背得滚瓜烂熟，但是他的言行举止完全没有受到潜移默化的影响。当有人问孩子学没学习《弟子规》时，他可能会骄傲地大声说："我都把《弟子规》背过了呢！"态度上可能还会有些不屑，甚至还看不上那些没有背诵过或没读过《弟子规》的孩子。可见，在学习《弟子规》的过程中，增长的不是他的道德学问，而是他的浮华、傲慢之气。

那么，无论孩子学习什么知识或技能，都只是浮在表面上，无法完全掌握。请问，这样一个只懂得一些肤浅知识而没有实践能力的孩子，将来走向社会会有所作为吗？

如果只顾力行而不学文，又会有怎样的结果呢？

我们可能都有这样的体会，随着年龄的增长，我们的人生阅历和社会经验都随之增长，这些阅历和经验会帮助我们处理遇到的很多事情。但是这些阅历和经验并不是百分之百正确的，可能还有一部分是偏颇的。如果我们认为凭借着这些阅历和经验就已经足够的话，那就大错特错了。因为一个只知道一味地去做，而不肯用心学习的人，很容易成为一个固执己见、不明事理的人。

如果孩子只顾去实践，而不学习圣贤的教诲，他可能连最基本的道理都不知道，只是执着于自己的见解，可能会“好心”办坏事，也很容易走偏人生路，并按照自己的道路一跑到黑。因为孩子的内心没有道德的准绳，没有圣贤的教诲做先导，也就不会分辨是非善恶，更不会分辨哪条路是光明大道，哪条路是弯路，甚至是有去无回的邪路、死路。

千万别让孩子成为“专业的高才生，生活的低能儿”。

我们也许都听过那个被誉为“东方神童”的魏永康的故事吧！

魏永康在 13 岁时就已经读完小学至高中的课程，并以高分考入湘潭大学物理系。17 岁时，魏永康又以总分第二的好成绩考入中科院高能物理所硕博连读。但是，遗憾的是，在 20 岁时，魏永康因为生活自理能力太差、知识结构不适应中科院的研究模式而被退学。

“专业的高才生，生活的低能儿”，应该是用来形容魏永康最恰当的一句话了。为什么魏永康会成为一个生活的低能儿呢？据悉，魏永康的妈妈一直都认为，只要孩子专心读书，将来就会有出息。魏永康的妈妈为了让他专心学习，把家里的家务活都包办下来了，包括给他端饭、洗脸、洗澡这些生活起居的事情。更令人惊讶的是，在魏永康读高中时，他的妈妈为了不让他耽误看书的时间，还亲自给他喂饭。

可以说，正是由于魏永康的妈妈如此“无微不至”地照顾他的生活，只是要求他“学文”，而没有让他“力行”，从而使他无法照顾自己的生活，进而阻碍了他的求学之路。这真是得不偿失啊！魏永康退学之后，他的妈妈开始反思自己的教育方法，并开始教他学习照顾自己的生活起居，学习做家务。慢慢地，魏永康才变得成熟起来。

当然，今天的魏永康早已经参加工作，这位曾经的“神童”也终于过上了平凡人的生活。而在他从“神”到人的改变过程中，很多人付出了大量的心血。

我们应该反思自身：我们是否也像魏永康的妈妈开始时那样，把孩子的一切都包办下来，只让他“学文”而没有“力行”呢？我们是否经常对孩子说：“你只要管好自己的学习就行了，家里的任何事情你都不用管。”如果我们这样去做的话，虽然无法保证孩子能够成为“专业的高才生”，但是他一定会成为“生活的低能儿”。

其实，这就是“不力行，但学文”的结果。事实上，造成这一结果的原因是多方面的，而其中最大的原因是我们的教育观念和方法出现了偏颇。因为我们只注重孩子的学习，而忽略了其他方面的培养。事实上，只要我们及时给予孩子正确而合理的引导，让他既“学文”又“力行”，他的各方面能力才会得到历练和提升。

“学文”和“力行”必须要结合起来，才能使孩子有所成就。

“学文”和“力行”就好像是自行车的两个轮子，如果只有一个轮子，自行车就不能前行，当两个轮子一起协调地动起来时，自行车自然就会前行了。所以说，“学文”和“力行”是缺一不可的，是不能单独存在的。而且，孩子“力行”得越彻底，越可以帮助孩子更深入地理解“学文”，而孩子对“学文”理解得越深入，越可以帮助孩子更到位地“力行”。可见，“学文”和“力行”是相辅相成的。

因此，我们要引导孩子把“学文”和“力行”结合起来。平日里，我们要引导孩子把学到的知识应用到生活中，把学到的道理落实到实际行动中。除此之外，我们也应该教孩子学习圣贤的教诲，让他多读一些圣贤的经典，观看一些启迪人心灵的影片，让他生起“见贤思齐”的念头。同时，我们还要引导孩子力行圣贤的教诲，把经典落实到生活中，在生活实践中体会圣贤的心境。当孩子这样一边学文、一边力行的时候，就会体会到快乐，正如孔子说过的一句话：“学而时习之，不亦说乎。”

教育小语

《中庸》提到了为学的几个层次："博学之，审问之，慎思之，明辨之，笃行之。"为学要经过这样一个过程：广泛地学习，详细地询问，仔细地思考，明确地辨别，切实地落实。孩子要想成为一个真正有所成就的人，就需要经过这样一个为学的过程，需要把学习和实践结合起来，不断学习，不断实践。

第二节

教孩子掌握正确的读书方法

有的孩子每天起早贪黑地努力学习，但是却无法取得良好的成绩。不是说有付出就会有收获吗？为什么孩子这么努力学习却无法获得良好的成绩呢？其实，大部分原因是孩子不懂得正确的读书方法。因此，在平日里，我们要教会孩子正确的读书方法。

读书法，有三到，心眼口，信皆要。

这句话中的“法”即方法；“信”既可以解释为确实，又可以解释为信心。读书的方法要注重“三到”：心到、眼到、口到。也就是说，在读书的时候，心要记，眼要看，口要读。这三者缺一不可，确实是非常重要的。另外，信心也非常重要。

读书的时候要讲究方法，需要掌握三个要领。

我们都有这样的体会：在做某件事情的时候，如果讲究方法，很快就会把这件事情做好；如果不讲究方法或者是方法不得当，即使花再多的时间和精力，也不会做得很好。同样的道理，读书、学习也需要讲究方法。

那么，什么样的读书、学习方法比较有效呢？《弟子规》给出了答案："读书法，有三到，心眼口，信皆要。"读书、学习需要掌握三个要领：心到，眼到，口到。也就是说，读书、学习要用心记，要用眼睛看，要用嘴巴读。简而言之，读书、学习需要专心致志、聚精会神。

所以，我们需要耐心教给孩子正确的读书、学习方法：学习时，要把心思全部用在读书、学习上面，心里不要想与学习无关的事情；眼睛要看着书本，不可以东张西望；朗读的时候，要字正腔圆地读出声音。

读书的时候，为什么"心眼口"这三者缺一不可呢？

一位朋友跟我说了这样一件事情。有一次，他听到8岁的儿子高声朗读着语文课文，内心非常高兴，就悄悄走进儿子的房间，想要看看儿子认真朗读的样子。但是没想到的是，他却发现儿子趴在桌子上，手里摆弄着一个玩具，心不在焉地朗读着。

这样读书真是"有口无心"，又怎么能够有效率呢？

朱熹在《训学斋规》中写过这样一段话："余尝谓，读书有'三到'，谓心到，眼到，口到。心不在此，则眼不看仔细，心眼既不专一，却只慢朗诵读，决不能记，记亦不能久也。'三到'之中，心到最急。心既到矣，眼口岂不到乎？"

在这里，朱熹提出了自己关于读书"三到"的见解：如果心没在书本上，那么眼睛就不会仔细看，心和眼既然不能专一，只是随便地诵读，一定不能记住，即使记住了也不会长久。在“心到，眼到，口到”中，“心到”是最要紧的。心已经到了，眼和口难道还会不到吗？

的确是这样，孩子在读书的时候，最重要的就是“心到”。如果孩子的心没在书本上，即使他眼睛看着书，嘴巴高声朗读，也不会达到良好的读书效果。当孩子把心放在书本上，他的眼睛自然就会仔细看书，嘴巴自然就会出声朗读。

孩子在读书的时候，为什么要读出声音呢？因为朗读的声音会被传进耳朵里，会起到摄心的作用，即能够控制心志、收敛心神，这样不仅容易集中精力，而且更容易记住朗读的内容，从而达到事半功倍的效果。另外，孩子只有出声朗读，才能感受到文字之美。比如，对于一些古文、诗歌，只有朗读出来，才能感受到它们的押韵、平仄等，才能体会到作者所要表达的思想。

需要注意的是，出声朗读并不是非要很大声地朗读，而是需要根据孩子的不同情况、朗读内容的不同，采取不同的朗读方式，确定音量的大小。总之，只要孩子能够通过朗读起到摄心的作用就可以了。

对于读书而言，信心也是非常重要的。

有时候，孩子虽然掌握了读书的方法，但是由于他对自己没有信心，往往中途就会出现读不下去的现象。所以，无论学习什么学问、技能、才艺，不仅要掌握正确有效的读书方法，还要对自己有坚定的信心，这样才能产生前进的动力，只要坚持不懈，就一定能取得良好的效果。

有时候，信心是孩子自己给予自己的；有时候，信心是需要我们帮助孩子树立的。平日里，我们在与孩子的相处中，要善于捕捉他身上的闪光点，多说一些鼓励性、肯定性的话，促使孩子树立信心。我们也要尽量让孩子做一些力所能及的事情，并及时给予鼓励和肯定，从而让他体会到成功的快乐，因为成功感是建立信心的动力。

另外，“读书三到”的方法还有利于培养孩子的做事习惯。

事实上，“读书三到”的方法不仅对读书、学习有益，而且还有利于培养孩子的做事习惯。试想一下，人生的哪件事情不需要专心致志地去做呢？

一旦孩子养成了“读书三到”的好习惯，无论遇到其他什么事情，他都会集中精力、专心致志地去做，不掉以轻心，往往都会把事情做好。

方读此，勿慕彼，此未终，彼勿起。

“方”即正在，“慕”即羡慕，“终”即结束，“起”即开始。当我们正在阅读某一本书的时候，心里不要想着其他书。读书一定要专一，这本书没有阅读完之前，就不可以开始阅读其他书。

只有专心致志地读书，才能体会到读书的乐趣。

在生活中，很多孩子在读书的时候有这样一个坏习惯：一本书只读了个头，或读了几页，或泛泛一读，就把它放在一边，去看另外一本书了。对于孩子的这种读书现象，我们应该给予正确的引导。

然而，有的父母却认为，其他孩子可能还不看书呢，我家孩子能够看书，我就心满意足了。有的父母还认为，其他孩子可能一本书还没读完，我家孩子都已经读了好几本书了，读总比不读要好吧！

事实上，这些父母的观点是偏颇的。因为这样的“读书方式”不利于孩子养成良好的读书习惯，不利于孩子毅力的磨炼。因此，我们需要培养孩子专心致志读书的好习惯。

我们要时刻提醒孩子，无论看什么书，都要仔细地看，要从头到尾地看完一本书，弄明白这本书讲的什么意思，体会作者所传递的思想。当孩子这样去做的时候，就能专心致志地读书了，自然也就能体会到读书的真正乐趣了。

古人告诫人们“案上不可多书，心中不可少书”。

“案上不可多书，心中不可少书。”这句话在告诫人们：书案上不应该放太多书，而心中不能缺少书。为什么“案上不可多书”呢？因为，如果我们的书案上放很多书，当我们在读其中一本书的时候，可能就会想着另外一本书，还可能会去翻另外一本，这样心就乱了，就不能集中精力在一本书中，自然也不会从书中受益。

对于缺乏自我掌控能力的孩子，当他面对不同种类的图书时，他可能就不知道应该先看哪本后看哪本了。而且，当孩子希望快点把面前的所有书看完时，他可能会在不知不觉中养成浅尝辄止的坏习惯。对此，我们需要防患于未然，不让孩子在书桌上放很多书。

当我们带孩子去书店买书的时候，不要一次性买太多，只要两三本就足够了，前提还得是好书。然后，我们要提醒孩子，把自己这几天看的那本书放在书桌上，其他的书整整齐齐地放进书架里。还需要告诉孩子：只有认真阅读完一本书后，才能阅读另外一本书，当购买的书都认真阅读完了之后，才可以去书店选购新书。

做事有始有终，才能把事情做好。

对于年龄小的孩子而言，由于注意力不容易集中、自控能力较差，做事往往有始无终，一件事情还没有做完，又开始做其他事情了。结果呢？可能什么事情都做不好。因此，我们要培养孩子做事有始有终的好习惯。

我们可以先让孩子从小事做起，比如收拾书包、扫地、叠衣服等，因为小事做起来比较简单、容易，他只要付出小小的努力，就能轻松而完整地做好这件事情。

我们也可以把一件事情作为一项任务交给孩子去做，比如让他去超市买个东西、让他收拾一下餐桌等，让他感受到自己也需要负起一定的责任。这样他就会努力把事情做好，从而养成做事有始有终的好习惯。

如果孩子在做事的过程中出现半途而废的情况，我们也不要严厉地指责、批评他，而是要及时给予鼓励和帮助，比如我们可以陪在他的身边，一边示范，一边指导，就可以调动起他的积极性和热情，树立起他的自信心和决心，从而让他把一件事情从头到尾做好。

宽为限，紧用功，工夫到，滞塞通。

这句话中的“限”即期限，“紧”即抓紧，“滞”即不通。在学习的时候，我们要把期限安排得宽松一些，而实际执行的时候要抓紧时间，不能懈怠、偷懒。只要功夫下到了，不懂的地方自然就会明白。

合理而有效的学习计划，是孩子学习的好帮手。

对于孩子来说，制订学习计划是非常重要的，可以让他有规律地安排自己的学习，可以让他有效地利用时间，可以让他有条不紊地处理学习中的事情，从而提高学习效率。

我曾经看过一些孩子制订的学习计划，制订得特别详细，从早到晚，几点几分应该做什么都安排好了，连个 10 分钟的休息时间都没有。但是如此被动的学习，随之而来的问题是，孩子很容易出现“两天打鱼，三天晒网”的现象，不能很好地执行自己的学习计划。因为当计划安排得很紧而孩子又没有能力完成的时候，他就会对自己失去信心，从而不愿意执行计划了。

事实上，制订学习计划的时候，应该安排得尽量宽松一些。当孩子真正执行计划的时候，就需要抓紧时间了。这样的话，孩子一般都会按时按量完成计划，甚至会超额完成计划。那么，孩子对自己就会非常有信心，就会愿意按照计划执行。

古人常说：“读书百遍，其义自见。”

“读书百遍，其义自见。”这是古人的金玉良言。读书百遍，不是真的要诵读一百遍，而是要熟读。当一个人熟读书中的内容时，就能真正领会书中的意思。换言之，只有学习的功夫下到位了，才能弄明白之前不懂的内容。

孩子在学习的过程中难免会遇到一些困难，他的第一反应可能是：我不会，我解决不了。比如，有的孩子最怕做语文课外阅读题，因为总能遇到类似这样的题目：请谈一谈对这句话（这段话）的理解。每当这时，有的孩子觉得自己对此没什么认识，更不会有什么理解，就会请求父母的帮助。

其实，很多时候，不是孩子没有能力解决，而是孩子没有真正下功夫去解决。就拿那道语文阅读题来说吧，当孩子把短文读了一两遍之后，他可能对此不会有什么认识。但是，如果孩子能够把短文多读几遍，真正深入到短文中，那么，他就会有自己独特的见解。

事实上，只要孩子真下功夫，好好去思考，就可以解决学习中遇到的困难。所以，当孩子在学习中遇到困难的时候，我们要以“工夫到，滞塞通”来勉励他，让他自己想办法去解决困难。如果孩子真的想不出办法解决困难，我们也不要直接告诉他答案，而是要一步步引导着他去思考，直到他通过努力想出解决的办法。

心有疑，随札记，就人问，求确义。

这句话中的“疑”即疑惑，“随”即随时，“札记”即读书时摘记的要点、心得。读书的时候，如果遇到了有疑惑的地方，就要随时把疑惑记录下来，以便向他人请教，从而解除疑惑，弄明白它的真义。

学问学问，学习的时候不懂就要问。

学问，虽然是一个简单的词语，但是意义非凡。一个人要想在学问上有所成就，就要在学中问、在问中学。可以说，学和问是相辅相成的。因此，我们需要告诉孩子“学问”的真正意义，让他明白：学问学问，有学就有问，学习中不懂就要问。

我们要告诉孩子，如果在学习中遇到有疑惑的地方，千万不可以轻易放过，而是要动脑筋想一想，通过查阅相关书籍或者网络搜索，自己想办法解决。如果自己真的解决不了的话，可以先把疑惑记录下来，然后找机会向老师、父母、长辈或同学请教。

我们最好送给孩子一个专门记录疑惑的笔记本，并告诉他，无论在课堂上，还是在日常生活中，只要心中有疑惑，都可以先记录在这个本子上，等有了空余的时间，或是自己想办法解决，或是请教他人。

同时，我们还需要提醒孩子：在课堂上，当自己有疑惑的时候，不要只顾着埋头记录，而是要以听课为主，可以在有疑惑的内容附近做一个小记号，等到下课的时候再记录在笔记本上，或是直接找老师、同学请教。

懂得请教才能求得真知，而请教他人也是一门学问。

如果孩子不知道如何请教他人，他可能就不会主动请教他人；如果孩子不知道请教的时机，就可能给他人带来烦恼；如果孩子不懂得请教的态度，就可能让他人觉得自己不受尊重，进而不愿意回应请教的问题；等等。

因此，我们需要教给孩子请教他人的一些细节。比如，在请教他人的时候，要先看看他人是否在忙，因为前面讲过"人不闲，勿事搅"。在请教他人之前，可以上前询问："请问您现在有时间吗？我想请教您一个问题。"如果他人没有时间，孩子就应该等一下；如果他人有时间，孩子就应该及时把请教的问题说清楚。

请教他人的过程中，一定要具备虚心的态度，这不只是一种礼貌，更是一种学习的态度，一种尊重他人的态度。而且，孩子只有具备了虚心请教他人的态度，才能认识到自己的不足，才能学习到他人的长处，从而使自己有所收获。

我们要告诉孩子，请教完他人之后，要真诚地表示感谢。如果他人讲了一遍还是没有听明白，就要诚恳地说："对不起，我还是没听明白，您可以再讲一遍吗？"总之，请教他人的问题，一定要彻底解决。

当孩子掌握了这些请教的细节之后，慢慢地，孩子就会养成善于向他人请教的好习惯。这样，孩子才能求得真知，才能成为学习的主人。

教育小语

我们要想让孩子学有所成，就需要让孩子做到"读书三到"，即心到、眼到、口到；要让他专心致志地学习，不可以朝三暮四；要引导他给自己设定一个宽松的期限，在这个期限内抓紧时间用功学习；在学习中遇到疑惑时，要引导他把疑惑记录下来，或是自己通过查找资料寻找解决的方法，或是通过请教他人解除疑惑。

第三节

培养孩子对笔墨纸砚、字、典籍的恭敬态度

印光大师曾说："一分诚敬得一分利益，十分诚敬得十分利益。"的确是这样，如果孩子对老师有恭敬的态度，他就会按照老师说的去做，就会从中受益。同样，如果孩子对笔墨纸砚、字、典籍有恭敬的态度，懂得珍惜它们，就说明孩子的学习态度是端正的，那么自然就能收到良好的学习效果。

房室清，墙壁净，几案洁，笔砚正。

这句话中的"清"即清洁，"几案"即书桌，"笔"即毛笔，"砚"即砚台。这句话是说，房间一定要收拾整齐，墙壁要保持干净，桌子也要整齐洁净，毛笔和砚台都要摆放端正。

给孩子创造一个整洁、干净的生活、学习环境。

当我们进入一个整洁、干净的环境中时，我们会有怎样的感受呢？一般来说，我们都会觉得非常舒服、非常畅快。但是当我们进入一个凌乱不堪的环境中时，心里就会觉得不舒服，觉得堵得慌。这就是说，一个人的内心会受到外界环境的影响。

当孩子在整洁、干净的环境中生活时，不仅会让他心情愉快，而且还有利于他养成整洁的生活习惯，让他随时随地保持生活环境的整洁、干净。如果孩子生活在一个邋邋遢遢的环境中，那么，他势必会养成随手乱扔东西的坏习惯。

当孩子在整洁、干净的环境中学习时，他的心更容易定下来，更容易专心致志地投入到学习中。试想一下，如果孩子学习的房间非常凌乱，墙壁上贴着各种各样的图画，书桌上摆放着乱七八糟的东西，他还能专心学习吗？一般来说，孩子会因此而无法专心学习，有的孩子会因为凌乱的环境而心浮气躁，有的孩子会被墙壁上的图画所吸引，有的孩子会因为书桌上乱七八糟的东西而分心。可以说，学习环境的整洁程度将直接影响孩子的学习效率。

因此，我们要给孩子创造一个整洁、干净的生活、学习环境，让他快乐地生活，专心地学习。

一屋不扫，何以扫天下？我们一定要教孩子学会整理自己的房间。

许多人都知道下面这个故事。

东汉时有一位少年叫陈蕃，独自居住在一个房间，房间非常杂乱。一次，父亲的朋友薛勤看到了陈蕃的房间，就问他：“为什么不把房间打扫干净来迎接客人呢？”陈蕃却回答：“大丈夫处世，当扫除天下，安事一室乎？”意思是说，大丈夫应该关心国家大事，怎么能打扫一个小房间呢？薛勤劝导陈蕃：“一屋不扫，何以扫天下？”这句话令陈蕃恍然大悟。从此之后，陈蕃把自己的房间打扫得干干净净，养成了有条不紊的好习惯，后来也颇有成就。

“一屋不扫，何以扫天下”这句话非常有哲理：虽然“扫天下”的胸怀是非常重要而难得的，但是“扫天下”正是从打扫一个房间开始的。可以说，如果不能打扫一个房间，是无法实现“扫天下”的理想的。

所以，我们不要只指望孩子长大去“扫天下”，只希望孩子将来能够有所成就，而是从孩子小时候开始就要教他学会整理自己的房间。

一开始，我们要耐心地给予引导和帮助，教给孩子整理房间的方法，比如：首先，把房间的物品收拾整齐，放在固定的位置上；然后，把地面打扫干净，把桌椅、柜子等家具擦干净；最后，再把地面拖干净。慢慢地，孩子就会掌握整理房间的方法，就会主动去整理房间了。

教孩子学会整理自己的书桌。

一般来说，很多父母只关心孩子学习是否认真、专心，很少注意孩子的书桌是否井井有条。所以，很多孩子的书桌非常凌乱，这儿一堆，那儿一堆，而且书桌上除了学习的书本和用具之外，还有玩具、零食等其他物品。如果孩子从小不能养成整理书桌的习惯，那么，长大之后在处理其他事情的时候也会毫无章法。

因此，我们一定要教孩子学会整理自己的书桌。虽然现代社会已经不用毛笔写字了，但是孩子却拥有了更多的学习用具，更需要孩子把它们摆放整齐。

首先，我们要明确告诉孩子书桌上应该放哪些物品，比如一些有用的书本、文具；然后，我们要引导孩子合理地摆放物品，让他根据物品的类别和大小将其摆放在合理的位置上，最重要的是整齐、取用方便；最后，我们要提醒孩子养成整理书桌的习惯，每当写完作业之后，就要把书桌收拾整齐，不仅要把书桌上原有的物品放在原来的位置上，而且还要把一些与学习无关的物品拿走。当孩子慢慢养成整理书桌的好习惯之后，就会井井有条地处理其他事情了。

墨磨偏，心不端，字不敬，心先病。

这句话中的“偏”即倾斜，“端”即端正，“敬”即工整。这句话是说，在砚台里磨墨一定要用心，如果我们把墨磨偏了，就说明我们心不在焉；写字一定要认真，如果我们把字写得不工整了，就说明我们内心浮躁不安。

见字如见人，一个人能否写一手好字是非常重要的。

古人说：“见字如见人。”因为古人写字用毛笔，从下笔的力度和走笔的规范性，都可以体现出这个人的性格特点。试想一下，一个胸怀大度的人会把字写得“小家碧玉”一般吗？

而且，一个人写的字可以反映出这个人写字时的状态。如果这个人把字写得很工整，说明他是真的用心在写字；如果这个人把字写得歪七扭八，说明他没有用心写字，而且心不在焉。

从孩子开始拿笔写字开始，我们就要告诉他“见字如见人”的道理，让他勉励自己专心写字。

字不一定要写得多么漂亮，但是一定要工工整整。

古人的书房都会有文房四宝（笔、墨、纸、砚），很多父母会教导孩子学习磨墨，以此来训练他的耐心。如今，我们虽然已经没有这种机会了，但是一样可以通过写字来训练孩子的耐心。

其实，字并不一定要写得多么漂亮、多么有个性，但是一定要写得工工整整。有的孩子为了赶作业，就潦潦草草地乱写，与其这样，还不如不写。因为孩子不仅不能从写作业中有所收获，而且还不利于他养成良好的写字习惯，另外，还乱了他的心性，让他变得浮躁。因此，我们要耐心地提醒孩子，在写字的时候，一定要一笔一画、工工整整地写，虽然一开始会写得慢一些，但是一定不要着急，要把心平静下来。当孩子这样去做时，他的耐心就会被慢慢培养出来。

另外，我们还需要注意孩子写字的姿势，因为写字姿势是否正确，不仅会影响他的字是否工整美观，而且还会影响他的身体发育。对于刚开始学习写字的孩子，我们应严格要求他做到“三个一”，即：“一拳、一尺、一寸”。也就是说，胸要离书桌一拳远，眼睛要离书本一尺远，手要离笔尖一寸远。另外，还有一些关于写字姿势的要领和口诀，我们可以通过查阅相关的资料来了解，进而帮助并督促孩子保持良好的写字姿势。当孩子掌握正确的写字姿势之后，不仅能够书写自如，提高书写水平和速度，而且还能促进身体的正常发育。

列典籍，有定处，读看毕，还原处。
虽有急，卷束齐，有缺损，就补之。

提醒孩子把书本典籍放在固定的地方。

从孩子开始读书起，我们就需要提醒他把书本典籍放在固定的地方，以便于下次阅读。随着孩子年龄的增长、知识面的扩大，他所阅读的图书也越来越多、越来越广泛。这时候，我们就需要提醒孩子把图书分类摆放，比如，可以按照图书的大小分别摆放，也可以按照图书的类别分别摆放，等等。

当孩子自己尝试着把图书分类摆放时，他会不断思考，这些图书怎样摆放比较整齐，怎样摆放比较美观，怎样摆放最方便取用。这样一来，不仅让孩子养成了分类摆放图书的习惯，而且还锻炼了孩子的动手能力和思维能力。

培养孩子养成物归原处的好习惯。

在平日里，我们可能经常会听到孩子说："爸爸，你有没有看到我昨天看的那本书?""妈妈，我昨天看的那本书不见了，你可不可以帮我找一下?"为什么会出现这样的状况呢?因为孩子在看完一本书之后就随便乱放，没有及时放回到原来的位置。

面对孩子这样的毛病，我们要让他意识到物归原处的重要性，并逐渐培养他养成物归原处的好习惯。我们要时刻提醒孩子，从书架上取书的时候，要记住图书的位置，看完一本书之后，就要将其及时放回到原来的地方。在我们不断的提醒和帮助下，孩子就会逐渐养成好习惯。另外，还有一个非常有效的方法，那就是我们和孩子一起遵守物归原处的规定，互相提醒，这样一来，他的积极性就会被激发出来，从而收到良好的效果。

物归原处看似是生活中的小事情，却反映了一个人做事的态度。一旦孩子养成了物归原处的好习惯，他将收益很大，既能规范和约束自己的行为习惯，又能处处为他人提供方便。

即使有急事暂时不看书了，也要把书本整理好。

当孩子正在看书的时候，如果遇到父母、长辈、老师或同学召唤自己，应该如何去做呢?一方面，孩子应该及时回应他人的召唤；另一方面，他要把书本合上，然后才可以离开。

也许，有的孩子会觉得这样做很麻烦，因为一会儿还会回来继续看书。对此，我们要给予正确的引导，要让孩子明白，随时把书本整理好的习惯是一种对书本的恭敬态度，即使时间再赶，也不差这一秒钟合书的时间。我们还需要告诉孩子，如果暂时不回来看书，就应该及时把书放回到书架上。

另外，有的孩子在看书的时候，如果遇到急事，就会在看到的那一页上折角做记号。这也是一种对书不恭敬的做法。对此，我们可以给孩子准备几个书签，让他把书签夹在看到的那一页。

引导孩子懂得珍惜、保护图书。

在看书的时候，有的孩子翻书的动作非常粗鲁，声音很大；有的孩子喜欢在图书上乱写乱画，把图书弄得面目全非；有的孩子一边吃东西，一边看书，把图书弄得脏兮兮的；等等。当孩子不懂得爱惜图书的时候，图书就很容易出现破损。

因此，我们需要及时引导孩子，让他懂得珍惜、保护图书。对于新的图书，我们可以教孩子学习包书皮。如果发现孩子的书本有破损，我们要引导他想办法赶快修补，比如，用胶水、透明胶带粘好，用订书机装订好，等等。

另外，我们还需要告诉孩子一些珍惜、保护图书的细节，比如，把放书的地方擦干净；翻书的时候，一定要轻轻地；不可以用湿手去触摸书；不可以在图书上乱写乱画；不可以一边吃东西，一边看书；等等。当孩子这样去做的时候，在无形中，珍惜、保护图书的意识就会深入他的内心，书也就不会那么容易损坏了。

教育小语

如果孩子对文具、书都有恭敬的态度，那么，他就会以恭敬的态度对待一切物品，自然就会恭敬父母、长辈、老师等所有的人。这样，孩子会得到周围人的喜爱和善待。而且，当孩子的心胸开阔到爱一切人、一切物时，他会感到豁然开朗，进而获得人生的快乐和幸福。

第四节

鼓励孩子多读圣贤书，不读坏心志的书

一个人从小到大都离不开书籍的陪伴。对于正在成长中的孩子而言，书籍起着至关重要的作用。那么，我们应该为孩子选择什么样的书籍呢？这里提到的是“非圣书，屏勿视”，就是说，圣贤书是可以看的。何谓圣贤书呢？除了圣贤留下的一些经典之外，还应该包括一切有利于身心健康的书籍。

非圣书，屏勿视，蔽聪明，坏心志。

多读书是好事，但是一定要读圣贤书，读有益的书。

我在前面提到了古人告诫人们的一句话：“案上不可多书，心中不可少书。”“心中不可少书”就是说，每个人都应该多读书。但是，读书有一个非常

重要的原则：一定要读圣贤书，读对自己真正有益的书。

对于孩子而言，他的心智还没有完全成熟，还没有完全具备是非善恶的判断能力，这时候，我们一定要帮助他选择一些对他有益的书籍。何谓有益的书籍呢？就是真正利于孩子快乐、健康成长的书籍，比如，一些圣贤留下来的经典，像前面提到过的《三字经》、“四书五经”、《道德经》、《庄子》、《朱子家训》、《了凡四训》等，还有自然科学方面的书籍等。

对于漫画书，还有童话书，我们一般都会毫无顾忌地买给孩子看。但是这些图书里面可能会有暴力、色情等文字或图片，也可能会流露出一些消极的思想感情，这些都不利于孩子的健康成长。所以，我们一定要有选择地给孩子看。最好的做法就是，我们提前翻看一下，确定里面的内容是健康的、积极的、阳光的后，再拿给孩子看。

另外，我们应该到正规书店给孩子购买书籍，最好不要在路边摊购买书籍。因为路边摊上的书籍大多数都是盗版书，还有乱拼乱凑的假书，不仅随处可见错别字，还经常会有暴力、色情等内容。总之，对于孩子读什么样的书，我们一定要谨慎。

《弟子规》为什么告诫人们“非圣书，屏勿视”呢？

《弟子规》告诫人们，对于有害于身心健康的不良书籍，都不要去看。为什么呢？因为“蔽聪明，坏心志”，不良书籍的内容会蒙蔽我们的聪明智慧，污染我们的心灵，损坏我们的心志。

我们都知道，孩子的心灵是纯净纯善的。如果从小时候开始孩子所接触的书籍就有暴力、色情等方面的内容，在他的心中充满的都是这些乌七八糟的内容。试想一下：这样他还有心思去学习吗？他还会身心都健康成长吗？这样的孩子长大之后，会有作为吗？而且，这些乌七八糟的书会让孩子原本纯净纯善的心灵变质，无论我们花费多么长的时间、付出多么大的努力，都很难让孩子的心灵恢复到纯净纯善。

如今，我们通过一些新闻报道得知，有些少年犯是因为从小看了一些乌七八糟的书而堕落的。比如，一些书中讲到的“哥们儿义气”，只是吃喝玩乐、打架斗殴，如果孩子没有是非判断能力，他就会为了“哥们儿义气”而走上歧途。另外，还有一些成人罪犯也是因为看了一些暴力、色情等书刊而走上犯罪道路的。

所以，我们要防患于未然，不让孩子读那些乌七八糟的书，而是让他读一些有益于身心健康的书（浏览网页、看视频节目、听广播也是一样的道理），要让孩子的心灵一直保持纯净纯善。

教育小语

孩子就像海绵体一样，我们给他浇灌什么，他就会吸收什么。如果我们让孩子接触有益于身心健康的书籍，他就会吸收好的营养；如果我们让孩子接触一些乌七八糟的书籍，他就会吸收不好的一面。因此，我们一定要让孩子读一些对他自身真正有益的书。

第五节

教孩子立定"读书志在圣贤，而非赚钱"的志向

如果我们问孩子："你为什么读书？"可能大部分孩子的回答都是："为了赚钱啊！"当孩子错误地把赚钱当成读书的唯一目标时，足以说明他的人生观和价值观发生了严重的偏颇。那么，当孩子长大之后，他将会为钱奔波一生，甚至走上歧途。我们都不希望孩子有这样的结果。那么，在孩子小的时候我们就需要教孩子立定"读书志在圣贤"的志向。

勿自暴，勿自弃，圣与贤，可驯致。

孩子应该有一种不自暴自弃的决心和毅力。

在日常生活中，当孩子遇到一些困难和挫折时，有的孩子会表现出一种自暴自弃的状态，总会说一些诸如"我不行"、"我什么也做不到"、"我就这样

了”之类的话，往往把一些失败归结于自身“不行”、“笨”等因素。一旦“我不行”、“我什么也做不到”、“我就这样了”等观念在孩子心灵深处生根，又何谈立定志向？何谈追求理想？何谈实现抱负？

孟子曰：“自暴者，不可与有言也；自弃者，不可与有为也。言非礼义，谓之自暴也；吾身不能居仁由义，谓之自弃也。”意思是说，一个自己糟蹋自己的人，没必要和他谈论什么；一个自己放弃自己的人，他不可能有什么作为。一个人言行不遵守礼义，这就叫自暴；一个人思想、言行不符合仁义的原则，这就叫自弃。

因此，我们要时常以“勿自暴，勿自弃”来勉励孩子，让他有一种不自暴自弃的决心和毅力，无论遇到怎样的困难和挫折，都不要轻易放弃自己，而是要勇敢地面对，要想尽一切办法去解决。

要告诉孩子，读书志在圣贤，而非赚钱。

古人非常重视立志，因为“学贵立志”。一个人只有在一开始立定志向，有一个明确的奋斗目标，才不会走弯路，才会有无穷的动力，不断地前进。那么，一个人要立定怎样的志向呢？这是一个非常重要而急迫的问题。

如果我们问现在的孩子：“你想要立定什么志向呢？”回答可能五花八门，比如考名牌大学，找一份好工作，做大官，当董事长，赚很多很多钱等等。但读书为了赚钱，为了享受物质生活，这一点却是大多数孩子赞同的。如果孩子读书志在赚钱，他一开始的目标就错了，他的一生还会幸福、快乐吗？他还会有所作为吗？恐怕很难。

因此，我们一定要给予孩子正确的引导。首先，我们要让孩子明白，一个人只有立定正确的志向，将来才能有所成就。然后，我们要让孩子立定正确的志向。古人常说：“读书志在圣贤。”我们也应该引导孩子立志做一个圣贤人，做一个对社会有用的人。

我们都要有信心，每个人都可以成为圣贤。

最后一句“圣与贤，可驯致”，的确给了我们很大的信心。虽然圣贤的境界很高，但是只要我们立定志向，经过自己循序渐进的努力，一步一步提升自己的德行、学问，最终每个人都可以成为圣贤，正如颜渊所说的，“舜，何人也？予，何人也？有为者亦若是”。舜是什么人呢？我是什么人呢？有所作为的人都可以像舜一样伟大。

我们要告诉孩子：如今我们的道德学问处于什么水平并不重要，重要的是我们是否相信自己，是否能够坚持不懈地努力。只要我们相信自己，只要我们坚持不懈地努力，就能够成为一个品德高尚、学识渊博的人，就能够达到圣贤的人生境界。

教育小语

圣贤的标准离孩子并不遥远。只要我们教孩子立志做一个圣贤，并按照圣贤的标准去做，就一定可以成为圣贤。而圣贤的标准是什么呢？我们正在学习的《弟子规》中的教诲就是圣贤的标准之一。只要孩子能够时刻落实《弟子规》，勉励自己有一颗希圣希贤的心，那么，他离圣贤的标准就会越来越近。

本章后记

无论孩子学习什么，我们都要引导他把“学文”和“力行”结合起来。当孩子学习《弟子规》等经典时，我们不仅要让他时常诵读，更要引导他把经典落实在生活中，力行圣贤的教诲。当孩子学习知识时，我们不仅要让他从理论上掌握这些知识，更要引导他把这些知识应用到生活中，让他真正做到学以致用。

对于处于学习阶段的孩子而言，读书方法是至关重要的。孩子只有懂得并掌握正确的读书方法，才能获得良好的成绩。比如，读书要专心致志，要做到“三到”—— 心到、眼到、口到；读书最好设定一个比较宽松的期限，但是在实际执行的时候要抓紧时间学习。

如果孩子在学习上有什么疑问，我们要让他学会应对疑问的方法。首先，孩子应该把疑问记录下来；然后，找机会请教他人，以此来解除疑问；最后，在请教他人的时候，一定要具备虚心的态度，要注意一些细节。

学习环境会影响到孩子的学习效率。所以，孩子需要一个整洁、干净的学习环境，这样他才更容易把心静下来，专心致志地投入到学习中。对于学习的任何用具，无论是文具还是书本，我们都要教孩子有一份恭敬的态度，要懂得珍惜它们。

我们常说：“活到老，学到老。”只要学习就离不开书籍，而且书籍是要陪伴我们一辈子的。因此，在孩子小时候，我们就要引导孩子读有益于身心健康的书籍，让他的心灵受到良好的熏陶和启发。

最后，我们还要尽最大努力引导孩子立定“读书志在圣贤”的志向，并告诉他，只要不自暴、不自弃，从小按照圣贤的标准去做，通过自身的努力慢慢培养良好的人生态度和习惯，就会实现自己的志向，从而让自己的人生变得多姿多彩，从而收获一生的幸福。

附录　《弟子规》全文

一、总叙

弟子规，圣人训。
首孝悌，次谨信。
泛爱众，而亲仁。
有余力，则学文。

二、入则孝 出则悌

父母呼，应勿缓；父母命，行勿懒。
父母教，须敬听；父母责，须顺承。
冬则温，夏则凊。晨则省，昏则定。
出必告，反必面。居有常，业无变。
事虽小，勿擅为。苟擅为，子道亏。
物虽小，勿私藏。苟私藏，亲心伤。
亲所好，力为具；亲所恶，谨为去。
身有伤，贻亲忧；德有伤，贻亲羞。
亲爱我，孝何难？亲恶我，孝方贤。
亲有过，谏使更，恰吾色，柔吾声。
谏不入，悦复谏，号泣随，挞无怨。

亲有疾，药先尝，昼夜侍，不离床。
丧三年，常悲咽，居处变，酒肉绝。
丧尽礼，祭尽诚，事死者，如事生。

兄道友，弟道恭，兄弟睦，孝在中。
财物轻，怨何生？言语忍，忿自泯。
或饮食，或坐走，长者先，幼者后。
长呼人，即代叫，人不在，己即到。
称尊长，勿呼名，对尊长，勿见能。
路遇长，疾趋揖，长无言，退恭立。
骑下马，乘下车，过犹待，百步余。
长者立，幼勿坐，长者坐，命乃坐，
尊长前，声要低，低不闻，却非宜。
进必趋，退必迟，问起对，视勿移。
事诸父，如事父；事诸兄，如事兄。

三、谨而信

朝起早，夜眠迟，老易至，惜此时。
晨必盥，兼漱口，便溺回，辄净手。
冠必正，纽必结，袜与履，俱紧切。
置冠服，有定位，勿乱顿，致污秽。
衣贵洁，不贵华，上循分，下称家。
对饮食，勿拣择，食适可，勿过则。
年方少，勿饮酒，饮酒醉，最为丑。
步从容，立端正，揖深圆，拜恭敬。
勿践阈，勿跛倚，勿箕踞，勿摇髀。

缓揭帘，勿有声，宽转弯，勿触棱。
执虚器，如执盈；入虚室，如有人。
事勿忙，忙多错，勿畏难，勿轻略。
斗闹场，绝勿近；邪僻事，绝勿问。
将入门，问孰存；将上堂，声必扬。
人问谁？对以名，吾与我，不分明。
用人物，须明求，倘不问，即为偷。
借人物，及时还；人借物，有勿悭。

凡出言，信为先，诈与妄，奚可焉！
话说多，不如少，惟其是，勿佞巧。
奸巧语，秽污词，市井气，切戒之。
见未真，勿轻言；知未的，勿轻传。
事非宜，勿轻诺，苟轻诺，进退错。
凡道字，重且舒，勿急疾，勿模糊。
彼说长，此说短，不关己，莫闲管。
见人善，即思齐，纵去远，以渐跻。
见人恶，即内省，有则改，无加警。
惟德学，惟才艺，不如人，当自砺。
若衣服，若饮食，不如人，勿生戚。
闻过怒，闻誉乐，损友来，益友却。
闻誉恐，闻过欣，直谅士，渐相亲。
无心非，名为错；有心非，名为恶。
过能改，归于无，倘掩饰，增一辜。

四、泛爱众而亲仁

凡是人，皆须爱，天同覆，地同载。

行高者，名自高，人所重，非貌高。
才大者，望自大，人所服，非言大。
己有能，勿自私；人所能，勿轻訾。
勿谄富，勿骄贫，勿厌故，勿喜新。
人不闲，勿事搅；人不安，勿话扰。
人有短，切莫揭；人有私，切莫说。
道人善，即是善，人知之，愈思勉。
扬人恶，即是恶，疾之甚，祸且作。
善相劝，德皆建；过不规，道两亏。
凡取与，贵分晓，与宜多，取宜少。
将加人，先问己，己不欲，即速已。
恩欲报，怨欲忘，报怨短，报恩长。
待婢仆，身贵端，虽贵端，慈而宽。
势服人，心不然，理服人，方无言。

同是人，类不齐，流俗众，仁者希。
果仁者，人多畏，言不讳，色不媚。
能亲仁，无限好，德日进，过日少。
不亲仁，无限害，小人进，百事坏。

五、行有余力则以学文

不力行，但学文，长浮华，成何人！
但力行，不学文，任己见，昧理真。
读书法，有三到，心眼口，信皆要。
方读此，勿慕彼，此未终，彼勿起。
宽为限，紧用功，工夫到，滞塞通。

心有疑，随札记，就人问，求确义。
房室清，墙壁净，几案洁，笔砚正。
墨磨偏，心不端，字不敬，心先病。
列典籍，有定处，读看毕，还原处。
虽有急，卷束齐，有缺损，就补之。
非圣书，屏勿视，蔽聪明，坏心志。
勿自暴，勿自弃，圣与贤，可驯致。